"双碳"背景下首都都市圈交通智慧融合发展：路径与对策

王 超 著

北京交通大学出版社
·北京·

内 容 简 介

目前我国都市圈和城市群逐步成为支撑国民经济发展的增长极。北京的首都功能定位，不仅具有特殊意义，也在国家都市圈的发展中具有标杆作用。交通是碳排放的主要领域，也是碳减排的重点、难点。本书针对首都都市圈绿色交通发展问题，围绕交通与城市功能的融合及多交通方式间融合提出诸多对策，以期为国家"双碳"目标的实现和京津冀协同发展战略的有序实施贡献绵薄之力。本书撰写过程正值全球新冠疫情期间，为真实反映客观情况，部分数据采用 2019 年的统计数据。

图书在版编目（CIP）数据

"双碳"背景下首都都市圈交通智慧融合发展：路径与对策 / 王超著. — 北京：北京交通大学出版社，2023.6
　　ISBN 978-7-5121-4895-6

　　Ⅰ. ① 双… Ⅱ. ① 王… Ⅲ. ① 城市交通运输 – 交通运输发展 – 研究 – 北京 Ⅳ. ① F572.881

　　中国国家版本馆 CIP 数据核字（2023）第 037289 号

"双碳"背景下首都都市圈交通智慧融合发展：路径与对策
"SHUANGTAN" BEIJINGXIA SHOUDU DUSHIQUAN JIAOTONG ZHIHUI
RONGHE FAZHAN: LUJING YU DUICE

责任编辑：赵彩云

出版发行：北京交通大学出版社　　电话：010-51686414　　http://www.bjtup.com.cn
地　　址：北京市海淀区高粱桥斜街 44 号　　邮编：100044
印 刷 者：北京虎彩文化传播有限公司
经　　销：全国新华书店
开　　本：170 mm×235 mm　　印张：13.5　　字数：235 千字
版 印 次：2023 年 6 月第 1 版　　2023 年 6 月第 1 次印刷
定　　价：69.00 元

本书如有质量问题，请向北京交通大学出版社质监组反映。
投诉电话：010-51686043，51686008；传真：010-62225406；E-mail：press@bjtu.edu.cn。

前　言

　　"双碳"目标下，构建现代化首都都市圈需要多种交通模式融合发展来进行支撑和引领。交通运输是碳排放的主要领域，也是碳减排最难控制的领域，需要我们制定更加有效的应对政策。根据国际能源机构（IEA）数据，作为第二大温室气体排放部门，全球范围内交通部门二氧化碳排放量已从 2008 年的 66 亿吨上升至 2018 年的 82.58 亿吨，约占所有部门二氧化碳排放总量的 24.64%。目前，国际社会重视生态环境，全球都在努力降低交通碳排放，如果我国不提前积极参与，经济发展将受到限制，可能付出极大的代价。本书以跨市域的首都都市圈交通公共服务体制机制为基础，从多主体协同治理、多制式交通融合、多圈层功能实现、多手段智慧引导等方式，重点通过运输结构调整实现首都都市圈交通运输业的低碳可持续发展，从而以人性化、便捷化、智慧化为特征，多维度实现城市交通融合发展设计；以跨市域的交通管理体制机制为主要创新要点，联合打造高效公平的都市圈交通一体化发展模式，降低圈层内交通碳排放。

　　借鉴国际经验，我们可以更多地实施交通供给侧结构改革、出行需求侧引导等方式，尤其对于首都这样的超大城市和超大都市圈，利用好轨道交通"四网融合"优势以及提高交通与城市的融合度，更有效地带动绿色出行，进而打造全国超大都市圈、城市群可持续交通发展的典范，从而推动"双碳"目标实现，有效疏解非首都功能和促进京津冀协同发展，提升人民群众的生活幸福感。通过对城市轨道、市域（郊）铁路、城际高铁、公交汽车、共享单车等多层次多制式交通现状进行分析，本书试图从经济社会可持续性发展及政府有效治理角度对交通融合发展进行分析，从而促进首都都市圈交通融合的低碳化和智慧化"双化"发展，即本书更多地偏向于应用领域的实际问题梳理与对策思考。

本书写作立意的主要背景有以下几点：一是我国的新型城镇化发展进入稳定增长通道，城市的空间格局逐步向都市圈和城市群发展阶段迈进，需要有更加宽阔的格局和视野来看待城市交通与经济增长的问题；二是我国提出的一系列国家战略，包括京津冀协同发展、疏解非首都功能、"双碳"目标、交通强国等，其中有区域性发展战略，也有生态、行业发展战略，这些战略如何在首都落实，需要进行一定的思考和整理；三是从交通行业自身的发展来看，如何提升交通运输效率，促进交通与城市和都市圈、城市群的融合发展，也是首都都市圈未来发展的重点任务，交通融合发展的效率决定着对首都都市圈和京津冀协同发展的支撑和引领能力。

构思本书写作框架花费两年多的时间，时值全球新冠疫情发生和持续，从2020年开始，全国及首都交通出行发生非预测性的变化，本书每一章节的内容力求体现时效性与针对性，部分客流数据采用2019年统计数据。书中每个章节针对一个重要问题展开，有些重要问题分为两到三节来进行阐述，部分内容也进行多次强调，力图突出该问题的重要性并引起各方面的关注。

本书第一章由王超独立完成撰写；第二、三、四、五、七、八章，感谢武剑红教授、罗江老师的参与和贡献，研究生王文杉、郭婷、梁英爽、国佳宝、郑雨甜、陈子颖参与了部分初稿的写作和资料整理工作；第六章围绕地面交通融合展开，感谢王雅璨教授和肖翔教授及其团队的参与；第九章感谢肖玲玲教授以及学生张帆、曲芯萍、包兴元、魏稚贻、唐锐的贡献。本书的一些内容是在与相关的政府、企业专家长期持续的交流中获得启发凝炼而成的，在此向他们表示感谢！

第二章至第五章围绕城市轨道交通和市郊铁路、城际铁路、高速铁路的"四网融合"展开。"四网融合"指城市轨道交通、市域（郊）铁路、城际铁路和干线铁路四种不同制式的轨道交通在资源分配及功能分工、合作上的协同发展。都市圈是大城市发展到一定阶段的空间现象，也是城市、城市之间诸多资源要素重新流动和分配的经济现象。其中，轨道交通"四网融合"作为首都都市圈国民经济及社会发展的主要支撑和引领部门必然会成为未来发展的关注重点。以北京为中心的首都都市圈范围内，存在交通拥堵加剧、房价高昂、通勤时间长、地铁造价攀升等"大城市病"。单一化、均质化的地铁轨道模式已经无法解决首都都市圈的交通整体效率和城市可持续发展问题。随着高速铁路的快速发展，北京既有铁路资源，尤其是普速铁路资源总体上出现了一定的富余，本书对不同轨网的分布与协同发展从运输管理角度进行深入分析，研究得出首都都市圈轨道交通的高质量发展模式与实现路径。铁路、城市轨道交通与首都都市圈的站城融合发展能够带来更加有效和低碳的出行方式。以城际高铁、市郊铁路、市域快线、地铁等为代表的轨道交通应当与首都都市圈进行更为合理的站城融合发展，在站城一体化、TOD、微中心等建设方面需要做到交通与土地的协同开发利用。在利用既有铁路发展市郊铁路、新建市域快线、城际高铁通勤服务等方面，都应放宽市场准入标准，以更开放包容的精神引进更多的企业和社会资本参与。广泛的参与主体会带来投融资方面的灵活性和财务增长的可持续性，政府也不至于担负太多的地方债风险。另外，为私企和外资企业在相关配套政策方面提供一些创新性制度尝试，鼓励进行综合开发方面的探索，尤其是要促进轨道交通沿线的土地资源开发，例如，可以允许企业通过建设公共设施、绿化用地等方式来置换车站上盖及 TOD 的容积率等。

第六章，针对首都都市圈地面交通方式融合发展不充分、不均衡问题，亟须对出行服务方面的"补短板"举措展开分析。尤其地面公交，2019 年北京地面公交运营分担率占公交整体出行的 39.8%，较 2018 年下降 1.9 个百分点，公交客运量从 2012 年的 51.5 亿人次大幅降至 2019 年的 31.3 亿人次，短短 7 年期间降幅达到 39.2%。同期的上海降低了 24%，广州降低了 14%。究其原因，一是城市轨道交通、网约车、共享单车、私家车等快速发展；二是公交自身发展质量不高，吸引力不强。在其他地面交通出行方式中，缺乏需求导向的制度融合设计，目前首都都市圈公交行业更关注的是从线网规划和常规运营角度来吸引客流，较少考虑出行过程中乘客整体出行链条的幸福情绪感受。围绕普通公交、定制公交、预约公交、都市圈通勤快巴、共享单车管理等交通的融合发展，以及小客车牌照、新能源汽车拥车用车管理、公交专用道利用、停车管理等方面都需要建立更加有效的融合发展路径。

第七章，重大活动、重大事件的首都都市圈交通与城市融合发展需要认识首都的四个中心定位。首先，首都是全国的政治中心，在重大国际外交活动和国内重大政治活动时，需要确保首都都市圈的交通政治服务功能；其次还要总结冬奥会低碳绿色交通的碳中和经验，利用好冬奥交通遗产为都市圈服务；最后，在跨区域的通勤一体化服务管理、超大交通枢纽旅客滞留和疏散等问题上，需要更加有效的管理能力提升。

第八章，主要强调京津冀背景下，多种交通方式之间的融合发展体制机制问题，参考国外主要都市圈和城市群的交通一体化治理经验，提出首都应当围绕交通一体化发展建立多地多部门协同联动的交通治理体系，从顶层制度设计到基层落地实施，都需要有较为明确的政府、社会、市场"三位一体"进行参与的共享共治机制，从而打造更高质量的环京首都都市圈。

第九章，围绕数字经济、双碳目标等内容，对当前交通发展的碳减排、碳达峰，以及绿色一体化出行的 MaaS 及拓展 MaaS+ 的服务能力提出一些建议和意见，从而更有效地提升首都都市圈交通融合的智慧发展。近年来，伴随着当代数字技术的快速发展，对交通管理理论与实践提出了挑战。首都都市圈的交通管理方式需要充分的大数据融合，其虚拟化、数字化形态特征和信息交互式体验的特点应当充分展示，从而符合首都科技中心的定位。关于交通碳排放跟踪与监测、治理与协同等需要深化与拓展，多层次交通治理和多制式交通融合在首都都市圈中要通过智慧手段形成更好的"碳约束"机制。本书将从治理出发，结合智慧融合，探讨当前首都都市圈的交通发展模式。

值得一提的是，书中部分内容及多项对策建议受到政府管理部门、高端智库的高度重视，其中与本书有关的 6 篇成果要报获得国家级领导人的肯定性批示，1 篇成果要报获得省部级领导的肯定性批示，有 20 余篇咨政建言获得省部级以上智库单位采纳、采用，更有部分建议已经得到交通行业内的管理应用转化，为社会生产生活带来了巨大的经济价值与社会价值。

全书虽然力图探讨交通方式之间的融合、交通与城市的融合，交通与数字经济的融合，但是由于本人的专业及知识背景所限，不能从更广泛的视角来论述首都交通融合发展的全貌，希望未来的研究能够有更好的突破。

本书受到"中央高校基本科研业务费专项资金"资助（项目名称：我国都市圈轨道交通智慧融合发展模式研究；项目批准号：2020JBWZ007）。

王 超

2023 年 1 月

目　录

第一章 交通融合是实现现代化目标的必经之路

　　基本实现新型城镇化是我国 2035 年远景目标之一。近年来国家围绕适度超前建设基础设施、盘活既有存量资产等扩大有效投资的问题连续召开重要会议并密集发布一系列政策。交通运输，对于稳经济增长具有重要支撑和关键联动作用，当前我国在新型城镇化格局构建中存在交通运输基建投资针对性和有效性不足、统筹管理体制机制一体化不畅、关联发展融合协调性不够等短板问题。应在加强城镇化建设中注重交通运输新老基建联通功能、补齐中央政府在区域交通一体化发展中的统筹责权、优化交通运输相关多主体多领域之间的协同融合机制。做好基建"硬联通"和服务"软联通"，更好地保障并推动中国特色新型城镇化建设。

一、新型城镇化发展需要夯实交通运输基础

　　新型城镇化是实现现代化的必由之路和重要动力。2013 年 12 月召开的中共中央政治局会议提出"要走新型城镇化道路，出台实施国家新型城镇化规划"。十三届全国人大四次会议表决通过了《中华人民共和国国民经济和社会发展第十四个五年规划和 2035 年远景目标纲要》，明确 2035 年基本实现社会主义现代化的远景目标，其中将"基本实现新型工业化、信息化、城镇化、农业现代化，建成现代化经济体系"作为重要目标之一。

　　当前我国城镇化率为 65%，已达到中等收入国家平均水平，我国推动了人类历史上最大规模的城镇化进程，深刻影响和改变着世界城市化格局。初步估计，我国城镇化在未来十年内进入成熟期，将会有 10 亿以上的人口实现城市型社会的高品质生活和高质量发展。

　　交通运输，是国家和地区发展的重要基础性、战略性、先导性产业。交通运输在空间上具有网络性和外部性等特征，能够带来时间距离缩短、要素

流动加快、市场辐射范围扩大和产业结构调整等效用。2021 年全国完成交通运输固定资产投资约 3.6 万亿元，占全社会固定资产总投资的 6.6%，占比不高，且交通运输营业收入增长幅度始终低于其他工业领域的营收增长水平。**交通运输的直接投资和空间溢出效应都是促进经济增长的重要动力**，它的服务能力与运行效率也是推进新型城镇化建设、构建国民经济良性循环的重要保障。

（一）中国特色新型城镇化道路与交通运输发展关系

据联合国《世界城市化前景报告》显示，2020 年日本、美国、西欧的城镇化率分别为 91%、82%、80%，他们从 65% 的城镇化率达到现在的水平分别历经 60 年、65 年和 70 年。国际经验也表明，**既有的城镇化路径对土地资源和其他投资的消耗是巨大的**，正是如此，也导致了传统的城镇化道路无法维继。**我国的"新型城镇化"之路是一条不同以往的发展道路**，如何发挥好中国特色综合交通运输体系的支撑和引领作用，处理好城镇化和交通的关系，是当前我国新型城镇化发展的关键。

（二）交通运输对我国新型城镇化建设的支撑条件

交通运输发挥着促进经济合理布局、协调发展的作用。我国以**城市群、都市圈、超大特大城市、大中城市、县城**组成协调联动、特色发展的新型城镇化战略正在有序实施，交通运输网络在其中扮演着极其重要的联通带动作用。党的十九大做出了建设交通强国重大战略部署，2019 年、2021 年国家印发了《交通强国建设纲要》《国家综合立体交通网规划纲要》，提出到 2035 年基本建成交通强国和形成现代化高质量国家综合立体交通网；"全国 123 出行交通圈"和"全球 123 快货物流圈"基本形成；实现国际国内互联互通、全国主要城市立体畅达、县级节点有效覆盖。2022 年，国家又通过了第二轮《国家新型城镇化规划（2021—2035 年）》，并于 2022 年 5 月发布了《关于推进以县城为重要载体的城镇化建设的意见》，结合国家发改委 2019 年《关于培育发展现代化都市圈的指导意见》以及近年来"新型城镇化和城乡融合发展重点任务"等内容来看，交通运输的基础保障服务能力具备，同时也对交通发展提出了要求。

（三）建设现代化基础设施体系需要交通运输软硬联通

2022 年 4 月，《关于加快建设全国统一大市场的意见》提出建设全国统一大市场是构建新发展格局的基础支撑和内在要求，要推进多层次一体化综合交通枢纽建设，推动交通运输设施跨区域一体化发展；2022 年 5 月，中央财经委员会第十一次会议关于"全面加强基础设施建设，构建现代化基础设施体系"工作任务指出要加强交通等网络型基础设施建设，把联网、补网、强链作为建设的重点，推进城市群交通一体化，建设便捷高效的城际铁路网，发展市域（郊）铁路和城市轨道交通。但是交通运输在有效投资增长和"硬联通""软联通"方面存在一定短板，需要精细化研判与深耕细作。

二、都市圈交通运输发展协同不足问题突出

（一）交通运输基建硬联通投资有效性不足，难以发挥交通运输的网络效应

一是以往注重长大距离的交通廊道干线规划建设，而区域内交通基础设施线网布局不够优化。城镇化是以城市群、都市圈、超大特大城市、大中城市、县城为主要节点并进行联络发展，而中国特色新型城镇化，需要满足高密度城市和功能区的交通运输效率，近年来我国城镇化发展速度加快，跨市交通出行和物流数量爆发式增长。目前，满足区域范围内通勤和快速通达的交通基建有所滞后，尤其是快速交通网络等新基建领域投资不足，放射性快线、区域环线、快速联络线、支线等建设速度较慢，主要通勤廊道的轨道交通能力不足。

案例一： 中国城市规划设计研究院 2019 年数据显示，河北"北三县"工作日往返北京的通勤客流日均达到 30 万人，基本依赖有限的公路出行，通勤时间长，交通拥挤压力大。

案例二： 2019 年，京津城际铁路工作日客流日均 8 万人以上，周末及节假日达到 14 万人，全国铁路网客流最高，即便 5 分钟发车间隔也难以满足早晚高峰通勤客流需求，周五晚与周一早晨更是线路能力极大饱和，时有超载现象，高峰时刻一票难求状态持续多年。

从 2014 年京津冀协同发展战略提出以来，类似交通短板问题依然非常突出，社会反响较大。

二是综合交通枢纽、节点、场站布局不合理，连续运输基础设施投入不足。新型城镇化格局中各层各类综合交通枢纽等级和功能体现不同，超大特大城市节点承担着客货运的主要周转任务，**大型铁路、公路客运交通枢纽不应完全分布到郊区，容易导致未来的城市空心化问题**，并且也不利于中心城区功能疏解。另外，部分城市综合枢纽场站的接驳及连续运输能力不足，包括机动车停车设施、联程运输便捷换乘廊道、货物多式联运搬运转运通道等基础设施不够精细化，规划预留缺失，改造成本较高，投资明显不足。

（二）交通运输管理软联通顶层机制缺失，难以形成运输服务的统筹效应

国务院主管部门对城市群、都市圈交通一体化统筹管理事权缺位。都市圈和城市群逐步成为国民经济发展的新增长极，但是与之相匹配的交通运输管理制度不够"大一统"，尤其是顶层设计缺乏适应新城镇发展特点的交通一体化管理机制，国家发展改革委、财政部、交通运输部、自然资源部、工业和信息化部、住房城乡建设部等在城市群、都市圈综合交通发展的规划、建设、投资、运营、协调、补贴等方面存在管理缺位、不到位或者"九龙治水"的情况。

管理缺位问题尤其突出。例如，2020 年《国务院办公厅转发国家发展改革委等单位关于推动都市圈市域（郊）铁路加快发展意见的通知》（国办函〔2020〕116 号），明确把投资和建设市域（郊）铁路的权责利一并下放给了地方，并明确了地方政府的主体责任。这在一定程度上体现了权力下放的改革创新精神，但市域（郊）铁路发展不仅涉及都市圈多个城市的合作问题，还涉及铁路部门与地方政府合作问题，地方政府自身很难去推动该项工作的进展。即国务院有关部门在第 18 条"强化政府支持保障"和第 19 条"完善协调监管机制"方面责权弱化，在指导规划编制、重点项目支持、协调沟通机制建立等方面缺少主体责任。按照国际经验来看，尤其缺少对都市圈铁路发展最重要的投资和补贴方面的职责规定。这也是我国市域（郊）铁路发展滞后的主要原因，是都市圈交通发展中的瓶颈要害问题。

（三）多种交通方式之间、交通运输与相关产业之间、交通部门与地方政府之间、地方与地方之间融合度不够

一是多种交通通道、综合交通枢纽、城市内外交通有效衔接等统筹管理不够。在节约集约利用通道线位和节点资源、共享交通服务空间、综合货运集疏运、铁路与城市轨道"四网融合"等方面明显不足，以及实现多种交通运营服务的运能匹配、票制互通、安检互认、信息共享、支付兼容方面都存在一定的服务不到位的情况。

二是交通与现代物流、邮政快递、旅游、装备制造、信息化服务等产业融合不足。在铁路、机场、城市轨道、水运码头等交通场站缺乏现代物流仓储等专用处理场所，在交通与旅游景区的线网硬衔接、软衔接方面有待加强，现代装备、信息化、智慧服务的交通融合不足。

三是交通部门尤其是铁路、航空、水运等交通管理部门与地方政府融合协同不足。这些交通管理部门与地方政府所追求的目标和服务范围不同，参与区域内部交通建设动力不足，相关交通法律法规也没有赋予此类交通方式服务城市群、都市圈、城市的具体职能，导致新型城镇化交通服务能力有限。例如，各大城市在城市群及都市圈范围内利用国铁资源开行城际列车和市域（郊）列车的难度和成本非常高。

四是区域内地方政府之间的综合交通运输及配套协同发展不足。城市群内和都市圈各属地政府之间在交通廊道链接、交通枢纽联合建设与联通方面缺乏足够的沟通，经常出现两地之间的交通规划各不相同，甚至并不知晓的情况发生。比如，天津市政府在 2018 年提出"通武廊（通州—武清—廊坊）市域快线规划"，直到 2020 年之前也未与北京市政府正式会商，一度造成京津冀相关民众和媒体的热议、质疑。

三、我国都市圈交通运输融合发展主要思路

中国特色新型城镇化建设发展，需要提高交通基础设施投资精确度，提升全生命周期的协同发展水平和服务质量，建设以人为本的人民满意交通。

（一）加强交通运输新老基础设施投资有效性，促进新型城镇化交通运输的硬联通能力提升

一是以新型城镇化建设带动交通投资和出行需求，解决区域快速交通线路结构短板。在需要的城市群内部和都市圈加快建设城际铁路、第二高速铁路等大容量轨道通道，利用区域内既有线路升级改造主要区间的复线和多复线市域（郊）铁路，补齐大城市轨道放射线、环线、联络线、支线，部分实现跨线直通条件，以轨道为骨干构建轨道上的城市群和都市圈；加强城市群内部重要港口、码头、站场、机场的连通性；打通"断头路""瓶颈路"，推动城市和县城道路网优化等；解决好"线随人走"和"人随线走"的发展关系。

二是合理构建多层级综合交通枢纽布局体系，促进集约化开发和集疏运系统建设。针对不同等级城市群、都市圈、城市、县城的现状和潜力，按照其产业功能及交通区位，形成多中心、多层级、多节点综合交通枢纽布局网络；有效分离城市交通与过境交通，提升交通运输效率；主要客运枢纽需留在中心城区，即便改造耗资巨大也应付诸实施，防止城市空心化与再中心化的重复投资建设；要客货并重，围绕枢纽场站提升方式间换乘换装效率和集疏运系统建设。

（二）管理体制机制，提升交通一体化服务水平

针对新城镇化背景下国家层面的交通一体化管理顶层制度缺失问题，可以借鉴国外区域交通管理经验。如日本国土交通省的铁路管理局下设干线铁路科与都市圈铁路政策科，将长大干线铁路与区域轨道交通的规划管理职能分开，且都市圈铁路政策科与城市管理局合作协调区域轨道交通的线路、车站规划、既有线改造、运营组织安排等互联互通业务，极大地提升了区域轨道交通的一体化管理效率。另外，国土交通省下设的运输政策审议会作为最终的交通运输规划审议决策机构，发挥着重要作用，该审议会主要由专家学者、企业代表、社会代表组成，并设置诸多专业分委会和区域分委会。

强化国务院主管部门在都市圈铁路建设中的权责。在国家层面设立管理协调机构和专项基金，加大对城市圈内部和都市圈交通发展的支持力度。一是强化国家发改委和交通运输部对城市铁路管理的职责，细化都市圈交通项

目的规划、协调和监管的职能分工；二是进一步细化和规范中央政府在城市群、都市圈交通建设中的财政事权和支出责任，健全我国公益铁路投资建设体系，将包含都市圈铁路在内的公益性铁路规划、投融资、建设、运营补贴等职责落实到位；三是加强与一带一路国家、中欧班列区域的联通，合理统筹国内沿线集结中心建设；四是建立国家层级交通运输政策与项目评审机制，提升中央政府主管部门的决策专业性和科学性。

（三）形成多交通方式、多主体、多产业的合作联动，提升新型城镇化的交通运输融合效率

一是强化多种交通连续运输管理、完善场站设施集约化利用。根据我国城镇化发展基础和特色，应以轨道交通为重点，合理规划城市群、都市圈轨道交通与其他交通方式融合协作管理，促进市内外交通连续和轨道交通"四网融合"机制协同。其中，**要加快国铁体制改革，促进国铁主动作为**，出台"深化国铁改革方案"，修订《中华人民共和国铁路法》（以下简称《铁路法》），明确国铁部门为都市圈和城市服务的责任规定，财政部要加强对国铁资产使用效率的绩效评价，进一步深化铁路投融资体制改革，积极利用 PPP 和 REITs 等模式吸引社会资本参与多网融合。

二是推进城市群、都市圈交通一体化体制机制建设。要健全城市群内部多层次常态化的交通协调管理机制，建立城镇化交通协同发展的成本共担、利益共享机制。借鉴日本和美国经验，设立都市圈层级的交通协同管理机构，如纽约大都会运输署 MTA、华盛顿大都会交通管理局 WMATA。各级政府在利用国铁等非地方权属资源发展内部交通的过程中，应切实关注国铁等主体的核心利益，通过合理确定安全监管标准、明确资产转型服务政策，采取土地置换、合作开发（含站城一体化、TOD、微中心）、购买服务等方式解除国铁等主体对安全服务、资产流失、职工待遇等问题的"后顾之忧"。

三是推动交通运输与物流、邮政快递、旅游、装备制造、信息化服务等融合发展。需要加强与现代物流体系建设融合，提升国家物流大通道的高效组织利用，畅通货运微循环经营运输，降低全社会流通成本，大力发展多式联运。国家发展改革委、商务部、交通运输部、工业和信息化部应联合推动大数据、互联网、车联网、人工智能、区块链等新技术与交通行业深度融合，

使"人享其行、物畅其流"。新型城镇化交通融合发展还包括安全、人文、绿色融合发展，提升交通运输安全保障能力，完善交通运输应急保障体系，推进交通运输绿色低碳环保发展，满足不同群体出行多样化、个性化需求。

可以预见的是，提升适应中国特色新型城镇化发展的交通运输体系"硬联通"与"软联通"水平，将会极大地促进我国整体社会的全面现代化进程。

第二章 北京城市轨道交通与城市功能融合发展

一、北京地铁潜在问题及未来趋势应对

2019 年北京市地铁票价已经达到动态调价启动点。从 2014 年调价至今，北京市居民收入、地铁运营成本发生了较大变化，2020 年因客流减少，单位人次运营成本达到 13 元，即便 2019 年的 7.8 元的运营成本也超过当年人均客票收入的 1.7 倍。2021 年，北京市政府对地铁的运营补贴达到了 220 亿元，几乎是我国西藏自治区当年全部的一般性财政预算。随着地铁运维进入大修期，未来北京市对地铁的运营补贴将会越来越高。

（一）北京地铁客流下降的主要原因及未来应对思路

新冠疫情期间及疫情过后，世界各国公交客流下降成为普遍现象，地铁客流的下降也有自身的特征变化，对于该类客流应采取针对性的公共服务，提升运营服务质量，以实现地铁运输对城市发展的保障服务功能。

疫情带来了产业布局的革命性变革，主导力量不是新技术，而是新场景和新思维；同时带来了工作和交通发展的变革，很多人不再需要天天朝九晚五地规律通勤出行，而是采用更加多样的工作和生活方式。

1. 客流降低原因

新冠疫情后，北京地铁客流变化波动特征明显，同时一个重要的现象值得关注，疫情即便控制最好的时期，客流也只达到 2019 年高峰时刻的 85%。主要原因：一是旅游、商务、就医、探亲等进京人口数量极大规模下降，导致乘坐地铁客流减少；二是多年来疏解非首都功能带来的效果正在逐步显现，尤其是包括金融、保险、科技、媒体和其他专业服务的白领工作者非常适合远程、灵活工作，导致地铁客流下降（中心城区人口疏解也会在一定程度

上降低平峰客流，因为人口疏解力度大于产业疏解力度，所以越来越多的人会被迫进行跨区通勤，增加高峰客流的同时，因为消耗精力、时间减少等因素而降低平峰出行意愿）；三是私家车、网约车、共享（电）单车等其他交通方式的竞争性替代发挥了很大的影响作用；四是随着时代进步，一些年轻的"Z世代"，普遍生活条件较好，从小就开始坐私家车的越来越多，需要的交通出行是自由的，不受任何约束的，哪怕一分钟两分钟的限制都不想有。

2. 如何客观看待平峰客流下降情况

平峰客流量少，首先要接受现实。诸多国家和城市的发展历史证明，随着城市空间半径的扩大，职住距离会越来越长，地铁以及其他交通的潮汐特点就会越发明显，如果不进行大规模的郊区同城化、卫星城建设等强力人为干预，潮汐交通是自然规律。一是随着北京地铁里程快速增加导致地铁网络效应扩大，极大地分流了不同线路和区域的平峰时刻出行强度；二是新建轨道线路逐渐向出行强度较小的市区和郊区方向延伸；三是疫情因素导致居民降低了非必要出行的需求意愿。这种需求结构变化带来高峰期车次供给加大、平峰期车次需求降低所发生的运力匹配失衡问题更加突出。

3. 早晚高峰客流结构特征及效应

以纽约都市圈为例。相比之下，一些需要轮班的工作、服务行业（如食品、住宿、医疗保健、零售、建筑和个人服务）的工种通常需要面对面接触和日常通勤，这部分工作者收入水平较低（可以根据统计数据计算他们的平均收入水平），居住在中心城区外围的比例会更高，他们对地铁的依赖程度远高于其他行业领域工作者。纽约白领行业工作的人中，超过40%的工作者生活在曼哈顿，而轮班工作的服务业从业者中，这一比例仅为16%[①]。"尽管这些因地理、时间和交通方式而异的变化可能看起来是独立的，但它们与居住和职业模式紧密交织在一起。事实上，绝大多数一线员工都生活在曼哈顿以外。在餐馆、酒吧、酒店和零售店工作的人也是如此，他们很少能够远程完成工作。在这些服务、轮班、面对面行业工作的纽约人通常不遵守周一至周五上午9点至下午5点的标准时间表，并将经常在非曼哈顿区生活和工作。这些分散的通勤安排很少符合地铁系统的正常运营安排，需要长时间、缓慢、

---

① 美国劳工部. 就业和工资季度普查, 2020.

清晨、周折的公共汽车才能到达工作地点，以及非高峰时间的几次换乘地铁。"
最终，疫情带来的这些变化带来了以下挑战：地铁公司如何管理不断下降的
客票收入，更好地为收入低、生活在非中心区且更依赖非高峰和公共汽车服
务的乘客服务？

4. 未来趋势应对

迎接这一挑战对北京的未来至关重要。如果北京不能重新安排其服务的
优先次序，改革其地铁票价政策，保留现有乘客，并吸引新乘客，北京将很
快陷入交通堵塞，对经济活动、空气质量、温室气体排放、交通死亡和宜居
性的影响将是可怕的。在首都北京，从事脑力劳动且中等收入及以上的人较
多，在防疫政策的大背景下，这部分人不愿意再坐地铁通勤，而选择居家办
公或自驾通勤，而没有工作条件或经济条件作出以上选择的低收入群体，有
的会起早贪黑，有的会倒班——避开早晚高峰的出行也将成为常态。在未来
几年，随着越来越多的高峰时间、远程工作的通勤者继续在家工作，交通建
设的重点应该从最大限度地提高高峰时间的通行能力转向最大限度地为那些
无法在家工作的人提供地铁通道。这可以通过增加现有车站附近的保障房数
量，例如，在每日乘客少于 5 000 人的住宅区的地铁站周围开发政策性住房，
以及修建和延伸轨道线来实现。

（二）北京地铁降低经营成本的主要方法

地铁降低运营成本的一个最重要的方法是降低行车里程，2021 年北京轨
道交通里程为 727 km（入库出库、空驶、调度、检修等，按照 800 km），按
照平均 6 节车厢编组、一天运行 18 小时、间隔时间为平均 5 分钟一趟（一小
时 12 趟）的标准计算，应当是：800×6×18×12×365=3.784 32 亿（车·km）。但
是 2022 年北京年报公布的 2021 年全年行车里程是 6.734 5 亿（车·km）。之
前采用了大小交路、拉长平峰发车间隔等灵活运营方式来降低成本，实际中
还可以尽快尝试解挂编组，尤其利用新技术，实现车辆在线、车站的即时增
减编组的方案，该方案国内已有公司掌握技术，可以有效降低行车里程，降
低车辆磨损成本和检修成本、人工（车厢安全员）成本，同时减编车辆可以
入库实现白天检修，这样可以增加夜间车辆停放和入库检修资源，降低夜间
对车辆的检修时间需求。

二、多样化票制票价提升地铁平峰客流

对比国外相关管理经验发现，精细化的错峰票制票价管理措施是国际大都市地铁运营和城市高质量发展的普遍做法。

（一）地铁票制票价、成本与运力匹配问题

1. 票务收入与运营成本缺口持续扩大

2019 年北京市除两条机场线外的 19 条地铁运营成本费用总计 162.43 亿元（不包含折旧，下同），是 2014 年地铁票价调整所认定的基年 15 条线路运营费用 63 亿元的 150% 以上。相比之下，2019 年北京地铁乘客进站量为 21 亿人次，仅比 2013 年增长了 20% 左右，具体见表 2-1。

表 2-1　2013—2019 年北京市轨道交通线网运行指标

指标	计量单位	2013 年	2014 年	2015 年	2016 年	2017 年	2018 年	2019 年
行车里程	万车·km	42 056	43 820	51 117	54 448	56 845	59 852	65 681
年客运量	亿人次	32.0	33.9	33.2	36.6	37.8	38.5	39.6
日均客运量	万人次	878	928	911	999.8	1 035.1	1 054.4	1 085.6
最高日客运量	万人次	1 105.5	1 156	1 165.8	1 270.2	1 294	1 349.3	1 377.5

资料来源：北京市交通委员会。

根据北京 2020 年《关于本市公共交通运营企业年度成本费用公开有关问题的通知》显示，2017 年至 2019 年，北京市地铁的平均运营成本约 7.82 元/人次，而平均地铁票价收入约 4.4 元/人次，可见，地铁单人次运营成本远超单人次票价收入，票务收入与地铁运营成本的缺口持续扩大，导致北京市财政直接和间接补贴压力越来越重。

2. 高峰拥堵、平峰稀疏，运力匹配难度大

目前，北京市高峰时期的部分地铁线路已经实现 1 分 45 秒的最短发车间隔，并实施了多交路和部分"大站快车"的运营组织方式，但是高峰通勤拥堵的基本情况只有些许改观，且早晚高峰客流集中度进一步提高，2019 年地

铁全天平均客流量的 49% 集中在早晚高峰四小时内。与高峰拥堵情况变化不大形成对比的是平峰客流稀疏情况明显，平峰时段发车间隔逐步拉长，居民很难适应长间隔发车时间。平峰客流稀疏的原因一是随着北京市地铁里程快速增加导致地铁网络效应扩大，极大地分流了平峰时刻部分线路和车站的出行强度；二是因为疫情因素导致居民降低了非必要出行的需求意愿。这样需求结构的变化带来高峰期车次供给加大，而平峰期车次需求降低所发生的运力匹配问题更加突出。

（二）地铁票制票价调整的国际经验比较

1. 起步票价与其他国家大城市相比较低

与其他主要国际大城市票价对比，北京地铁的 3 元起步价较低，其他世界主要城市地铁起步价分别为巴黎 1.9 欧元（人民币 15 元）、柏林 1.7 欧元（人民币 13 元）、伦敦 2.4 英镑（人民币 20.5 元）、纽约 3 美元（人民币 20 元）、东京 140 日元（人民币 9.3 元）。起步票价占人均年度可支配收入比例，巴黎是万分之 0.62、柏林是万分之 0.68、伦敦是万分之 0.70、纽约是万分之 0.55、东京是万分之 0.45，均高于 2020 年北京的万分之 0.43（2018 年该数据是 0.48）。其中伦敦地铁起步价最高，约是北京的 7 倍，伦敦人均可支配收入是北京居民的 4.3 倍。目前北京市地铁票价方案起步价较低，且长时间没有调价。国际大都市地铁起步价及在人均可支配收入中占比（2019 年）见表 2-2。

表 2-2　国际大都市地铁起步价及在人均可支配收入中占比（2019 年）

城市	单程最低绝对价格	折合为人民币/元	人均可支配收入/万元	单程最低票价在人均收入中占比/万$^{-1}$
巴黎	1.9 欧元	15.01	24.11	0.62
柏林	1.7 欧元	13.16	18.70	0.70
伦敦	2.4 英镑	20.50	29.20	0.70
洛杉矶	1.75 美元	12.42	35.95	0.35
纽约	3.00 美元	21.30	38.91	0.55
新加坡	0.8 新加坡元	4.07	34.69	0.12

续表

城市	单程最低绝对价格	折合为人民币/元	人均可支配收入/万元	单程最低票价在人均收入中占比/万$^{-1}$
东京	140 日元	9.27	20.63（23 区和多摩）	0.45
北京	3 元	3.00	6.24	0.48
香港	5 港元	4.49	14.30	0.31

2. 票制单一、高峰非通勤客流比例较高

北京在票制方面主要实施了单一的"累计支出优惠"方案，虽然能够照顾通勤出行，但是其他国际大城市地铁票制类型更为多样，可以更加有效地区分出行类型，从而进行分时段客流的干预调控。如大部分城市都有定期票（含日票、周票、月票、季票、年票等）、功能票（通勤票、通学票、学生票、老年票、旅游观光票等）、错峰票（高峰票、平峰票、计次票、限时票等）、联程票（定期联程票、不同交通方式联程票等）等，有些票制类型相互交叉，但是基本照顾到了各类出行需求。其中纽约、伦敦、华盛顿和悉尼推出错峰票，巴黎、华盛顿等有多方式交通联程票、观光票和青年票，东京有往返票、非高峰限时票和计次票等。

3. 国外主要大城市错峰票制票价方案参考

世界诸多城市都有地铁错峰票价制度。

伦敦早高峰 6:30—9:30 范围内与晚高峰 16:00—19:00 范围内的 Oyster 一卡通按出行距离的差异化票价为 2.4 英镑至 5.3 英镑，而非高峰时段的票价为 2.4 英镑至 3.3 英镑，即伦敦 1～3 区短距离出行的高峰与平峰地铁票价差为 21%，1～6 区长距离出行的高峰与平峰票价差为 60.6%。

华盛顿地铁工作日早高峰 5:00—9:30 及晚高峰 15:00—19:00 票价为 2.25 美元至 6 美元，而平峰票价是 2 美元至 3.85 美元，即高峰最低票价是平峰最低票价的 1.1 倍，高峰最高票价是平峰最高票价的 1.4 倍。

悉尼地铁非高峰起步票价使用 Opal 一卡通在早高峰 6:30—10:00、晚高峰 15:00—19:00 间享受五折 1.6 澳元（人民币 7.5 元）优惠。另外，东京也有"买十送一"和"买十送二"的平峰优惠票制，高峰期间不得使用，相当于通过计次优惠票价鼓励错峰出行。

（三）北京地铁错峰票制票价调整方案

1. 票价票制改革时机基本成熟

目前北京地铁票制票价调整具有一定范围的可操作空间。这主要是因为：第一，居民可支配收入大幅增加，全市居民人均可支配收入已由 2015 年的 4.8 万元提高到 2020 年的 6.94 万元，增幅为 45%；第二，实施票价票制改革措施合理合规，2014 年北京市已经制定了基于居民可负担能力、地铁运营成本等可进行动态评估和调整的机制；第三，居民要求提升出行质量的呼声越来越高。随着居民生活水平提升，对舒适便捷的出行要求越来越高，降低高峰期拥挤率是其中一项重要的出行需求。公共交通票价动态调整办法考虑的主要因素具体见表 2-3。

表 2-3 公共交通票价动态调整办法考虑的主要因素

主要因素	权重	测算依据
人工成本	50%	按照北京市统计局公布的交通运输、仓储和邮政业城镇单位在岗职工平均工资变动情况
动力成本	20%	城市公共电汽车按照国家制定的本市 0 号柴油零售价格年均变动情况测算
		轨道交通按照国家制定的本市非居民一般工商业平段电价变动情况测算
其他成本	30%	按照居民消费价格指数变动情况测算

2. 错峰票制票价具体策略

总的原则：降低高峰拥挤率、降低高峰行车运营组织成本、降低高峰运营潜在安全隐患，尽可能拉匀客流时间分布、平衡地铁运营供需结构。

1）高峰不变+平峰降价

此方案是普惠式的，不针对具体出行群体，只是针对出行时间段。平峰降价可采用单次直接降价、累积优惠降价、分时段降价甚至免票等方式。比如非高峰出行，直接打 8 折；可通过大数据统计乘客非高峰出行票务支出在一月之内超过一定数额就直接给予折扣；也可以参考新加坡早高峰前的 7:45

以内在规定车站出站的乘客给予免票，7:45—8:00 区间内出站给予 5 折票价优惠等方式激励错峰出行。

该方式优点是目标简单，可操作性强，不会产生群体差异意见，缺点是高峰票价本身不高，部分乘客对优惠不敏感，会降低客票收入。

2）高峰提价+通勤优惠

此方案主要针对通勤族，降低高峰时刻车厢满载率的同时，尽可能保持通勤者支出成本不变。采用通勤定期票、通勤联程票，以及高峰出行时段累积优惠的方式给予错峰引导。高峰时刻提价试图将高峰时间非必要出行导流至平峰时间段，同时将通勤时间出行的累积优惠力度加大，从而使高峰地铁更多地导向为通勤者服务。但需要注意的是，该方案应根据北京市经济发展和居民就业、收入水平变化来调整，并且严格履行听证会制度。

该方式的优点是充分照顾通勤出行者的同时基本不影响非高峰出行者的福利，缺点是涉及"提价"，会带来民众对政策的误解，需要足够的宣传引导。

3）错峰（非高峰）次票优惠

此方案是采用非高峰出行累积次数的一种票价优惠。可采用若当月在非高峰时段出行次数累加到一定数量，给予之后非高峰出行的一定折扣或按照一定比例赠与出行票次。比如当月非高峰时段出行 40 次以上，可给予未来当月非高峰出行次数的 6 折优惠，或者给予非高峰 5 次免费地铁出行车票奖励，东京等地铁使用该类次票优惠。

该方式优点是不针对出行群体，鼓励乘客固化非高峰出行时间并坚持绿色出行习惯，缺点是执行可能会相对复杂。

3. 其他多样化票制及行为激励手段

另外，可以设定更加多样化的票制票价政策。比如亲友捆绑车票，发送亲友邀请码办理非高峰地铁票可以给本人及亲友更多的票价优惠等。另外还可采用非高峰出行随机免票及定期抽奖等活动，尤其是定期抽奖活动在国外应用较多，可根据实际情况按照天、周、月分别抽取一定比例且不同价值的礼物或现金奖励等方法激励错峰出行。

三、"高峰票价+通勤优惠"方案设计选择

2014 年北京市地铁票价进行调整并设定了五年一周期的动态调价机制，

在 2019 年已经达到动态调价启动点，但仍没有启动该机制。六年来，北京市居民收入水平和地铁运营情况等发生了较大的变化，运营成本与票务收入缺口扩大，高峰时段部分线路拥挤度也持续攀升。实践证明，精细化的票制票价管理措施能够有效优化客流时空分布比例，带动地铁运营和城市交通的高质量、可持续发展。

（一）建议启动地铁票价的动态评估和调整机制

据《2020 北京市交通发展年度报告》显示，2019 年北京市地铁最大断面满载率超过 100% 的断面有 17 个，其中最大断面满载率在早高峰 4 号线，高达 134%，此水平接近日本东京"五方面通勤作战"实施前的个别线路满载率。2022 年北京市提出"高峰票价+通勤优惠"方案，该措施可以对分时段客流出行结构及满载率实现一定的调整，因此受到社会广泛关注。目前在地铁票制票价调整具有一定范围的可操作空间，主要理由如下：一是居民可支配收入大幅增加，全市居民人均可支配收入已由 2015 年的 4.8 万元提高到 2020 年的 6.94 万元，增幅为 45%；二是实施调价措施合理合规，2014 年北京市地铁票价调整时，已经提出了应基于居民可支配收入等可进行动态评估和调整的机制；三是居民要求提升出行质量的呼声越来越高，随着居民生活水平提升，对舒适便捷的通勤出行要求越来越高，降低高峰期拥挤率是其中一项重要的措施；四是世界诸多城市都有地铁错峰票价制度，伦敦、华盛顿等城市有高峰高价举措，例如华盛顿地铁高峰最高票价几乎比平峰最高票价高出 40%，东京等城市有平峰优惠票制"买十送一"和"买十送二"的政策。

（二）"高峰票价+通勤优惠"调整的原则与方法

北京市提出的"高峰票价+通勤优惠"方案，应遵从以下主要原则和操作方法。

一是不增加刚性通勤群体的经济负担。方案应尽可能降低高峰期非通勤客流出行比例，同时也对刚性通勤出行客流的支出水平产生较小的影响，以防给中低收入群体带来较大的经济负担，引发社会不满情绪。

二是做好充分的前期调研与宣传工作。前期应进行广泛深入的调研，精细化调整方案，尤其要综合考虑居民收入水平、整体物价水平、交通出行意愿、可承受票价范围等指标，方案相对成熟后，可进行一定的专家发声、媒体吹风等活动，增加群众的接受能力。

三是实施错峰计价并加大"累计优惠"。在保持前期方案连贯性基础上细化调价方案，采用高峰提升票价，平峰降低票价的分时计价方式，同时对长距离出行或支出累计达到一定数额后实施比 2022 年实施方案更加优惠的累计折扣方案。

四是不增加或者少增加财政补贴负担。虽然平峰降价，但是可通过精细化调研和定价研究，扩大平峰时段的客流，尽可能使地铁财政补贴状况与之前相差不多。

（三）具体方案

方案一：早晚高峰期各三小时起步价和里程分段价格同步提升 1 元，月度累计折扣 100 元以上 5 折，150 元以上 3 折。2022 年北京市地铁乘客平均支付区间是每次 5 元，按照通勤天数 22 天计算，每月无累计优惠的正常支出为 220 元，北京市累计优惠政策为 100 元后 8 折、150 元后 5 折，月支出为 175 元（100+50×0.8+70×0.5）。起步价和各段里程都提价 1 元，每人平均支付区间是每次 6 元，每月无累计优惠的正常支出为 264 元，累计折扣若变为 100 元以上 5 折、150 元以上 3 折，每月通勤客流地铁支出会从 175 元变为 159 元（100+50×0.5+114×0.3）。即高峰时刻平均单次价格上调 20%，但通勤乘客每月总支出降低 9%。平峰价格可参考伦敦和东京，比高峰价格低 10%～20% 的比例，即适当平均降低 0.5 元至 1 元，通过诱发平峰客流增量带来的收益弥补客票收入。以上方案对长距离通勤客流更加优惠，对于短距离出行客流来说，比如 6 千米内出行客流，高峰时刻票价支出成本增加 33.3%，每月总支出仅增加 5 元，变相对部分短距离出行客流产生一定的挤出效应，价格敏感者可以采用其他公共交通和慢行交通方式。同理可推若平均价格提升 2 元，即高峰支付区间价格即使上调 40%，累计每月总支出却减少了 1.4%，对于刚性通勤出行来说，只要累计优惠制度合理，提升高峰票价对出行支出影响完全可控，且能有效控制非刚性高峰出行。

方案二：根据起步价占人均可支配收入比例提升票价。主要通过国际横向对比测算。据北京市最新发布的数据，2020 年人均可支配收入为 69 434 元，按照巴黎、伦敦、柏林、纽约、东京地铁起步价在人均年度可支配收入中的平均占比为万分之 0.6 计算，得出北京调整后的起步价可为 4.2 元。同时将各个里程对应票价上调相同价格，人均支付单次出行票价为 6.2 元，按照方案一中的加大累计折扣力度，每月通勤客流平均支出会从 175 元变为 169 元，即高峰区间单次支出成本平均上调了 24%，但是每月总支出却减少了 3.4%。该方案的特点是与国际票价接轨，地铁票价起步价在人均可支配收入中占比与其他国家大城市接近。缺点是计价不是整数，执行不简便，同样该方案也对短距离出行者增加了成本，鼓励短距离出行者采用其他慢行和地面公交出行方式。

以上两种调价方案虽然参考值不同，但是基本符合对市民刚性通勤需求的保障。通过提升高峰票价与降低平峰票价来优化不同时间的客流结构，降低早晚高峰地铁拥挤度，同时也能在平峰时期带动更多绿色出行需求，达到调节客流分布、提升运营组织效率的目标。另外，还可以采用多种票制策略来满足多方需求，可设计当日往返票、充值次票、月票、季票、年票，以及通勤票、通学票等多样化的票制来实现交通发展的管理目标。

四、多层次视角下地铁平峰客流提升措施

各地城市轨道交通高峰期[①]客流拥堵、平峰期[②]客流少且运力低等问题愈发突出。为提升地铁公司资产利用率和投资有效性、利用平峰期闲置运力，本书选择了提升城市轨道交通平峰客流这一选题，就此展开深入探究。围绕这一选题，提升城市轨道交通平峰客流分为三类：诱增客流、转移客流和分流客流。除此之外，还按照出行目的大体将出行者分为通勤类和生活类出行。在对策的探究中，分别从地铁公司、综合交通系统、城市系统三个层次提出方案，不仅考虑地铁公司自身的行为，还将地铁与其他交通方式以及周边环境结合，提出城市轨道交通平峰客流提升的方案。

交通运输部统计数据显示，截至 2021 年底，国内共有 51 个城市开通城市轨道交通线路 269 条。但是"高峰挤地铁"成了城市常态，高峰平峰客流差距越来越大，地铁似乎成了高峰交通工具，平峰时期空载率越来越高，这无疑为地铁公司提高了成本。

---

① 高峰期：全天客流集中度最高的时间，一般在每天 7:00—9:00 是早高峰，17:00—19:00 是晚高峰。

② 平峰期：全天客流集中度较少的时间，一般是除了高峰期的其余时间段。

随着城市不断发展，地铁将逐渐超越单一的运输功能，城市轨道交通将逐渐融入城市社会发展的大环境，不仅成为城市交通运输发展中的重要组成部分，也承担着传播城市文化以及落实时代发展要求的任务。本书所提对策可以缓解城市轨道交通平峰客流过低的问题，有利于城市交通系统的高质量、可持续发展，甚至优化城市发展质量。而目前在有关城市轨道交通的研究领域中，提出解决方案的研究较少，本书所提出的一些方案如抽奖服务等几乎没有涉及，更没有从三个层面提出解决方案的研究，故本书具有创新性和全面性。

（一）背景

1. 平峰客流提升的意义

（1）增加平峰期地铁运力利用率，降低单位人次运营成本，对增加地铁公司收益有着极大的促进作用。除了早晚高峰四小时外的漫长平峰期客流仅占全天客流的 51%[①]，相比高峰期，平峰时期地铁虽然有较长的发车间隔，但其运营成本依然居高不下，故如何提升平峰地铁客流成了地铁公司解决运营效率的一个难题。

（2）缓解地铁高峰期拥挤，提高乘客出行幸福感，缓解地铁公司高峰期运营压力。高峰期地铁满载率过高，拥堵问题严重，运力紧张，严重影响乘客出行幸福感。本书后面将提到客流种类，其中的分流客流无疑可以缓解地铁高峰客流过多的问题，从而缓解地铁公司在高峰期运营压力。

（3）鼓励出行者错峰出行，助力碳减排，实践碳普惠。城市轨道交通作为城市公共交通系统中重要的一部分，较其他交通方式具有运量大、效率高、保护环境等优势。2017—2019 年我国交通运输行业的碳排放量占全国碳排放总量比从 9% 升至 12%，节能减排是城轨交通绿色发展的一个必须逾越的难题，因此打造绿色交通方式，城市轨道交通是重要的一环。而本书正是为了促进地铁高效运转，减少个人碳排放，实现交通碳减排。

2. 城市轨道交通客流现状

以北京为例，地铁高平峰客流差异大，高峰期运力紧张、平峰期运力不

---

① 地铁公司负责人表示，近年来北京地铁早晚高峰 4 小时集中了全天 49% 左右的客流。

饱和的情况严重。近年来北京地铁早晚高峰 4 小时集中了全天 49% 左右的出行，客流压力巨大，运能紧张；而低峰时段客流较少，运能相对宽裕，平峰约 14 个小时的客流只占全天客流的 51% 左右，与高峰 4 小时客流几乎相同。

　　除北京外，其他超大城市也有高低峰客流差异大的情况。经计算，广州高峰期客流占日客流量的 44.1%，重庆的高峰客流集中了全天 52% 左右的出行，而武汉的高峰客流比例则为 51.6%[①]。由此可以看出，高低峰客流不均衡的现象普遍存在。

　　3. 提升客流思路框架

　　平峰客流提升对策示意图如图 2-1 所示。

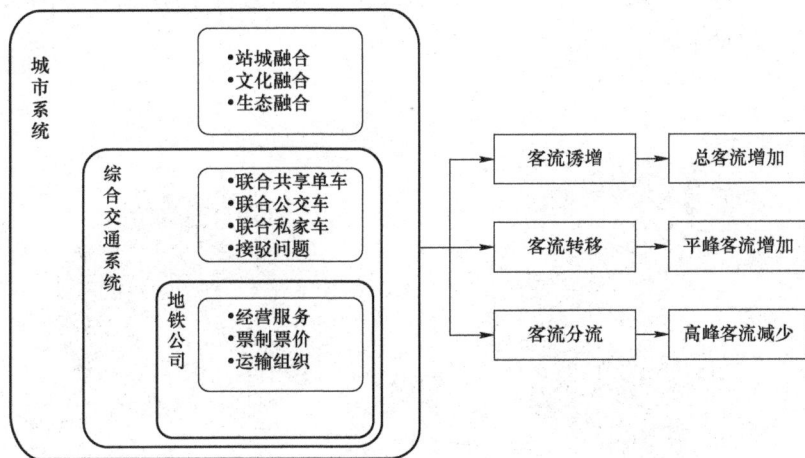

图 2-1　平峰客流提升对策示意图

（二）吸引客流种类

1. 按吸引方式划分

　　吸引客流分为分流、转移和诱增三种类型。在本书中分流客流是指把旅游或其他非必要高峰出行的客流吸引至平峰；转移客流是指将在平峰期间通

①　资料来源：武汉市交通发展战略研究院。

过其他交通方式出行的人吸引到地铁出行上来；诱增客流是指在平峰期间把不准备出行的人吸引到地铁出行。通过分流客流、转移客流和诱增客流三种方式，缓解地铁客流分布不均的问题。

2. 按出行目的划分

为了更好地研究提升地铁平峰客流的对策，作者需要大体了解乘客的出行目的类型，设计出贴合其出行目的和具有效率的针对性激励方案，才能使得提升地铁平峰客流的作用最大化。如图 2-2 所示，生活类出行比例高达52.6%，该类人群出行时间相较上下班等通勤类人员更加灵活，也更容易设计出贴合的激励措施，通过对该类人群转移客流和诱增客流，增加生活类出行的人群在平峰期地铁出行的次数，来进一步提升平峰客流。

根据对生活类出行进一步的划分，即其他回家、休闲健身娱乐、购物等目的，可以针对性地设计抽奖活动、建设地铁便利店和采购便利店商品，使方案的作用最大化。

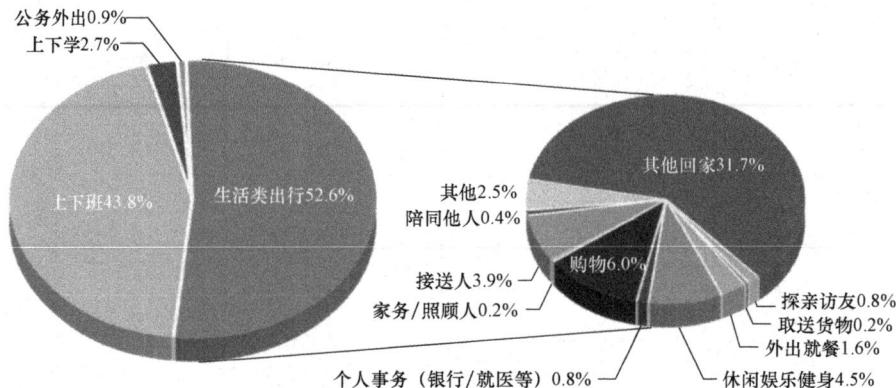

图 2-2　北京居民出行目的构成图

（三）提升平峰客流的对策

1. 地铁公司

以往更多的文献着重从票制票价改革及运营组织方面进行节本增效，在经营方面的研究较少，本书认为在重视经营服务方面研究的同时，也要关注票制票价和运营组织。

1）经营服务

（1）抽奖服务。

由于平峰期乘坐地铁的人群大部分都是生活类非通勤出行，这类人群占平峰期出行的 52.9%，可以利用抽奖活动来诱增该部分客流和转移其他交通方式的客流，在商圈、景点附近的地铁站进行抽奖试点。对于出行时间相对固定的通勤人员，也可以通过实施错峰抽奖服务起到分流客流的作用。抽奖服务中，最主要也是最普遍的部分是"一日一抽"和"月度大奖"，采用线上抽奖的方式，刷卡进站后便可获得一次抽奖资格，可线上进行抽奖。抽奖时间可设在平峰时期和早晚高峰前后一小时内，在一定程度上起到分流客流的作用。抽奖服务不仅可以为乘客提供优惠福利，增加其出行乐趣、提高出行意愿，还是集灵活、成本可控、趣味性十足、多领域发挥作用等优点于一体的提升地铁平峰客流的利器。

下面提供一个抽奖方案供参考，分为每次抽奖和月度大奖，具体内容如图 2-3 和图 2-4 所示。

① 每次抽奖（每乘坐一次地铁可抽）。

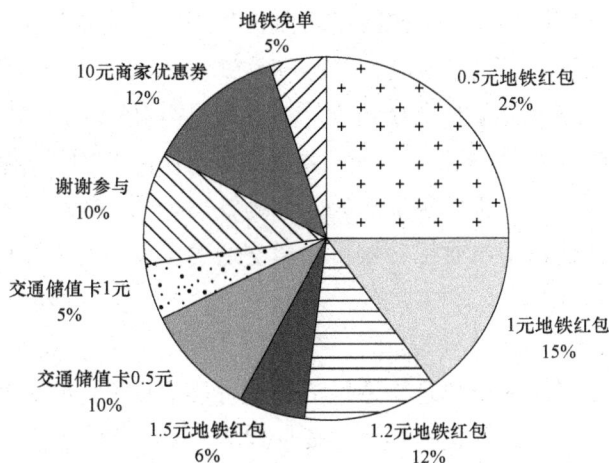

图 2-3　每日抽奖奖池及概率

② 月度大奖（一个月乘坐地铁超过 40 次者可抽）。

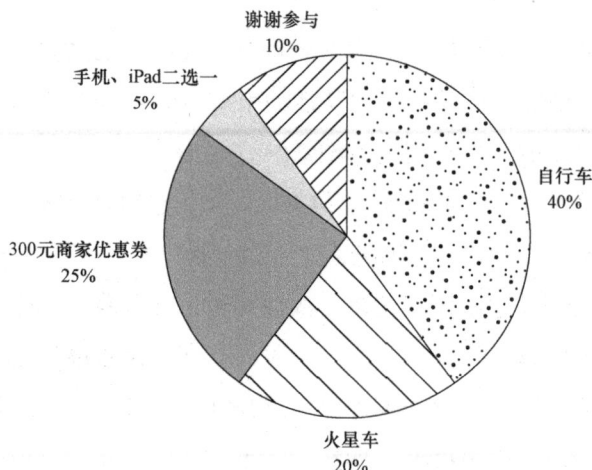

图 2-4　月度大奖奖池及概率

（2）地铁便利店服务。

开在地铁站里的便利店虽然店面小，但给予出行乘客一定的便利，如部分便利店拥有简易的站立就餐板，获得了"早起打工人"的称赞。地铁便利店的开设与城市轨道交通以社会服务为主、盈利次之的特点不谋而合。便利店可以加大平峰期的活动力度来吸引客流，如平峰营业期间对部分商品打折出售。此外，还可以引进各类文创产品和地铁特色商品，如将便利店规划设计与该地铁线沿线的文化景点相结合，不仅可以提升服务质量、持续提高地铁文创产品品牌影响力，还可以提升乘客选择地铁出行的体验感。随着便利店不断规划发展，它们可以逐渐成为人们地铁出行的一部分，慢慢挖掘地铁除了运输外的其他作用，对提升城市轨道交通的服务质量和平峰客流都大有裨益。

2）票制票价

票制票价是影响城市轨道交通经济利益发展的重要因素，也是导向客流分布的重要工具。票制票价多样性主要体现为从乘客乘车次数、时间、出行特征等角度设计票种，可分为次票、定期通勤票、群体票、错峰票等票种，旨在引导客流分布尽量供需均衡，保障通勤刚性需求为主、固化绿色出行需求。

（1）次票，是针对转移客流和诱增客流提出的票种。该票种是非高峰出行累积次数的一种票价优惠，可采用当月在非高峰时段出行次数累加到一定数量，给予之后非高峰出行的适当折扣或按照一定比例赠予出行次票。

（2）定期通勤票，可分为日票、周票、月票、季票和年票，是针对分流客流提出的票种。通勤票限定上车站和到达站有利于区分通勤群体和非通勤群体，通勤票制并不会增加甚至会减少刚性通勤群体的支出，剥离非刚性需求的乘客。

（3）群体票，如青年票、学生票、老人票等，是针对转移客流和诱增客流提出的票种。为不同的社会群体量身定制不同的车票种类有利于和票价调整对接，使票价调整更容易为大众接受，吸引乘客选择平峰期乘坐地铁。

（4）错峰票，是针对分流客流提出的票种。可以快速高效地转移高峰期客流至非高峰期，解决拥堵问题，国外很多城市都推出了错峰乘车票，对乘车乘客阶梯定价，以鼓励乘客错峰出行。

3）运输组织

（1）改善地铁通道连接度、提高乘客换乘便捷度。

近年来，城市轨道交通发展迅猛，而城市轨道交通网络的形成也导致换乘系数不断上升。因此，提高乘客换乘的便捷度可以提升城市轨道交通在公共交通方式中的竞争力，并在提升城市轨道交通平峰客流中发挥重要作用。改善地铁通道连接度较为简单的方式是增加上下楼梯的扶梯数量、保障现有扶梯运行。

（2）在线联挂解编。

平峰期的候车时间长是城市轨道交通的一个缺点，而地铁车辆联挂解编却可以在很大程度上弥补这一缺陷。乘客在平峰期时段候车时，常常为近十分钟的大间隔而感到烦恼和无奈，地铁公司增开列车又将导致运力过剩、运营成本增加。"平峰期小编组，高峰期大编组"的行车模式能够提升精准服务的效果。因此，在线联挂编组可以在运力不增加的同时使平峰期行车间隔缩短，乘客等待时间减少，从而提高城市轨道交通对出行者的吸引力。除此之外，联挂解编还可以降低车辆磨损成本和检修成本、人工（车厢安全员）成本，同时减编车辆可以入库实现白天检修，增加夜间车辆停放和入库检修资源，降低夜间对车辆的检修时间需求。

（3）虚拟编组。

减少发车间隔时间与发车间隔距离一方面可以提高发车效率，另一方面可以吸引客流，最终提升客运周转量，但传统列车编组最多可以把发车间隔时间控制在90 s上限，发车间距200 m到400 m，而自主虚拟编组技术的产生可以降其至65 s，发车间隔降至40 m。可以说虚拟编组这一创新直接改变了地铁的固定单位，大大提升了地铁与客流环境的适配度。

2. 综合交通系统

在综合交通系统中，构建"地铁+"出行模式可以有效提升乘客地铁出行体验感，从而对提升城市轨道交通平峰客流大有裨益。

1）"地铁+共享单车、公交微循环、私家车"出行优惠模式

地铁公司可以与共享单车公司合作，协同地铁站点的共享单车时空分布数量。在费用方面，乘坐地铁后骑共享单车可以享受各种折扣优惠，甚至免费。共享单车企业也可以举办购买单车月票后赠送地铁出行次数等活动等。此外，骑车者如果将单车停在地铁站的共享单车停放点也可获得一定的奖励，这样可以使地铁站点的共享单车保持在一定的数量，保障人们从地铁站出来有共享单车使用。二者联合可以形成"地铁+共享单车"出行模式，落实了低碳环保的时代要求。

"地铁+公交车"出行模式可以有效提升交通服务质量，尤其是地铁+微循环公交可以有效覆盖职住功能区，使得乘客更愿意选择地铁出行，也能更好地避免"黑车"泛滥的现象。可增加地铁与公交的社区出行联票制度，增加其出行次数，实现诱增客流和转移客流。减少私家车、出租车出行。

随着城市空间半径的扩大，不少人选择居住在远离市中心的区域，而这些区域的交通线比较稀疏。针对这种现象，可以在不方便设置摆渡公交车的地方，即出行需求的人群较为分散、不存在绝对的人流密集点的地方，采用联合私家车的措施，在郊区地铁站旁边修建大型停车场，推动市场化P+R的硬件联通与软件服务发展，保证对私家车的容纳量，从而吸引人们从私家车出行转移到"地铁+私家车"出行模式。

2）其他接驳问题

第一，设置绿色接驳通道。在接驳通道两侧进行绿化设置，让乘客有种"穿过花园去车站"的感觉，通过令人赏心悦目的景色来增加乘客的接驳体验。第二，设置封闭半封闭走廊。封闭半封闭走廊遮风避雨、冬暖夏凉，设置封

闭半封闭走廊能提高乘客的内心满意度，同时可以指引方向。第三，设置快速滚梯。在长距离的换乘过程中，乘客往往因为换乘时间久而感到出行体验感不佳。在接驳距离长的路程里设置快速滚梯，不仅可以有效节约时间，更可以增加乘客接驳体验感，从而提升乘客对地铁出行的满意度，增加地铁平峰客流。

3. 城市系统

1）站城融合

站城一体化、TOD与微中心是站城融合的三种方式。站城融合是指轨道车站与城市紧密融合，依托轨道客运站点及周边区域快速发展，将交通功能与城市公共服务功能有机衔接，形成轨道建设与城市发展联动效应。站城融合的最大体现便是站城一体化，范围一般在半径 800～1 000 m，其次是范围在站点 400～800 m 半径内的 TOD 模式，最后是轨道微中心，范围根据车站周边用地情况划定。站城一体化开发模式从根本上说是城市与轨道交通枢纽站直接的作用，使城市功能和资源利用更加紧密化。TOD 模式，可借鉴日本发展模式，如接近百年前的日本阪神本线用游乐设施吸引平峰反向客流。轨道微中心与轨道交通站点充分融合、互动，可达性高，土地集约化利用程度高，具有多元城市功能，具备场所感和识别性的城市地域空间。这一空间依托站点，在半径 200～300 m 区域划定核心范围。

2）文化融合

一是结合轨道交通运输相关文创产品抽奖和销售。通过多种文创产品抽奖活动、地铁便利店售卖和平峰出行达到一定次数兑换文创产品三种形式来进行。在不同类型的站点安排平峰时候对不同类型的文创产品进行抽奖活动、便利店售卖或兑换。地铁文创产品要实用性和纪念性并存，更好地吸引城市轨道交通平峰客流。在地铁中布置一些展示橱窗，将这些文创产品在地铁橱窗中展示，限定在平峰时刻才可以售卖。二是与出行目的地文化展示相结合。城市轨道交通与文化体育场馆、旅游景点进行合作。在乘客平峰期乘坐地铁到达博物馆、艺术馆、纪念馆等文化体育场所，可以在入口领到一份该场馆或景点的小纪念品，作为公共交通绿色出行的奖励。除此之外，可设计车站文体消费与地铁出行结合，如商圈内消费可以减免平峰地铁票等活动。

3）生态融合

将绿色发展与地铁出行相结合，建设方便、安全、高效率、低公害、景观优美、有利于生态和环境保护的、以公共交通为主导的多元化城市交通系统。因此为提升公共交通诱增客流，可以与高德地图等软件的绿色出行功能相结合，推出积分换取商品、联合减免车票等奖励，同时可根据个人或企业的碳普惠，将其与个人信用相联系，建立碳账户，并且碳账户的等级越高，在社会的权限越高，比如银行信用卡额度、京东白条额度等，将绿色出行实实在在地与个人社会生活联系在一起。

（四）结论

根据全国各地城市轨道交通平峰客流的现状，多点多方面地提出了平峰客流提升大概率可行的对策，对地铁公司、综合交通系统和城市系统进行了整体分析，得出以下结论：首先，地铁公司应当从经营服务、运输组织和票制票价调整入手来提升平峰客流；其次，地铁公司应当主动积极作为，与综合交通系统协同发展，制定更多的连续运输经营服务方案，提升乘客出行效率，从而增加更多的平峰客流；再次，城市轨道运输需要与城市发展充分融合，地铁与站点附近建立联系，让地铁逐渐融入周围的大环境，这种一体化的发展趋势使地铁不只是一个交通运输工具，而是区域的一部分；最后，积极宣传鼓励民众低碳出行、绿色出行，倡导出行即环保的社会责任理念，推动城市的可持续、高质量发展。

第三章 环京市（域）郊铁路与
首都的融合发展

一、市郊铁路与城市融合的科学发展观

一是充分理解市郊铁路与城市土地的特殊关系。市郊铁路发展方兴未艾，属于交通发展补短板领域和结构性调整方向。应该有一套独特的土地利用办法为交通与土地联合开发进行政策倾斜，尤其是市郊铁路与土地的协同问题，不仅仅是铁路保障房的土地置换和建设问题，更是一个资源高效利用和城市综合发展竞争力的问题。若仅仅粗放式地坚持容积率和开发规模限制，将会错过最佳的历史开发期，掣肘交通和城市发展的有效投资效果。

二是准确认识铁路部门主体责任缺失问题。依据诸多国际历史经验，若从效率角度来说铁路部门更应作为铁路沿线的开发主体，城市作为合作方为宜。但因为铁路事业在我国现代化进程中没有全面跟上城镇化的发展步伐，将来往哪个方向走，社会需求和发展趋势又如何等问题，铁路部门不能完全有效把握，因此需要积极推动与铁路的协同发展工作。从市郊铁路近几年的发展趋势来看，无法彻底脱离铁路部门的运营组织调度事权而谈合作，因此仍需紧紧将铁路部门作为利益共同体，而不仅仅是一条路权的买断问题。同时，铁路部门也不能成为城市功能发展的"钉子户"，其"坐地要价"的思维不可取。

三是争取中央政府统筹铁路与城市发展关系。国际大都市发展经验显示，城市的成败与交通有着非常重要且直接的关系，任何一个世界城市的形成都需要靠铁路支撑和引领。首都都市圈的特殊地位决定着路市合作的重要意义，铁路服务城市发展的能力和效率应具有现代化都市圈发展的开路先锋特质。因此，应多途径积极呼吁国家出面进行统筹协调，遇到路地不可调和的矛盾，首先应从顶层制度上给予关注解决。而且未来都市圈发

展是区域核心竞争力，相关解决问题的方式一定要围绕现代化首都都市圈的构建、围绕京津冀协同发展战略、围绕非首都功能疏解等重大问题的高质量实施。

二、瞄准市域快线推动新基建可持续发展

（一）北京市域快线轨道"新基建"的发展现状

1. 对市域快线的发展重视程度不够

相比地铁和城际高铁，速度较快、里程居中的市域快线应当是支撑半径30 km 至 50 km 都市圈发展的必备条件和主要模式，市域快线应当是未来城市轨道交通新基建的较好增长点。另外在多层次轨道交通融合发展和灵活运营方面，由于大部分轨道交通基建项目没有规划跨线运营和复线建设，因此城市轨道交通基本无法实现多制式的直通运营和灵活的快慢车运行方案，网络效应没有发挥最大的作用。

2. 发展市域快线轨道交通正当时

面对交通强国建设纲要中提出的都市区 1 h 通勤、城市群 2 h 通达、全国主要城市 3 h 覆盖的交通发展目标，在交通拥堵的大城市，只有发展市域快线的模式才能实现该目标。

随着城市发展的环境资源压力因素，笔者提出控制大城市人口规模的策略，但人口既是生产者，也是消费者，拥有更多的人口，城市发展才更有经济驱动力。如表 3–1 所示，东京都市圈面积为 1.638 2 万 km^2，人口为 3 760 万人。北京的市域面积和东京都市圈的整体面积极其相似，约为 1.641 万 km^2，但北京市的人口为 2 189 万人。由此可以看出东京的人口密度比北京大很多。

表 3–1　北京、东京分区域人口对比

区域	面积/km^2	人口/万人	人口密度/（万人/km^2）	人口占全域比例
北京市（全域）	16 410	2 189	0.13	—
东京都市圈（一都三县和茨城南部）	16 382	3 760	0.23	—

续表

区域	面积/km²	人口/万人	人口密度/（万人/km²）	人口占全域比例
北京六环内	2 267	1 633	0.72	75%
东京都（东京区部以及多摩等岛屿）	2 188	1 313	0.60	35%
北京五环内	660	1 000	1.52	46%
东京区部（23 个行政区）	622	895	1.44	24%

数据来源：北京数据，北京市交通委 2019 北京市交通发展年度报告；东京数据，轨道上的世界——东京都市圈城市和交通研究（2013 年）。

另外，东京都的面积与北京六环内面积相差不大，但东京都的人口只占东京都市圈总人口的 35%，而北京六环内的人口占北京市总人口的 75%；可见东京都市圈将近三分之二的人口都居住在中心城区外，而北京住在中心城区外的人口只有大约四分之一。日本东京能够支持城市人口在非中心区居住的最重要因素是通过发达的轨道交通网络把更多的人口引出，降低城市中心的拥挤率。我国高密度人口的大城市也可以借助未来市域快线的发展疏散人口，解决职住平衡问题。我国目前城镇化发展已经进入了都市圈、城市群时代，2022 年城市化率为 65%，而发达国家平均为 80%，面对这样的交通和城市发展空间，应当机立断，提早规划和建设市域快线，防止交通廊道和相关资源被其他项目占用。

（二）市域快线轨道交通的"新基建"发展对策

建设轨道交通就是建设城市，城市的繁华依赖轨道交通，轨道交通的成功取决于城市。深化我国轨道交通供给侧结构改革，需要认真研究多层次轨道交通布局及融合发展，市域快线的建设不仅能继续提升中国制造的全球竞争力，长期来看也有助于释放中国经济的增长潜力。

1. 立足都市圈和城市群，发展市域快线"新基建"

都市圈和城市群是我国经济发展的新增长极，都市圈、城市群的空间大小主要依赖单位时间内交通达到的距离。随着我国城市空间结构的演变，快速市域（郊）铁路，包括市域快线，适合通勤半径超过 20 km 以上的都市圈发展需要，这种市域快线可以通过自主新建的方式实现，也可以在利用国铁既有线的基础上进行改造，需要做到保证运营速度优先，同时在路轨设施、车辆配置、信号、输变电、承载重量、通过断面等方面也应做好与其他轨道交通方式的接驳、换乘、直通运营等立体互联。各省市和城市之间以及各种轨道交通的主管机构之间也要形成跨市域、跨领域的协同管理合作机制，形成一体化的综合建设和管理模式。

目前我国的主要都市圈数量为 34 个，我国都市圈发展状况见表 3-2。

表 3-2　我国都市圈发展状况

成熟型都市圈	上海都市圈、南京都市圈、杭州都市圈、宁波都市圈、广州都市圈、深圳都市圈
发展型都市圈	首都都市圈（由北京都市圈+天津都市圈连绵组成）、合肥都市圈、青岛都市圈、成都都市圈、西安都市圈、郑州都市圈、厦门都市圈、济南都市圈、武汉都市圈、石家庄都市圈、长春都市圈、太原都市圈、长沙都市圈、贵阳都市圈、南宁都市圈、沈阳都市圈
培育型都市圈	南昌都市圈、昆明都市圈、重庆都市圈、银川都市圈、哈尔滨都市圈、大连都市圈、兰州都市圈、福州都市圈、呼和浩特都市圈、乌鲁木齐都市圈、西宁都市圈

2. 完善上下游产业配套，多领域交叉融合发展

市域快线领域上下游及相关配套产业中，充分融合 5G、人工智能、特高压、工业互联网、物联网和大数据等相关新基建的建设成果，在市域轨道交通基础建设规划时期，实现不同基建项目模块化对接，为市域快线的运输管理和旅客出行服务提供技术支持和预留发展空间。在基建领域和未来运营中能够实现绿色发展、节约集约、低碳环保等目标，实现智能市域快线的装备先进适用、完备可控，保证市域快线的高质量发展。

3. 激发主体参与积极性，拓宽新基建实现方式

在发展市域快线过程中，应放宽市场准入标准，以更开放包容的精神引进更多的企业参与竞争。广泛的参与主体会带来投融资方面的灵活性和财务增长的可持续性，地方政府也不至于担负太多的地方债风险。另外，为私企和外资企业在相关配套政策方面提供一些创新性制度尝试，鼓励进行综合开发方面的探索，尤其是促进市域快线轨道交通沿线的土地资源开发，例如，可以允许企业通过建设公共设施、绿化用地等方式来置换车站上盖及 TOD 的容积率等。保证市域快线能够在一体化开发中更好地融入城市。这种新的主体、投融资、规划建设方式能为新基建项目带来崭新的活力。

三、对比国际经验发展"1+7"市郊铁路网络

近年来，北京利用既有国铁资源取得了一些成绩，见证了路地合作的能力与可行性，也足以证明铁路既有资源在某些条件下可以为北京所用，路地双方具备一定的合作基础和共识。

然而，北京市郊铁路运量占全市轨道交通运量的比重仅为 0.06%，而东京这一比例在 80% 左右，与东京利用原国铁资源服务城市发展的效果相比，北京的国铁系统并没有为大规模的"都市圈通勤需求"提供应有的服务，利用既有铁路看展市郊铁路运输还存在许多问题。主要表现为时空格局上的失配：第一，既有线利用与城市发展"空间形态"存在失配问题。一些具有富余能力的线路周边没有城市功能集中区域分布，有城市功能集中的区域没有合适的铁路线网资源利用，就是"有需求无能力"和"有能力无需求"的矛盾；第二，既有线利用与城市发展"时间格局"存在失配问题。比如运营速度太慢，在时间格局上与其他城市交通接驳换乘等时间上的失配[①]。

伴随着北京地铁造价攀升至 20 亿元/km 的趋势，加之北京日益严峻的拥堵，亟须一套方案来缓解北京的财政压力和城市拥堵。东京在 20 世纪六七十年代，为应对日益严重的城市和交通拥挤，斥巨资进行了对既有铁路网大规模利用更新改造为主的东京"五方面作战计划"，成为充分利用既有国铁铁路资源发展市郊铁路、优化城市功能布局、疏解非首都功能和城市组团发展的国际典范。因此本书将对比北京与东京 20 世纪的城市发展背景，参考东京"五方面作战"计划，分析借鉴东京发展经验，为北京利用既有国铁资源发展北京都市圈市郊铁路提供意见和建议。

---

① 其他原因至少包括：既有市郊铁路的运营速度和服务水平过低，国铁与城市发展在合作共赢机制方面存在不足和市郊铁路与城市交通在技术、运营、安检、商务等方面存在互联互通的难题等。

（一）北京、东京对比可行性分析

1. 城市结构及发展历程

北京和东京作为两个国家的首都，都是高密度人口的国际化大都市，都拥有较为丰富的轨道交通资源。东京都市圈面积是 1.638 2 万 km²，北京面积是 1.641 万 km²；东京的建成区面积是 1 203.7 km²，北京的建成区面积是 1 401 km²；东京都面积是 2 188 km²，相当于北京六环内面积 2 267 km²，东京都人口 1 313.4 万人，北京六环内人口是 1 633 万人；东京区部是东京都市圈的中心城区，面积 622 km²，相当于北京五环内面积 660 km²，东京区部人口 894.5 万人，北京五环内人口大约 1 000 万人[①]。

北京和东京均地处平原，对交通的限制以及适合的发展模式也有很大相似之处，都适合发展轨道交通，而且，铁路轨道资源对城市土地和通道的占用早期基本确立，随着城市边界的不断扩大，既有铁路线网与城市空间结构互相交叉影响。

北京和东京的发展模式也具有相似之处，首先在通勤半径方面，北京都市圈的通勤半径已经发展到 30 km 范围内，如沙河、顺义、房山、河北燕郊等，而东京的通勤半径则在 50 km 左右，如茨城县南部；其次是在发展过程中逐渐形成城市副中心的模式，东京先后在 1958 年、1982 年、1987 年实施"副中心"（新宿、涩谷、池袋）城市发展战略，增强副中心城市功能，承担和疏解核心城区的部分功能。通过多年努力，东京形成了"中心区—副中心—周边新城—邻县中心"的多中心、多圈层、均衡化、宜居低碳的城市群格局。而北京目前也正在发展通州这一城市副中心[②]。

北京和东京具有上述相似的城市结构和发展模式，因此借鉴东京都市圈发展北京都市圈具备一定的可行性。

2. 交通特征

北京和东京两座城市在人口和面积上，比起西方的伦敦纽约等国际大都市，更为相似。但是北京的市郊铁路里程却大大落后与其他国家的大城市，

[①] 东京数据为 2010 年数据，北京数据为 2018 年数据。

[②] 这个更像是周边新城，东京的副中心一般在山手线上，就是北京的二环边缘，如西直门、东直门等商圈。

在出行特征上市郊铁路的客运占比也非常薄弱，如表 3-3 所示。

表 3-3 国际大城市交通特征对比

城市	面积/km²	人口/万人	市郊铁路里程/km	地铁里程/km	轨道交通总里程/km	市郊铁路客流量占轨道交通运量比重
北京	16 410	2 154	241	637	878	0.06%
东京都市圈	16 451	3 670	2 013	326	2 500	80%
伦敦	—	1 403	3 071	402	3 473	35%
巴黎	12 012	1 206	1 883	220	2 103	44%
纽约	27 372	2 000	1 632	380	2 012	11%

除此之外，东京在进行国铁改造之前在交通通勤以及居住成本方面面临的问题与北京现存的问题极为相似。20 世纪 50 年代，日本战后复兴，经济发展导致全国产业和人口持续向大城市圈，特别是东京城市圈聚集（东京都、琦玉县、千叶县、神奈川县，即"一都三县"）。都内核心 23 区地价暴涨，居住成本过高。但大部分人口居住在 23 区之外 20~40 km 半径范围内，即政府定义的"郊区"。针对不断增加的通勤和上学的大规模交通需求，国铁以及其他铁路私铁企业、东京地下铁，通过实施缩小列车运行间隔、增加每列车厢数量等方法，来努力提高出行高峰时段的运送能力。但是杯水车薪，通勤交通需求的不断快速增长，远远超出了铁路运输能力的增长速度，上下班高峰时期地铁等轨道交通的乘客"混杂率"经常超过 250% 以上[1]，同时，地面的交通更是拥挤不堪。这些努力措施在高速发展的城市通勤规模下显得微不足道，1962 年和 1963 年又发生了两次轨道交通客货相撞的重大事故，在多方社会压力下，促使日本国铁改变了原来忽视城市内部通勤交通问题的态度。继而开启了东京轨道交通"五方面作战计划"的超大工程实施。

---

① 接近我国"满载率"的 130%。

3. 成本-效益分析

将北京和东京都市圈轨道交通成本和效益的各个指标进行对比，可以直观地反映出优劣，如表 3-4 所示。

表 3-4　北京和东京都市圈轨道交通成本-效益分析

	成本/ （亿元/km）	平均速度/ （km/h）	日均 客运量/ 万人次	起步票价/ 元	起步票价在人均 可支配收入占比/ 万$^{-1}$[①]	财务状况 （收益率）
北京 地铁	20	35	1 069	3	0.48	<0
北京市 郊铁路	0.1	55	0.6	3	0.48	<0
东京 地铁	20	65	1 100	8.99	0.75	—
东京市 郊铁路	5.5[②]	70～80	3 000	8.54	0.71	8.3%[③]

在建设成本方面，利用国铁既有线改造的成本，根据北京 4 条市郊线路计算，平均不足 1 000 万元/km，但是北京新建地铁的造价目前已高达 15 亿～20 亿元/km。因此，对于新建地铁而言，利用国铁资源并在此基础上稍加新建少量铁路是具有很大成本优势的。

在运营速度方面，对比日本的都市圈轨道交通线路高峰时期的列车平均运行速度为 45～60 km/h，其中筑波线的最高运行速度为 130 km/h。而目前北京城市轨道的运营速度大约 40 km/h；在财务方面，北京地铁里程 2019 年比 2018 年增长约为 5%，而北京乘坐地铁的人数增长率约为 1%，因此从供给需求的角度来分析，若建设投入成本和地铁的市场票价固定，那么地铁公司的收入就是负值，这也证明了未来将仍然持续亏损，并且亏损规模将逐步

---

① 2018 年北京人均可支配收入为 6.24 万元人民币，2018 年东京人均可支配收入折合人民币 12 万元。

② 东京五方面作战计划。按照 1995 年价格，投入 8 300 亿日元，折合汇率和通胀率计算，接近于 2018 年人民币 1 200 亿元，即平均 5.5 亿元/km 的造价。

③ 此数据为东京五个方向的平均内部收益率。

扩大的事实。反观东京，"五方面作战"计划实施后的 1982 年，项目平均财务内部收益率超过了 8.3%。以 JR 东日本的山手线和武藏野线为代表的东京市郊铁路的成本收入比分别为 57.7%和 69.3%，成为世界上最赚钱的城市轨道交通。私企方面，东急电铁通过 TOD 和其他业务开发经营，2018 年 3 季度的不动产、生活服务、酒店等其他业务收入已占总收入 80%以上，利润占总利润 60%以上，这些收入和利润主要来源于密集枢纽的 TOD 开发与收益，车票收入反而占比有所下降，东京类似这样的私铁企业还有东武、西武等。

（二）东京利用国铁资源发展首都都市圈经验

1. 认识的改变

1956 年，日本东京的五方面作战计划就开始构思并存在了，尤其当 1962 年和 1963 的两次客货列车相撞重大事故，而国铁占据着东京几乎最为重要的轨道交通廊道，各方面因素促使国铁改变了原来忽视城市内部通勤问题的态度。目前我国国有铁路从法理和意识上也认为城市内部交通并不是自己的责任，这种情况与日本 20 世纪 50 年代的情况也类似。那时，日本包括国铁在内的各方认识到，需要构建一个一体化的大规模快速城市通勤网络，而只有市郊铁路体系才能完成这个任务，能够系统解决东京的职住平衡问题，才能让东京的发展更有活力，更有可持续性。因此，日本在 20 世纪 60 年代制定了国铁第三次长期规划（1965—1972），针对五个客运通道，实行高架、复复线、三复线建设，不同电车线路直通运输，客货分线运行。

2."五方面作战"计划

"五方面作战"计划是指在日本原国铁的中央线（中野—三鹰）、东北线（赤羽—大宫）、常磐线（绫濑—取手）、总武线（东京—千叶）、东海道线（东京—小田原）等东西南北中的五个大方向进行的提升线路及车站运输能力和效率的投资规模大、持续时间长、影响范围广的浩大工程。主要是在既有国铁进出东京都各条复线和东京枢纽联络线的基础上，通过增建双复线、三复线、高架复线、货转客改造、提升车站到发能力、扩大列车编组和不同线网互联互通等措施来成倍提升运输能力和列车的运行速度。它陆续将 13 条国铁铁路干支线从东京城市四周引入，通过内外两条铁路环线——山手线和武藏野线将引入的铁路与城市内的几十条放射性铁路线和地铁线有机联系起来，最终形成了一个超大规模、一体化的都市圈铁路通勤网络。以该网络为依托，在距离东京核心区 40～50 km 范围内形成了多个大规模、功能各异的新城，从而使得东京实现了由东京市向东京都市圈的转变。同时，对"五方面作战"通道和车站推进的大规模 TOD 土地一体化开发，为建设和后期运营维护筹集了大量的资金。东京"五方面作战"示意图如图 3-1 所示。

图 3-1　东京"五方面作战"示意图

3. 成效

20 世纪 70 年代末至 80 年代初，东京"五方面作战"工程基本完成，东京轨道交通的总里程最终形成了目前 2 400 多 km 的城市轨道交通网络，也使东京大都市圈的通勤半径，从 20 km 扩大到 30 km，更进一步扩大到 50 km 以上，极大地疏解了东京中心的人口和产业，轨道交通的运输能力和效率得到很大提升，更为人称道的是轨道交通公司的营运收益也得到了增长。如表 3-5 所示。

表3–5　东京五方面作战前后轨道交通运营情况对比

线路	高峰输送量/（万人/h）		内部盈利/%	改造前后高峰时期满载率/%			改造前后区间平均旅行时间/min	
	1965年	1982年		1960年	1998年	2018年	1965年	1995年
中央	7.8	14.3	8.5	140.0	86.0	70.0	63	58
东北高崎	9.5	15.5	—	154.0	108.0	93.0	35	29
常磐	6.0	12.9	10.3	124.0	119.0	80.0	57	42
总武	9.7	12.8	8.1	155.0	118.0	95.0	61	40
东海道	12.9	18.4	5.9	—	125.0	96.0	64	54
总计（或平均）	45.9	73.9（+61%）	8.2	143.3	111.2	86.8（−39.4%，2018年与1960年相比）	56	45（−20%）

五方面作战计划实现了真正意义上的轨道发展市郊线路服务城市的目的，最近几十年来，东京都市圈铁道交通网络持续发展，又进一步带来了东京城市圈的空间扩张，在距离东京核心区40～50 km范围内形成了多个大规模、不同功能的新城镇区域，目前东京的通勤圈半径越来越长，形成了全世界最长80 km乃至100 km的通勤半径，并且在90 min内能通达到山手线各站，极大地保障了东京都市圈的发展需求。在实施高架线、复复线建设的同时，推进了与车站周边城市街道一体化开发、促进了铁路沿线综合开发，成为东京大城市圈扩张的最直接的和最早的驱动因素。可以说，五方面作战计划为东京国际都市可持续发展做出了最重要的基础保障工作。

（三）北京利用国铁发展北京都市圈构想

1. 从顶层层面制定体制

从国家顶层设计提供制度选择是当前很必要的一个问题，目前我国发展都市圈、城市群的市郊铁路时代已经来临，国内的一、二线城市，基本需要这样的交通方式，因此极力呼吁国家出面进行统领和制定顶层设计，如果离开国家的大力推动，都市圈的铁路交通基础设施不会形成为城市有效服务的网络运营机制。在制定顶层规则时，要立足都市圈的现实棘手问题，考虑到地方政府在与铁路部门沟通博弈时，不具备优势，甚至不具有平等地位，对于铁路部门参与都市圈交通，尤其是参与都市圈的通勤问题时，要采用更加有效的制度设计。

首先，在法律法规上要有进一步的推动，如日本在都市圈扩展时期先后围绕都市圈国土资源和既有轨道交通制定了《城市规划法》《土地区划整理法》《都市再生特别措施法》《宅铁法》《铁道便利法》《大规模零售店铺法》等法律法规，借以推动利用国铁既有线路进行都市圈发展问题，真正从顶层设计上提供了城市与铁路网络的融合机制。

其次，可以学习日本建立运输政策审议会制度，该审议会的职能是决策都市圈轨道交通的发展思路与方向。该机构可以直属于国家自然资源部或者交通运输部，在涉及都市圈的市郊铁路战略规划和策略实施方面，发挥重要的咨询决策功能。北京都市圈和京津冀城市群也可以成立省市级运输政策审议会，或者该审议会下属于部委运输政策审议会，成员应当包括一定比例的官员、学者、民众和企业家，在发展市郊铁路策略中，该机构以解决大都市和都市圈通勤问题为主要导向，缓解大城市交通压力为目标，提升都市圈交通协同发展为目的，此机构可协调国家铁路局、国家铁路集团公司、都市圈所涉及的城市以及相关行业支持部门；在该机构内部形成有效的方案提供、讨论和决议机制；同时对市郊铁路项目进行跟踪负责、监督及部分管理职能。这样常态化的非完全官方的机构，能够有效地集合市场与社会需求，解决市郊铁路与城市发展不协调的问题，实现市郊铁路为"都市圈通勤流"服务的功能；同时理顺中央与地方、铁路与地方、地方与地方、市场与社会、国家资本与民营资本等多主体多领域之间的关系，如果没有此顶层机构的设立，自下而上的推动模式会纷繁复杂，将很难实现预期的效果，也必然会带来更大的资源浪费和机会成本损失。

最后，北京地方政府应当统一管理职能机构，尤其都市圈作为市郊铁路的受益主体，应当在自身的管理方面形成一致的管理模式，亦可在成立路地合作平台的基础上设立市郊铁路专项发展委员会制度，制定系统性的管理体制机制，协同各职能机构和企业，尤其发挥京投集团和城铁投公司的积极作用与积累效应，形成融合多主体参与的市郊铁路发展指导思想及意见，会同铁路部门等多主体群策群力，推动市郊铁路快速发展。

2. 实施"1+7"线路改造战略布局

参考东京的"五方面作战"计划，可以根据北京都市圈未来发展的方向，结合目前京津冀协同发展战略和主要职住区域，围绕通勤廊道实施西北、正北、东北、东部、东南、南部、西南七个方向的既有线路改造利用计划。"1+7"作战即国铁首都"一环线+七方向更新改造计划"，"1+7"作战示意图如图 3-2 所示。

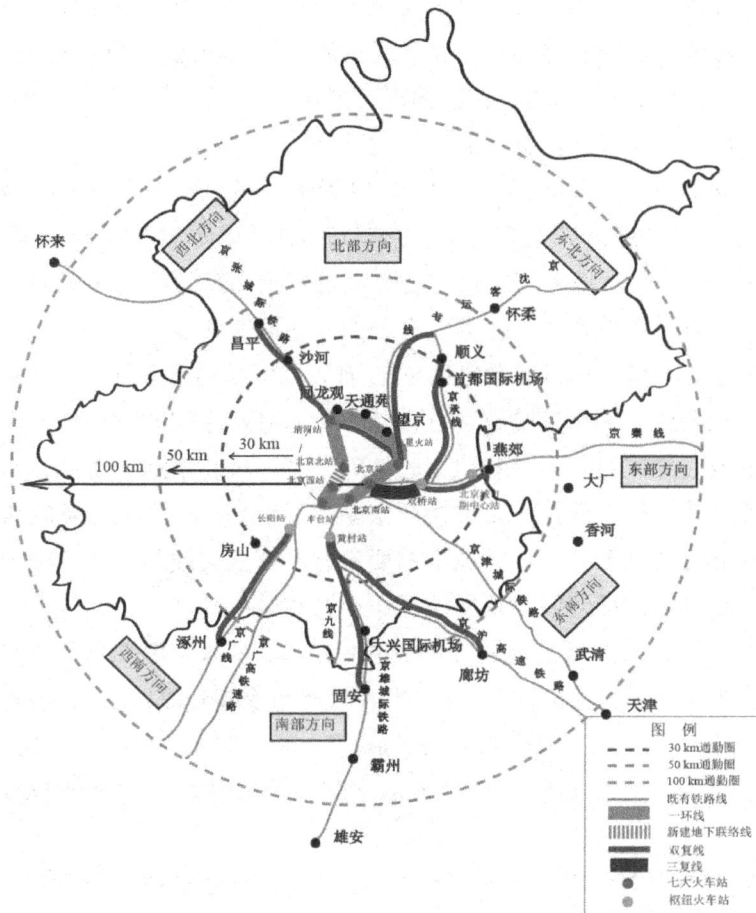

图 3-2　"1+7"作战示意图

（1）"一环"是指通过新建北京北站至西客站约 10 km 的地下联络线，利用既有东北环线、京张高铁、西黄线、直径线等，形成连接 7 大火车枢纽（北京北站、星火站、北京站、北京南站、丰台站、北京西站、清河站）的内环线。此环线不仅打通了限制北京南北发展不平衡的交通瓶颈，还辐射了北京50%以上的通勤人口，进一步还可成为东北、西北方向高铁通往南部方向的联络线。

（2）西北方向，每日通勤流约58.55万人。该方向包括沙河和昌平居住人口已经超过50万人，而目前该区域通往市中心的3条地铁线路都未能满足高峰出行需求，高峰时往往需要站外排队十几分钟，上站后需要等3～4趟列车才能进入拥挤不堪的车厢。解决措施主要是利用京张高铁开行之后富余的京张城际线和京包既有铁路，沿京包线清河至昌平段进行20 km高架复线改造，以及京包和京哈之间的联络线来有效提升西直门、中关村、上地、清河、回龙观、沙河、昌平居住社区的出行效率。

（3）东北方向，每日通勤流约47.13万人。可以利用京承线并沿线增加北京站至双桥16 km双复线，以及未来沿京沈城际增加星火站至顺义站34 km双复线，同时还可利用京沈客专以及富余出京承线的客运能力，开行市郊列车，解决未来顺义、怀柔、密云的交通运输功能。

（4）东部方向，每日通勤流约87.2万人。可以利用京承线、京哈线的富余能力进行改造，利用京哈线（北京站—三河县站区间）进行包含高架在内的52 km双复线建设，另外利用京唐城际，可以将北京站、CBD、通州以及河北的燕郊、大厂串联，一是解决北京副中心与城市中心的通勤联络问题；二是解决北三县几十万人口的通勤需要问题，该方向线路也可以结合平谷市域快线和京秦第二城际更大范围地制作交通和城市发展方案。

（5）东南方向，每日通勤流约39.33万人。可以利用既有京津和京沪方向释放出的铁路能力，沿京沪线增加黄村至廊坊39 km双复线，同时可以将京沪和京津城际进行部分时段的市郊铁路运营，带动亦庄、黄村、廊坊和天津武清的出行效率，尤其是解决京津冀都市圈和城市群内部的通勤及城市出行需求。

（6）南部方向，每日通勤流约63.17万人。解决措施是利用京雄城际与京九铁路富余能力，未来沿京九线增加黄村至固安34 km双复线，串联大兴、固安、霸州、雄安等地的交通出行。联络雄安新区、新机场以及北京南部的丽泽商务区，实现通勤服务。

（7）西南方向，每日通勤流约40.77万人。可以利用京广线和京原铁路的富余能力并在沿线增加长阳至涿州 39 km 双复线，开行石景山、房山、涞源、涿州等地的市郊列车，解决长阳、良乡、涞水和涿州通勤需求。

（8）唯有北部（中轴线两侧）地区，欠缺一条具有规模并走线合理的市郊线路，解决北部 40 万居住人口的天通苑、北七家、望京等区域出行，解决措施之一是利用改造后的东北环线和京承城际铁路直通运营；其二也可以考虑新建市郊铁路，或者利用京沈客专建设支线方案将以上组团区域，包括天通苑、北七家、未来科学城、望京等地区与 CBD 区域联络解决通勤出行问题。

3. 开发方式

在复线、双复线或多复线走廊进行较大规模的成片 TOD 开发，构筑大规模综合开发的融资和商业模式。中国的城市部门应会同铁路部门进行站线共赢合作开发模式，将既有铁路线交通与城市 TOD 结合，TOD 中的商业开发反哺轨道交通的建设改造运营成本，最终实现合作共赢。这些收入和利润主要来源于密集枢纽的一体化开发与收益，车票收入反而占比有所下降。例如东京品川车站，车站东侧的 TOD 通过地面和二层人行廊道的设计联合，最大尺度地进行了物业布局与综合服务，地面还有部分公共汽车停靠站，地下有丰富的私家车和自行车停车库，该车站也严格按照 TOD 辐射半径 500~800 m 的设计范围，二层环廊与地面步行距离都在步行可接受范围之内，区域内分布了酒店、商场、商务办公、餐饮、公寓，驻扎了三菱重工、太阳生命等五栋高层办公楼和两栋高层公寓。该车站堪称立体化轨道交通与 TOD 结合设计规划的典范。另外新宿站和涩谷站、池袋站等车站的开发方式和理念更是值得充分研究和学习的。

4. 运营管理

（1）直通运营。改变既有的运输管理体制和运输组织模式，采取直通运营模式，直通运营模式有"主线+主线"模式、"主线+支线"模式、"全线直通运营"模式和"部分直通运营"模式。可以根据不同线路上的客流量，客流方向合理地选择直通模式，从而大力提高市郊铁路的运营速度和服务水平。我国大部分城市在直通运营的主体上只会涉及铁路部门（公司）和城市轨道交通部门（公司），相对容易实现直通运营。

（2）快慢线、灵活编组。首先可以实施快慢车分线运营，比如日本的中央线有快线和慢线两条，极大地提升了旅客输送量。包括加长站台，实现快慢车停靠等；其次在列车编组上，根据不同线路的客流量进行不同车厢数的灵活编组，加长站台以适应编组数多的列车。

（3）多元化票制票价。市郊线路灵活的票制票价和坐席安排在东京的轨道交通运营上有着丰富的经验和收获。票制方面首先是几乎覆盖全网的一卡通"西瓜卡"，国铁、私铁、地下铁都可以使用该卡乘坐，另外不同公司还有自己的单日、多日、七日等纸质票，还有针对不同出行群体的通勤票、老年票、学生票等。票价方面，不同票制的票价会有不同，主要是灵活机动的折扣优惠，使用越多折扣越大。北京应当首先在市郊线路的票制方面与京津冀三地的城市公交协同起来，做到一票到底，尤其能够使城市一卡通乘坐通勤的高铁和城际铁路。

（4）多样化坐席设置。可以有固定座位，但是通勤客流乘车尽量没有固定座位。票价票制的灵活必须要与坐席的多样化联系起来，设置"自由席"，允许部分程度上的站票，能够让乘客按照通勤方式，不固定座位，或者只是在少部分车厢中固定座位，其他车厢可以自由上下车。

（四）结论

总之，东京的经验表明一个大能力、高效率的都市圈铁路网必将成为首都都市圈高质量发展的重要推动力，而通过大力更新利用国铁资源构筑该大规模、高效率、低成本的都市圈通勤铁路系统是一种见效最快的现实选择。合理构筑"1+7"线路布局，将北京周边各个通勤方向的通道与北京中心城区内各个枢纽火车站有效衔接，并串联这些枢纽火车站。可以使北京的通勤半径增长到 100 km，甚至更远，覆盖更多的人口，必将给北京都市圈的可持续发展提供重要的基础保障。

同时，结合成片 TOD 开发，构筑不同线路和区域特色的业态模式；合理开行直通运行、实行快慢车靠停；在有需求的线路廊道上加长站台、加大列车编组；多样化的票制票价、为通勤服务设置自由席座位等制度。应集中力量攻坚克难，尽快形成一个包含体制机制创新、多规合一、多元融资、市场开放、运价灵活、"四网融合"和盈利模式可持续的系统性落地方案，以保障北京都市圈和城市群能够更高质量地形成。

四、借鉴东京经验构建北京市郊铁路双环线方案

市郊环线铁路有利于城市交通系统和空间结构的发展，是世界诸多大城

市轨道交通发展的基本路网框架。以日本东京市郊环线——山手线和武藏野线为例，分析其在满足城市客运需求、引导疏解城市功能和完善城市空间结构等方面的作用。北京市可以借鉴东京经验发展市郊铁路双环线，根据现状分析，目前已具备一定的通道条件，但也存在一些不足。在此基础上提出北京市郊铁路环线实施方略及发展内外环线的设计方案，并分析了市郊双环线在实现北京通勤需求、促进城市结构发展等方面的作用，为北京市进一步发展市郊铁路、实现首都圈高质量发展提供参考依据。

随着市郊铁路在大城市和都市圈发展中逐渐受到重视，北京市已经进入市郊铁路快速发展阶段。北京市已开通运营 4 条市郊铁路，里程共计 366 km，车站 26 座，随着东北环线的复线化改造及未来开通，北京基本形成了"勺型环状+放射线"的市郊铁路骨干结构网。市郊铁路环状线网能够有效分担城市交通承载压力，缓解外部交通集散运输对城市内部交通的冲击，也能对放射性交通线网起到锚固作用，是科学配置资源要素、促进城市高效运行、引领城市空间结构优化的先行官。环线铁路网构成了世界很多大城市发展的基本交通网络构架，如德国柏林市郊铁路环线、莫斯科中央大环线、日本东京山手线和武藏野线等。其中，山手线和武藏野线是环线铁路服务城市的典范。北京与东京同为有着高密度人口的首都城市，在发展上具有一定的相似性，东京发展市郊环线的经验可以为北京市郊线网的建设提供参考。

（一）东京市郊铁路环线案例分析

1. 山手线与武藏野线概况

山手线为东京区部独立闭环运营的铁路线，由东日本旅客铁道运营。实际的山手线仅指 20.6 km 的品川—新宿—田端段，属东海道本线的支线；但一般所称的山手线为运营意义上的闭合环线，其中东京—品川借用东海道本线，田端—东京借用东北本线，环线全长 34.5 km，随着 2020 年 3 月新站高轮（GateWay）站的开通，全线已有 30 座车站，线路设计速度 90 km/h，快车运行全程时间约 60 min。山手线是东京多种轨道交通的融合和转接点，也是放射形市郊铁路的交汇环，大量私铁线路由此向市中心外围辐射，而在山手线内部，东京都大部分地铁线与之交叉、相连并为市中心提供旅客运输服务。目前山手线有 28 个车站是换乘站，能够换乘日本铁路公司（JR）和其他轨道线路共计 38 条。东京、上野、新宿、涩谷等大型综合交通枢纽衔接换乘的铁路及城轨线路（含共用线路）分别为 15 条、11 条、9 条和 8 条。

武藏野线（鹤见—西船桥）为一条 100.6 km 长的客货混运的非闭合环状铁路，设站 29 座，设计时速 100 km。武藏野线连接了东京西部神奈川县鹤见站和东京东部千叶县西船桥站，其中府中本町站到鹤见站的 29 km 为货运线路，此区间的客运功能通过连接两站间的 JR 东日本南武线（川崎—立川）实现。在西船桥站与京叶线接驳并可直通运营，能够直达东京站。通过与东海道本线（东京—神户）、临海线（新木场—大崎）、京叶线（东京—苏我）等轨道线路的接驳，在东京都 20 km 半径左右的圈层形成 139 km 的共线组合闭环。武藏野线有 3 个主要货运场站、16 个换乘站，并有 5 条支线。换乘线路以 JR 铁路为主，也连接了东京"五方向通勤作战"的放射性线路，同时与多条私铁和第三方轨道交通接驳。山手线和武藏野线与东京其他轨道交通互相配合，形成了"内、外双环+放射线"的基本架构格局，在城市中发挥着重要作用，共同服务东京乃至东京都市圈的现代化发展。东京都市圈轨道交通"双环线"布局如图 3-3 所示。

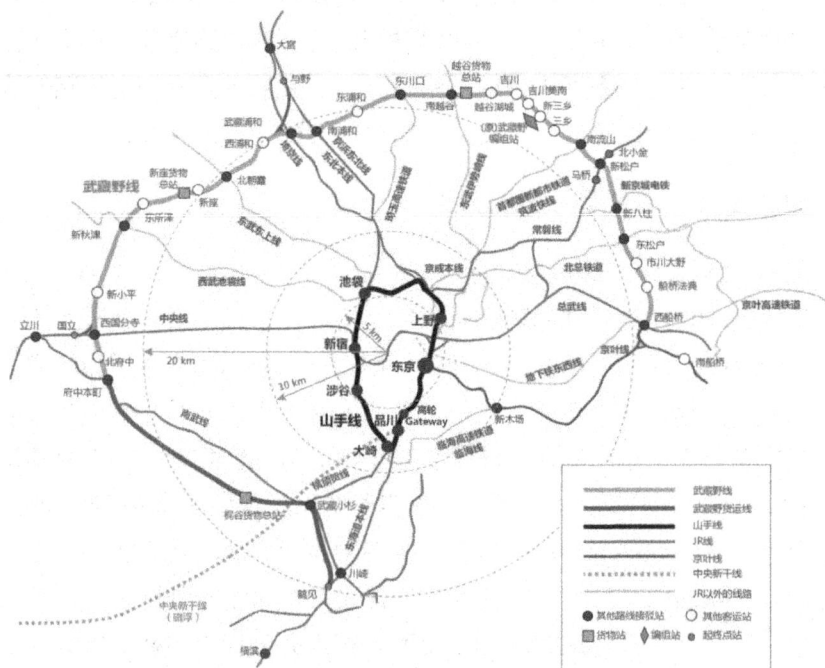

图 3-3 东京都市圈轨道交通"双环线"布局

2. 山手线与武藏野线的功能分析

1）高效满足客运需求

环状铁路可以作为城市交通运输的有效补充，为城市中的各种出行和货运提供服务，更重要的是其能够连接从城市中心辐射的放射线，有效增加线网密度，提高区域可达性，实现城内及城市外围客运需求的高效满足。

处于东京区部的山手线充分发挥其核心的地理位置和重要轨道线网转接地位的特点，在城市客运尤其是通勤方面发挥了重大作用。山手线原本是一条货运线，随着城市化的快速发展及时进行了客运化改造，如"通勤五方向改造"、货物线客运化、枢纽建设等，以及早晚高峰高密度、公交化运行等适应通勤化的运营服务。目前，山手线成为世界上并行线路最多、列车运行密度最高、客流量最大的运输通道，是东京最重要的通勤铁路组成部分，其日均客流达 350 万人次，小时运量达 18 万人次，其中客流量最大的新宿站日均客流接近 400 万人次。

在城市的扩张过程中，武藏野线也逐渐弱化其原本的货运功能，承担起城市外围客运尤其是通勤功能。自 1987 年日本国铁改革，该线路客流增长 2.6 倍，增速在 JR 东日本铁路公司所拥有的 66 条线路中位列第 2。除了京叶线，武藏野线还与中央线（东京—高尾）、埼京线（大宫—大崎）直通运营，成为连接东京都、埼玉市及船桥市等的主要通勤铁路线之一。

2）引导疏解城市功能

环状铁路能将各大铁路客站和货站等外部交通枢纽进行串联，有效分流外部运输需求给城市交通带来的压力，同时能将不符合城市内部的产业形态进行疏解转移，优化城市空间形态。

山手线连接了一系列重要的枢纽节点，形成了高效的环形通道和枢纽体系。一方面，环线使核心区外围的客运需求无须为了换乘而深入城市，减轻核心区交通压力；另一方面，环线上新宿、涩谷、池袋、上野、大崎、锦丝町、临海利用枢纽的优势逐渐建立了城市副中心，各副中心办公、购物、休闲、观光等功能一应俱全，与东京站一起构成了东京都"一核七心"的布局，有效分散疏解了核心区功能。

武藏野线作为外环线，也有效缓解了内环线换乘压力，在该线路主要换乘方向的客流中，由东京都中心区部外围站点出站的客流多于进入东京都中心区部的客流，说明其起到一定的截流与分流作用，缓解了城市中心的拥挤。

3）完善城市空间结构

环状铁路能将放射状的城市轨道、市郊铁路、城际铁路、高速铁路以及公路和城市道路等连接起来，形成空间节点枢纽，周边各类相关产业集聚发展，带动城市外围城市化的进程，引领城市空间结构按照规划的方向发展。

山手线沿线的集聚效应和以公共交通为导向（transit-oriented development, TOD）开发在东京核心区外围形成环状走廊，通道配合站点综合开发，促使轨道与城市融合发展。计划于 2027 年完成的涩谷站上盖"未来之光"将与涩谷车站邻近 500 m 的其他准上盖项目共同形成目前世界上建筑容积率最高的 TOD 项目，涩谷站也将成为与新宿站一样的超级商业中心和超级交通枢纽。

武藏野线外环缩短了外围区域间的出行距离，加强了城市组团间联系；其与京叶线、中央线、埼京线的直通运营也使外围与中心的联系得以加强。通过 TOD 开发建设，沿线许多站点得到持续开发。武藏野铁路线上的武藏野编组站曾是日本最大的货运列车编组站，该站为了更好地适应城市化改造，于 1985 年平整为 2 个新的轨道客运站，2006 年在原址上开发了 TOD 并取得了良好的效果。外环线给产业及人口外迁提供了强有力的支撑，促进了都市圈结构的形成和发展。

（二）北京市郊铁路双环线实施研究

铁路资源的有效配置能够提高城市空间转换效率并降低城市运行成本，带来城市的高质量和可持续发展。环线市郊铁路有利于城市交通系统和空间结构的发展。当前北京市郊铁路以放射状为主，可以借鉴东京经验，通过发展环线来完善市郊铁路系统，连通城市核心功能区与主要职住功能区，同时支撑城市多区域、多功能协同发展，组成北京轨道交通核心骨干网络，起到疏解非首都功能、推动首都圈高质量发展的关键作用。

1. 北京环状铁路现状分析

1）开展双环线规划的通道条件

（1）双环线路网基础条件具备。北京铁路拥有 8 大客运枢纽车站，以及全国性的第一大路网编组站——丰台西站，辅之以双桥站、大红门站、百子湾站、石景山站等货运站组成了全国最大的铁路枢纽。铁路网在城市内也具备一定的环状结构基础，形成了内环（北京—北京南—广安门—北京西）和外环（丰台、丰西—东南环—双桥—东北环—西北环—丰沙）的双重环线。通过双重环线连接京广（北京西—广州）、京包（北京—包头）、京原（石景山南—原平）、京九（北京西—九龙）、京承（北京—承德）、京秦（北京—秦皇岛）、京通（昌平—通辽）、丰沙（丰台—沙城）8条普速铁路干线和8条高速铁路干线。

（2）既有普速铁路线路能力释放。目前已开通的京津（北京南—滨海）、京雄（北京西—雄安）、京沪（北京南—上海虹桥）、京广（北京西—广州南）、京张（北京北—张家口）（含延庆支线）、京沈（北京朝阳—沈阳）以及京唐（北京—唐山）（含京滨）、京雄商（丰台—商丘）8条高速铁路将极大地释放北京首都圈普速铁路的通道运输能力。随着清河站、北京朝阳站的建成运营，以及丰台站的改造升级也将极大释放国铁开行市郊铁路的站场资源空间。

2）存在问题

（1）路网条件有待改善。以东北环线为主的勺型市郊铁路未形成闭环；东北环线和东星联络线不具备复线功能；东北环线列控闭塞系统为半自动系统无法降低发车间隔时间；沿途车站折返能力较低导致车底利用率低；车站数量较少无法覆盖更多功能区域等。西北环线长期利用率偏低，单线及半自动闭合列控系统等基础条件薄弱。东南环和丰沙铁路以货运为主，沿线客运乘降条件和环境较差。

（2）运输功能有待改善。目前北京市货运外环尚未形成，我国最大的铁路网编组站丰台西站位于中心城区，北京既有普速铁路线路所担负的货运功能限制了整体铁路网络市郊列车开行能力，如丰沙（丰台—沙城，西南方向）、丰双（丰台—双桥，东南方向）、京通（北部和东北方向）、京承、京包等铁路的市郊客运能力均受到限制。要保证城市内部铁路既有线网服务城市的功能，确保市郊铁路在枢纽内的核心地位，货运功能需在城市中做出调整。

（3）既有大型铁路车站间换乘不便。北京8个主要铁路车站之间的地铁平均换乘系数为2.1次，高于城市轨道日常出行的平均换乘系数1.88次。而伦敦的9个铁路车站虽然都为尽头型车站，但环线将其中8个车站串联；日本山手线也将东京、上野、品川3大新干线车站和新宿、涩谷、池袋等更多的JR普铁车站串联。

2. 北京市郊铁路双环线实施方略

1）实施方略

基于北京市既有线路的条件和不足，提出建设北京市郊铁路内外双环方案。主要遵循以下原则。①利旧为主。主要利用既有线路开行市郊铁路的客运化改造，实现低成本、高效率的路地合作模式。②点线结合。配合线路进行站点改造与开发，尤其注重关键客运枢纽的建设，是市郊环线线路与城市交通节点融合的关键。③路地协同。明确城市和铁路的权责关系，优化体制机制促进合作。④四网融合。处理好与既有放射性市郊铁路以及地铁、城际铁路、高速铁路的融合，基础线网、运营组织、运输服务3个方面并重。

针对在路网条件、运输功能、既有大型铁路车站间换乘不便补充等方面的问题补充解决思路。

对相应线路及车站进行改造升级，改善路网条件。根据需要对既有线和专用线进行改扩建，包括增加双复线、多复线、高架复线等，以及延长既有线网，增加支线等。近期可先将东北环线30 km与丰双铁路（东南环）33 km连接，形成半环状开通状态，然后逐步完成S2线南段、东北环线、东星联络线复线化改造及京沪京哈联络线二线建设；同时对北京东、百子湾、大红门等站进行客运化升级改造。远期将丰沙铁路与西北环线34 km贯通，并完成西北环线复线化、列控信号和增设车站等工作。丰台西站作为南部枢纽将丰双铁路接通，沙河站作为北部枢纽，连接通勤化改造后的S2线南段、西北环线与东北环线。

有序实现货运功能外迁，改善运输能力。根据国家发展改革委等五部门印发的《关于促进市域（郊）铁路发展的指导意见》（发改基础〔2017〕1173号）、北京市"十四五"规划对城市内部货运等功能合理外迁的计划以及2021年4月北京市人民政府与国铁集团形成的《关于深化铁路领域战略合作框架协议》，通过路地合作，在远期逐步实现货运外环建设和丰台西编组站的外迁，从而降低过境货运需求，增加市郊客运发车能力，释放、改善旅客运输功能。

完善、巩固大型铁路站的枢纽地位。开通环线能够串联大型铁路车站及城市轨道交通车站，增强这些枢纽间的联系；应优化与地铁的换乘接驳，在有条件的同一车站内实现同台换乘、站台共用，科学合理控制换乘接驳距离，对换乘通道以及步行1 km内的轨道交通车站的连接道路进行规划建设改造，完善站点周边接驳配套功能，创造便捷、安全、舒适的换乘条件，运营组织上可实现同制式轨道交通及跨制式轨道交通之间的便捷换乘，增强市郊铁路环线与城市的融合能力，提高市郊铁路在城市交通系统中的可达性。

加强路地协同合作。目前北京市郊铁路运营主要采取地方政府委托服务模式，铁路在承担安全风险和运营成本的同时收益也较少，不能充分调动铁路的积极性，造成车次少、上座率低；既有铁路线的改造出资及共同成本分摊等存在争议，权责关系和利益分配机制不明确。首先，实现路地协同不可缺少的是顶层设计，需要从法律、政策等层面形成协调冲突、促进合作的体制机制，如日本有《首都圈整备法》《宅铁法》等法律法规保障；其次，需要职能稳定、层次分明的管理机构，可以建立运输政策审议制度，构建多方沟通协调平台机构；另外，路地双方可以共同组建平台公司及具体的项目公司，专门负责城市内部市郊铁路的规划、建设、投资、运营等事务，因地制宜、因线施策地明确双方责任和利润分配。

2）北京市郊双环线构想

（1）内环方案构想。利用既有京张高速铁路，东北环线，京沪、京哈联络线，途经北京南站、丰台站、北京西站、衙门口站，利用新建衙门口北上连接清河站之间的联络线，形成 80 km 的闭合环线，串联北京 5 个大型铁路车站（清河、北京朝阳、北京南、丰台、北京西）。辅之以东西直径线将北京站与该环上的其他车站及中心功能区进行连接辐射。根据市郊线路的技术、区位特点，可以在东北环线上增设新龙泽、回龙观、建材城东、立水桥、北苑、酒仙桥等车站，共设站 15 座左右，服务沿线大型社区及商圈，分担高峰期城市通勤客流。

（2）外环方案构想。利用既有东北环线、丰双铁路、丰沙线和西北环线，构建一个全长约 129 km 的大环。东北环线目前通过能力利用率为 17.6%，丰双环线为 60% 左右，西北环线为 6.5%；只有丰沙线利用能力几近饱和，利用率为 96.5%。此方案的特点是将运输富余能力较大的西北环线和东北环线充分利用，并在初期发挥东南环线和丰沙线较大的货运功能。外环线可以通过市郊副中心线的接驳，将北京东站、北京站、北京西站及增设的衙门口站等加强城市外围与市中心功能区的联系。可以在西北环上增设上庄、阳坊、凤凰岭、阳台山等客运站或者乘降所，发挥一定的旅游运输功能。该线路的最大瓶颈是需要在丰沙线丰台西至三家店区段 20 km 范围内腾出或者新建通道来保证连续运输能力。

内外环线东部及东北部方向为北京职住密集区域，包括回龙观、天通苑、望京、酒仙桥等重要功能区，可以增加通勤运输能力。其中，内环线西部有中关村等城市主要功能组团，南部方向为相对成熟的中心城区，全线可以辐射北京 50%左右的通勤人口，因此能够在一定程度上解决中心城区工作人口的通勤出行问题。内外环线将南部区域与北部串联，打通限制北京南北发展不平衡的交通瓶颈。环线还可以与市郊副中心线（含未来副中心线东延）配合，以副中心线为界开行上环和下环 2 种交路的环状市郊列车，加强南部与中心区域的联系，从而更好地配合北京城南行动计划。西部和西北方向上，外环市郊铁路能够有效支撑海淀北部山后地区、中关村科技园的发展及浅山区生态环境改善，同时带动旅游业的发展。具体内容如图 3-4 所示。

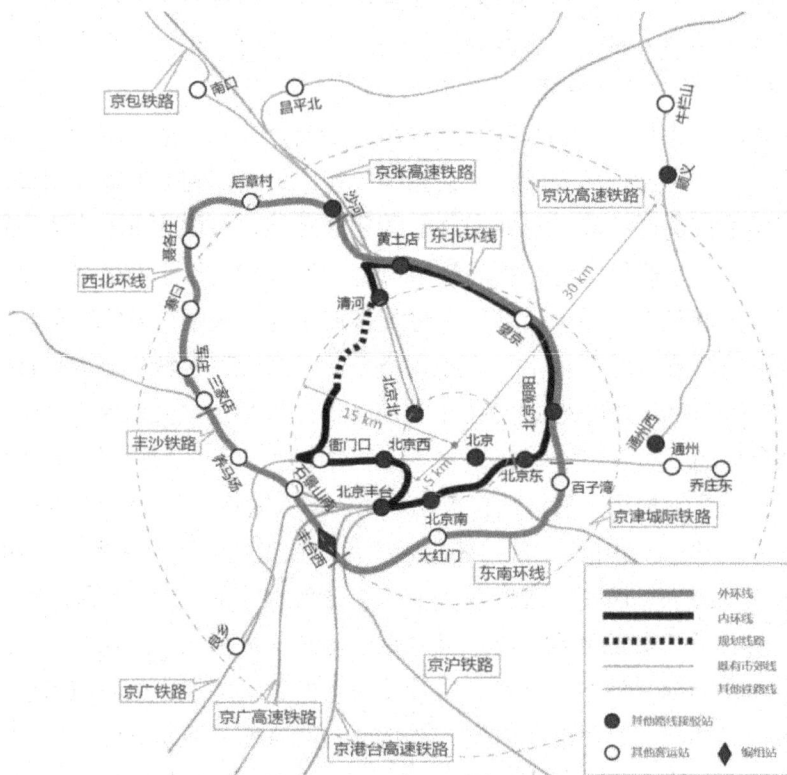

图 3-4　北京市郊铁路双环线规划构想

北京市郊双环线能够服务城市内外客运，缓解通勤难题；加强城市外围与市中心功能区的联系，疏解城市内部功能和引导外围地区发展。在发展过程中应结合实际需要改善路网条件和运输功能，还应注重运营融合、TOD 开发和重点枢纽建设等，要形成良好的路地合作机制，才能够较好地发挥市郊环线的作用。北京发展内外环市郊铁路并与其他市郊和放射性轨道交通连接，能够形成大运量、快速度、高质量的市郊"双环线+放射"的骨干结构，同时结合未来的三城联络线、城际联络线等环线功能，能够为非首都功能疏解及京津冀协同发展战略的实施提供重要支撑。这其中，包括路地合作及疏解货运功能等跨行政区域合作涉及的体制机制问题仍是重点和难点，需要进一步研究顶层设计和多方协调办法，以及实现更加细化的落地方案。

五、利用既有铁路开展市郊铁路融合案例：东北环线与通密线

（一）利用东北环线改造市郊铁路的问题及融合对策

1. 存在问题

虽然北京市政府与铁路部门已就东北环线铁路的城市开发利用基本形成一致意见，但是如果没有一个更为坚定的信念和有效的规划实施方案，将会降低该市郊线路的使用效率，并带来时间、土地上的机会成本损失。目前该线路的利用主要存在复线较短、设站过少、接驳较差、南北割裂、配套不足等问题。

（1）回天（回龙观、天通苑）地区部分区段是单线，作为市郊通勤运输能力会大大降低。在单线上硬性提高市郊运输发车频次，会存在车底浪费和场站停车服务费用增加的问题。

（2）东北环线 31 km 的距离目前只能在回天地区 12 km 的跨度上设置黄土店一站，作为东北环线市郊线路的起点站，远远不能满足该"回天"区域作为两个亚洲最大居住社区的通勤需求。

（3）既有的市郊铁路黄土店站与轻轨 13 号线、8 号线接驳换乘距离较长，出行换乘体验较差，与其他城市交通方式，尤其是回天地区的微循环公交系统一体化运输服务融合较差。

（4）东北环线对回天地区的南北割裂问题尤为严重，平交道口较多，立体化的轨道空中廊道缺失。很多居民需要穿越地下立交系统再上行进如轨道

车站，影响了区域的通达和协同发展效率。

（5）TOD开发与相关生活配套缺失。黄土店车站上盖一体化开发进展较慢，其他地铁轨道车站没有实现高密度开发。对于私人机动车和单车的停放点设计及管理配套较差，站场及周边开发密度较低。

2. 对策建议

东北环线在"回天地区"几乎完全与轻轨13号线并行，这决定了利用与改造方案具备一定优势和可行性，能够充分发挥东北环线的通勤价值利用，但也需要与铁路部门进行深度合作，与土地规划、交通部门、环保部门和昌平区政府进行充分沟通，实现回天地区东北环线的良性发展。

（1）北京市应建议铁路部门尽快完成该线的全程复线改造，甚至为未来的双复线升级改造预留空间。因为东北环线未来承担着北京北、清河、星火站、北京站、北京南站的联络线功能，京张高铁的开通，京沈高铁也为该联络线的高效使用提出了更高要求，同时也能满足北京市回天地区通勤利用的高密度发车运输需求，对双方都有很大的价值和意义。

（2）针对设站过少问题，主要是加强与铁路部门的沟通合作，以及在土地规划和环评方面进行突破。本着沿既有线进行成本节约的开发原则、结合居住区密度分布及现有轨道交通网络结构，可在"回天地区"规划增加龙泽、黄土店（2022年的货运站），建材城东路、立水桥4站。其中龙泽、建材城东路和立水桥3站属于结合既有城轨13A和13B线的车站进行站场改造，加上现有的黄土店站，12 km的回天地区范围内拥有5站市郊铁路站，在高密度的居住范围内能够实现平均2 km多的站间距。既有的黄土店货运站，位于地铁回龙观站与霍营站之间，距回龙观地铁站大约800 m距离，目前有少量货运和外放车底的功能，随着北京整体货运功能的外迁，以及它对周边居民的污染和干扰问题，可改造为客运功能来更好地为市郊铁路服务。另建议始发站改为新龙泽站，串联辐射回龙观西部区域。

（3）优化多种方式接驳换乘服务，缩短与既有地铁站的换乘接驳换乘距离，实现安检互认等服务融合；改造的车站尽可能实现与地铁站同台换乘功能，实现龙泽站与地铁13A线接驳，立水桥站与13B、5号线接驳，黄土店站与8号线和13B线霍营站接驳。优化车站与周边社区、商业服务设施的公交微循环系统，实施早晚高峰与平峰机动灵活应对的运营方案。

（4）"缝合"沿线南北区域，进行回天地区的铁路平交道口立体化改造；

建设车站跨线空中封闭廊桥通道，尤其在龙泽、回龙观、黄土店货场三站可增加空中封闭人行廊道，减少社区立交桥下机动车与慢行交通的交叉数量，实现回天地区南北区域"缝合"目的。

（5）强化接驳配套、提升 TOD 开发速度和质量，进行微中心建设规划。车站周边应当配建立体化机动车停车楼，双层自行车和共享单车停放区域；在有条件的车站加入商业、服务业等业态，提升黄土店站的 TOD 改造速度，实现该枢纽多线融合，打造我市市郊铁路站点一体化、站城一体化的 TOD 建设标杆。

（6）实施快慢车结合，以快车为主的运营模式。与平均时速 40 km 的 13 号线轻轨相比，须具备 1.5 倍甚至 2 倍以上的速度优势；车辆、信号及改造基础设施标准要与其他轨道交通实现直通运营，互联互通功能融合；建议加长加大站台，全东北环线实现 10 节以上的车厢停靠能力规划。

（二）利用京承铁路（通密线）改造市郊铁路的问题及融合对策

1. 我市市郊铁路与城市交通体系融合度较低及原因

我市的市郊线路运输效率不高、发挥作用不强，没有为首都都市圈的高质量发展提供相应的服务。造成客流与里程失配的原因是多方面的，其中最主要的是既有国铁资源与城市通勤等出行功能在时空结构下的不匹配问题。解决该矛盾需要多方面的持续努力，尤其是促进市郊铁路与城市交通的融合能力，提升市郊铁路的"客座率"。本书主要以规划建设的视角分别从基础设施的融合与运输服务的融合两方面进行分析。

2. 统筹利用既有路网资源，提升基础设施融合能力

一是加强市郊铁路站前广场接驳换乘设施的规划建设。积极调动各区政府尽可能地与铁路部门展开路地合作，统筹利用铁路车站周边土地资源，开拓站前广场及相关设施，有效整合规划公共交通和私人交通的接驳停靠场所，将自行车、网约车、出租车、公交车、私家车等交通方式充分地融合在车站周边。可以采用环形站前交通广场设计，分区段设置不同公交线路、网约车、出租车停靠点，环形站前广场的优势是能最大化降低乘客出站的换乘距离，提升换乘空间可达性并增加对其他交通工具所处位置的识别效率。就市郊铁路通密线而言，可将通州西站站前整备的 4 000 多平方米区域实现站前环形换乘枢纽规划建设；在环形广场两侧规划建设自行车换乘公共交通设施

（B+R）和换乘停车场（P+R）的交通接驳基础设施，可分区设置双层自行车与共享单车停车带（棚），根据需求情况在车站周边建设机动车停车楼并规划直通车站的连接通道，在相关区域位置规划建设一定数量的充电桩等新能源充电设施，支持绿色环保出行。

二是优化并创造市郊车站与地铁车站的换乘接驳条件。建议与铁路部门协商，在市郊通密线的顺义站西侧规划建设新站房和出入站口，此举可将原本站房位于东侧的顺义站与相邻地铁15号线石门站900 m的换乘距离缩短至450 m；在市郊通密线通州西站与地铁八通线通州北苑站和地铁八里庄站之间，通过步行道路的规划修整可将原先分别1.1 km左右的换乘距离控制在850 m以内。另外，在有条件的同一车站内尽量实现同台换乘、站台共用，科学合理控制换乘接驳距离。

三是加大人性化慢行交通接驳通道设施规划建设力度。建议与铁路部门协商增加市郊车站出入口，加大站内铁路线上方改建、新建人行带盖天桥，方便线路两侧同时具备进出站功能。车站尽可能与相邻周边的功能区，包括居民区等规划建设更为安全、便捷、舒适的慢行交通专用道，规划采用半封闭式的自行车专用道和步行通道，提升周边社区和场所的出行效率和舒适度。以京承线为例，密云北站、牛栏山站、顺义站、通州西站半径3 km范围内，分布着总计几十个居民区，尤其在密云北站南侧和顺义站周围，集中分布着十多个小区，完全可以规划建设慢行交通专用接驳系统。

3. 积极推进市郊铁路与城市交通的运营服务一体化

一是继续强化北京与铁路部门的运营融合机制建设。自2008年以来，北京在委托铁路部门运营S2线、副中心线和怀密线三条市郊铁路服务方面积累了较为丰富的经验。双方可在此基础上，以京承市郊铁路的规划、建设和运营为契机，规划好符合该线特点的运营融合和绩效考核制度。在签订委托运输服务协议时，保证日常运营信息共享与协同合作机制能够顺利运行，有条件的情况下，将市郊铁路更多的运营信息调入北京轨道交通运营信息系统。为避免出现铁路部门因临时调图产生市郊列车运营时间与城市交通接驳时间的不对称问题，应当在协议中明确规定市郊线路运营时间改变的提前告知制度，以便北京公交接驳能更有效地调整应对措施和对公众提前发布信息。

二是利用"虚拟换乘"提升市郊与地铁的换乘效率。虚拟换乘，是指在同名车站或者相距较近的不同名车站，刷卡出站后再刷卡进站乘坐不同交通线路的情况下，票价可连续计算的一种换乘方式。

三是规划增加袖珍公交、社区公交的接驳服务。25 座市郊车站中，大部分车站位于郊区，并且这些车站站前空间面积有限，开行常规公交车辆成本高、效率低。可以开行机动灵活、占用空间小、污染排放少的袖珍公交和社区公交等，来满足市郊铁路车站与城市功能区、社区之间的绿色接驳需求。通过在市郊车站站前广场设置袖珍、社区公交始发终点站和招呼站的方式实现更加便捷的接驳；另外在这类公交系统的票制票价方面可给予一定的政策补助，鼓励居民使用此类公交与市郊铁路换乘，以实现市郊铁路与城市交通的一体化运营服务。

四是规划开行直达和大站停的市郊快线列车。既有市郊铁路的运营速度相比小汽车、城市轨道交通等交通工具而言并没有绝对优势，京承线利用通怀线、通密线实现初期"简易开行"，在运输服务的性价比方面必须具有一定优势。但是预计通州西到密云北的运营时间为 90 min 左右，这样的市郊行使速度低于之前的铁路系统内列车运行速度（铁路部门的 Y513 车次通州西始发通过怀柔站经停 5 min 的情况下仍可保持两站之间 71 min 的运行时间），也低于小汽车在非高峰期内的速度，即目前市郊铁路京承线在运行效率上几乎缺乏优势。解决办法是区分开行快慢车，快车可以直达或者在客流较大的顺义站停靠一站，慢车可以在牛栏山站、顺义站以及未来的其他车站停靠。

五是规划建设市郊铁路与城市交通体系互联互通的票务、坐席、预订系统和移动互联 App 等。市郊铁路出行使用市郊铁路一卡通、中铁银通卡、互通卡、"亿通行"App 二维码等方式乘车，票制种类繁多且进出站因为闸机不同造成使用不便，个别线路不能使用市政交通一卡通。应当将以上方式整合并与北京市政交通一卡通、京津冀互通卡等进行互联互通，拓展一卡通能在出租车等城市交通系统全面应用，实现"一卡到底"的"一站式票务服务"。探讨市郊铁路多样化的客票、预订和坐席设置方法，允许更高比例的站票，将此类信息接入城市交通信息系统，与其他交通数据进行整合及大数据处理，纳入 MaaS 联程运输服务，在城市智慧交通的发展中加以充分融合利用。

第四章 京津冀城际铁路、高速铁路融合发展

一、快速铁路系统与城市人口的调控及布局

全国第七次人口普查北京人口数量比 2019 年北京市抽样调查多了 35.7 万人。排除抽样调查与普查的误差问题，从 2016 年实施北京市新总规以来，北京市连续三年的人口下降态势受到了挑战，中心城六区人口减量目标也未达到"新总规"的理想值，"疏解非首都功能"国家战略的执行力也受到一定质疑。很多国际大城市在历史发展过程中都遇到与中国同样的人口拥挤问题，人口疏解和调控也成为现代城市治理的一项基本制度。以日本东京都市圈为例。

（一）快速轨道交通在人口调控分布中的功能作用

疏解人口需要制定人口、产业、交通等整体发展策略，各种相关规划要协同配合，尤其应关注快速轨道交通发展，是支撑都市圈人口合理布局的重要抓手。

1. 轨道与城市化发展的关系

东京都市圈在城市化大发展的三次进程中，无不与轨道交通的建设发展同步推进，1920 年至 1935 年东京第一次快速城市化伴随着铁路轨道的快速扩充；1955 年至 1965 年东京第二次快速城市化是得益于有轨电车向大规模地铁建设的转换；1970 年后至 1995 年第三次快速城市化伴随着都市圈的扩大是依赖于轨道复线化和互联互通等运输能力的增强，有效实现了现有轨道骨干网络的充分融合及运输组织的改善。尤其在 20 世纪 60 年代开始，日本整体城市化率达到了 60%，东京都市圈通过对铁路进行"五方向通勤"改造，形成了快速度、大运量、高频次的轨道交通运输体系，当前东京都市圈日均

轨道交通客流接近 4 000 万人次，是北京轨道交通日均客流的 3 倍之多。

2. 轨道交通实现人口节点集散功能

随着都市圈半径的扩大，需要解决人口的分布及集疏效率问题。快速轨道交通，能够准时、便捷地将人口进行高效聚集和疏散，居民可以适当居住在城市外围区域，居住成本与交通成本之和只要处于一个合理的可支配收入比例，就能够实现人口流动与分布的调控目标。以涿州东站到北京西站 62 km 为例，二等座单程票价 28.5 元，一个月若通勤 22 天往返需支出 1 250 元，占北京居民月均可支配收入 5 650 元的 22%，但是该票价实质上包含了替代性居住成本，即 22% 的交通成本能够替代很大一部分北京市区的居住成本，涿州东站附近的平均房租价格是北京西站附近的 20% 左右甚至更低，按照合并计算，家住涿州东站附近利用高铁通勤的"交通+居住"支出总和只占北京人均可支配收入的 29%，远低于 2019 年北京居民这两类支出占比 47.6% 的比例。京津冀区域内的顺义、怀柔、密云、延庆、平谷、怀来、北三县、宝坻、武清、廊坊、固安、霸州、雄安、高碑店等地都具有快速轨道集散人口的成本优势，也是未来北京首都圈的主要城镇节点和微中心。

（二）快速轨道交通在人口调控分布中的发展对策

1. 构建"环线+放射线"快速市域（郊）铁路骨干网

一是环线方面需要利用国铁资源，整合东北环线、京张铁路、东西直径线以及西北环线、东南环线（丰双铁路）、丰沙铁路等既有铁路线路和通道，进行环状铁路的提速、进出站、换乘接驳适应性改造，打造北京的"山手线"和"武藏野线"。二是放射线方面，利用既有普速京包、京通、京哈、京承、京沪、京九、京广等线路开展复线化、通勤化、快速化通勤改造及运营。三是通过环状与放射性线路在主要轨道枢纽车站形成节点锚固作用，最大化地为城市外围组团潮汐客流实施运输服务。

2. 利用"三角区"时段增开城际、高铁通勤列车

铁路运营"三角区"时段是指铁路主要为保障大长干线运输服务，在早晚高峰时段一般都会存在始发或终到车站的车次到发空档时间范围，这个时刻范围根据离始发或终到车站距离会形成一个车辆运行排图的三角时间地带，距离大型枢纽越近，空档时间越长，高铁线路的"三角区"时段更为明显，比如上午京沪高铁上海进京的高速列车一般会在 12 点以后抵达，京沪高

铁离北京最近的较大车站为德州和济南，其进京的高铁车次一般也在 9 点之后，因此利用 9 点之前的"三角区"时间范围开行更短途的城际高铁列车成为可能，如增开更多的廊坊至北京的高铁通勤列车（6 月 25 日铁路调整列车时刻表中密云站至北京朝阳站的 7:20 始发车次就是利用"三角区"进行排图）。同理，在京内的延庆、顺义西、怀柔南，京外的东花园、怀来、下花园、涿州东、高碑店、固安、霸州、雄安、武清、天津西等车站也都能在该时段增加城际高铁频次。当然，一个重要的前提是在尽可能保障铁路大长干线的运输任务基础上与铁路部门进行商议，实现共赢合作，甚至可以联合天津与河北，为该类早晚高峰时刻的列车提供补贴，向铁路购买运输服务。

3. 协商铁路部门制定通勤运营服务功能

一是激励铁路部门制定更加优惠的月票制度。参考日本铁路的定期票政策，月票平均价格是正常票价的 4~5 折，同时增加更多种类的优惠次票、回程票等方式，满足多种通勤、通学和商务固定出行的需求。

二是与铁路部门协商根据客流设定一定比例且价格优惠的自由席和站票，可通过灵活的坐席票制来提升车座利用率。在保证乘客安全舒适便捷的基础上最大化运营收益。

三是做好城市与铁路的安检互认、接驳换乘等软硬件服务，与国铁合作制定城市快速轨道交通的联程优惠方案，如实施虚拟换乘等。

四是力促长距离铁路通勤成为一种轻松的出行过程。通勤列车可增设舒适便捷的办公单元和休闲环境，可增设酒吧台和电子娱乐区，用于满足通勤乘客在列车上的工作和放松需求。

综上只要有合理的快速轨道交通廊道布局与运输组织方案，相关运营补贴、票制票价、换乘接驳、四网融合等配套措施得当，定能实现我市分区域、差异化的人口调控和减量目标，同时实现非首都功能疏解并带动京津冀协同发展。

二、利用城际铁路、高速铁路服务都市圈通勤

（一）利用高铁通勤的原因

1. 高铁通勤是密集型超大城市发展的必然趋势

世界各国在发展到一定城市化阶段后，城市经济迅速向大城市郊区和周

边中小城市延伸，利用高铁发挥通勤和联络作用，成为很多国家的选择。以日本新干线为例。

20 世纪 60 年代日本城镇化水平达到 60%，超大城市中心高昂的房价和生活成本使得郊区化居住和长距离通勤成为发展趋势。1964 年新干线开通伊始，日本便提出了高铁通勤的思想，其中东海道新干线在最早的时刻表上明确了"努力实现从热海到东京通勤通学"的客流开发方针。热海距离东京站 104 km，新干线运行时长为 42 min。80 年代，又通过票制票价和税制改革、调整始发站和运行时刻表等措施，通勤需求被充分释放，新干线通勤得到快速发展。例如在早高峰增开东海道新干线 8 列、东北新干线 5 列、上越北陆新干线 7 列，并且增加列车编组。目前，东京首都圈（一都七县）内有新干线 4 条，里程 595 km，高铁月票使用人数日均 7 万人次，占首都圈新干线日均乘客量的 16.4%，且这一规模和比例仍在不断增加。伴随高铁通勤的普及，辐射带动了周边诸多城镇的发展，新干线延伸 150 km 范围内，几十个人口规模在 2 万～50 万人的城镇节点和微中心得以继续集聚和强化发展，东京区部非核心功能得到有效疏解。

2. 首都圈高铁已占有大量通道、节点等时空资源

我国正处于都市圈和城市群快速发展阶段，以首都为核心的区域范围内高铁网络资源丰富。

1）普铁及市郊铁路因历史原因功能稍显不足

在首都圈和京津冀城市群内本应发挥骨干通勤运输功能的市域（郊）铁路功能有所缺失。目前北京市内普铁里程 1 300 km 左右，虽然利用其中的 400 km 开行市郊列车，但由于普铁线网早于城市化快速发展阶段已固定形成，铁路与城市长期各自独立发展，造成"有客流无能力、有能力无客流"的时空矛盾突出，二者割裂现象短期难以改观。北京利用既有普铁开展长距离通勤运输面临巨大、长期的困难。

2）北京、天津高铁网规模及密度占有先机

虽然北京普铁网的密度不及东京的三分之一，但是高铁网密度却是东京都市圈的两倍以上。根据最新官方数据统计，以北京为枢纽的高铁通道方向有 8 条主线和 2 条支线，目前已开通京津、京沪、京广、京张（含延庆支线）、京唐（含京滨城际）、京雄、京沈七条高铁线路，5 年内还将开通京雄商高铁。届时北京市内高铁里程为 457.5 km，高铁网密度位列全国第二，达到每万平方千米 272 km。而天津市 5 年内高铁里程为 510 km，密度仍然保持全国第一，

达到每万平方千米 425 km。5 年后,京津高铁网密度远远大于上海市 207.3 km
和广东省 122.5 km 的同比数据,同样也高于东京都市圈每万平方千米
134 km 的高铁网密度,且京津双城之间将形成 5 条高铁线路。

3）京津冀高铁在速度、站点及廊道上占得优势

我国高铁发展具有"后发优势",且高铁发展历程与城市化的快速发展进
程基本一致,即从时空匹配性方面考虑,高铁与城市发展吻合度较高。以北
京为枢纽中心,如图 4–1 所示,8 条放射性高铁线路设计时速几乎都达到
300 km 以上。其中乘坐 40 min 内且有可达车站的里程约为 1 089 km,最远
可达天津南站和保定东站,距北京都为 131 km,里程内有车站 35 座,具备
与城市轨道换乘能力的车站 16 座。而东京新干线 42 min 内里程仅为 240.6 km,

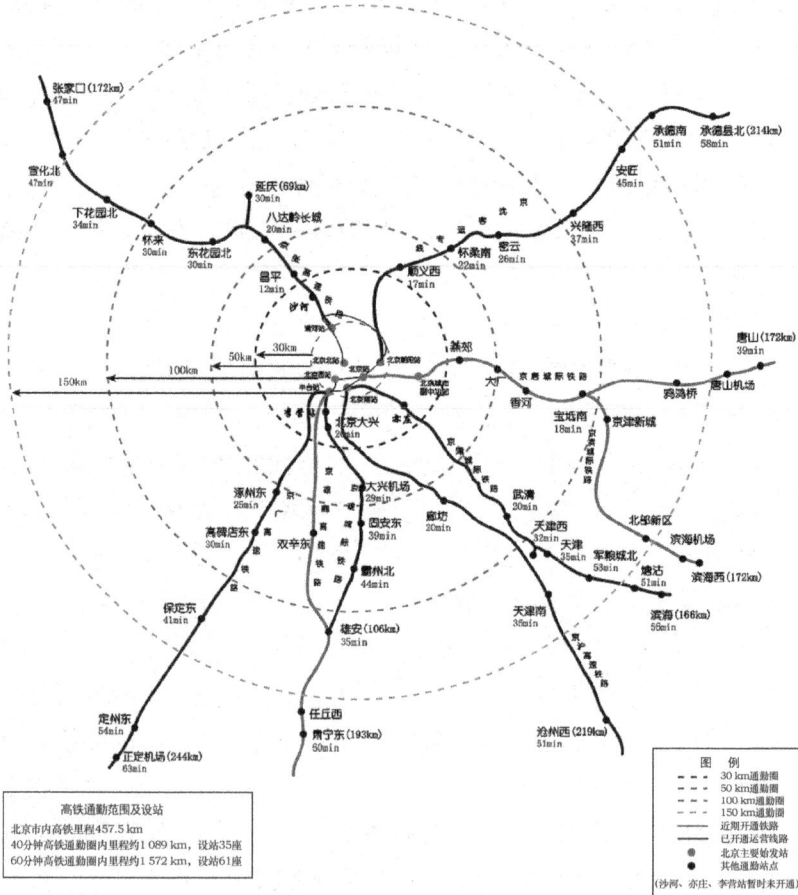

图 4–1　环首都高铁通勤时间、车站示意图

可达车站数量仅 9 座。以北京为枢纽 60 min 左右可达高铁里程约 1 572 km，最远至 280 km 的石家庄站，车站数量 62 座，而东京首都圈在 60 min 内运营里程仅为 348.2 km，车站仅 15 座。即从 40 min、60 min 两种高铁可达里程指标统计，北京首都圈高铁网密度都是东京首都圈高铁覆盖密度的 4.5 倍，车站数量是东京首都圈的 4 倍。可见，京津冀高铁网的速度、覆盖范围、车站数量等条件非常优越，若不加以充分利用为首都圈和京津冀服务，实属可惜！

4）京津冀高铁在到发运营组织上具备富余能力

通道和车站能力决定着列车开行密度。目前以及可预计时期内北京各大高铁方向都具有较为明显的通道富余能力。按照我国高铁列车技术标准，高铁列车最短发车间隔为 5 min，复线在 1 小时内的通过能力是 12 对列车，全天通过能力是 280 对，16 个小时平图通过能力 192 对。车站到发能力方面，丰台站改造及副中心站建成之后，北京市内 8 座主要高铁火车站的每天到发能力都超过 240 对以上。而 2020 年底京张高铁仅开行 60 对列车，京沈高铁开行 12 对左右，京雄城际开行 11 对。虽然高速铁路更多服务于大长干线运输职能，但是随着未来京唐和京雄商高铁的开通，京津城际和京沪高铁也将出现较大能力的富余情况。京广高铁也因丰台枢纽站的改造升级而大大提升通过能力。由此利用高铁路由发挥通勤服务功能在京津冀建设成本节约和固定资产高效利用方面都会取得成效。

（二）首都圈高铁通勤的发展对策

如何科学合理地利用高铁进行通勤服务，需要理念先行，也需要中央政府、铁路和城市一定的政策支撑。

1. 激励铁路部门建立高铁公交化运营模式

一是京津冀三地按照客流 OD 数据比例来分别、共同出资委托铁路部门增开更多的早晚高峰通勤高铁班车。尤其在京内延庆、顺义西、怀柔南、密云，京外东花园、怀来、下花园、涿州东、高碑店、固安、霸州、雄安、廊坊、武清、天津西等车站增加停靠频次，并增加列车编组。二是激励铁路部门制定更加优惠的月票制度。参考日本高铁通勤票价票制，月票平均价格是正常票价的 4~5 折，同时增加更多种类的优惠次票、回程票等方式，满足多种通勤通学和商务固定出行的需求。三是建议铁路部门根据客流数据设定一定比例且价格优惠的自由席和站票，可通过灵活的坐席票制来提升车座利用率。在保证乘客安全舒适便捷的基础上最大化运营收益。四是力促高铁通勤成为一种轻松的出行过程。提议通勤高铁列车增设舒适便捷的办公单元和休闲环境，可增设酒吧台和电子娱乐区，用于满足通勤乘客在列车上的工作和放松需求。

2. 地方政府、企业等多主体配套政策

一是地方政府可通过对乘客月票和其他票制进行折扣补贴来吸引更多人口在当地居住生活。例如天津市对京津城际制定优惠次票方案，二等座的折扣能享受到 9 折优惠。此方式可促进更多的房地产及生活服务类投资消费提升。二是鼓励企业报销雇员高铁通勤的全部或者部分费用，减少高铁通勤人员的经济负担。三是针对通勤高铁缺乏反向客流的规律，可在高铁沿线围绕生态休闲、文体娱乐、康养宜居、双城生活等多种功能属性的城市土地和产业进行综合开发，促使高铁不但解决工薪阶层的职住空间问题，也能满足不同群体的多样化生活需求。四是做好高铁车站接驳换乘配套服务，避免城市交通"最后一公里"成为高铁通勤服务的短板。

3. 呼吁国家顶层设计支持

北京应联合津冀共同呼吁国家层面出台企业支付通勤津贴的非课税制度。企业为员工支付的高铁通勤月票费用不计入企业纳税部分。日本 2016 年度税制修订法案中规定，企业用于支付职工通勤津贴的非纳税限额从每月 10 万元提高到 15 万日元，该津贴标准涵盖了静冈县到东京站 184 km 的新干线里程，两站间通勤月票价格是 13.3 万日元，折合人民币每千米的票价为 0.98 元，比新干线的普通票价低 2 至 3 倍。

在城市发展新阶段，实施首都圈和京津冀高铁通勤方案，具备较好的基本条件，能带动区域协同高质量发展。抓准该战略方向，对于疏解非首都功能，纵深推动京津冀协同发展新格局的形成将起到重要的引领和支撑作用。

三、加强与中国铁路北京局集团有限公司对接"环京高铁服务"

（一）背景

构建新发展格局需要积极扩大有效投资，加快建设全国统一大市场。建设现代化首都都市圈，加快京津冀协同发展，需要构建以首都为核心的通勤

圈、功能圈和产业圈，现阶段要把通勤圈作为重点发展任务，促进京津冀交通一体化发展，其中环京高铁网络服务是打造"轨道上的京津冀"的重要抓手，是强化同城化效应的重要保障。

不仅北京、天津、河北关注城际高铁发展，国家铁路局集团也设立科研攻关项目"环首都都市圈高铁服务网络设计研究"（项目编号：T22D0051），表明铁路部门服务地方的意识和举措正在逐步深入，同时也表明环京首都圈高铁服务存在较多问题。

该项目由中国铁路北京局集团有限公司（以下简称"北京路局"）主持，北京路局委托北京交通大学开展此课题研究，于 2022 年底完成。分别与北京路局客运部、产品开发部等部门围绕"环首都铁路服务首都都市圈和京津冀协同高质量发展"等问题进行了深入探讨交流。从北京路局多位部门领导的沟通中看出，北京路局希望北京交通大学更好地对标现实问题，解决环京高铁目前存在的棘手问题，并确定了相关研究内容。

（二）相关研究内容

1. 环京都市圈客流分布及铁路客运需求特征

主要研究以首都为中心，铁路辐射范围内的职住分布特征、出行特征和潜在需求。尤其重点关注相关产业分布和功能区分布，关注早晚高峰客流出行、现存交通条件和供需情况，关注既有市郊铁路客流特征以及 9 大城际高铁方向、8 个大型铁路枢纽车站周边的客流时空分布特征。数据方面，2019年包括上下行日均客流数据大致如下：天津—北京客流日均 7 万～8 万人次（高峰日 14 万人次，全国路网最高）；廊坊—北京日均 1.1 万人次；保定—北京日均 1.2 万人次；涿州、高碑店—北京日均约 0.8 万人次；张家口—北京日常 0.8 万人次，高峰可达 1 万人次；承德—北京日均 0.4 万人次。以上客流中70%～80%均集中在早晚高峰，通勤客流占比较高。目前北京铁路正常日均客流总和为 90 多万人次，其中管外直通占比 45%，管内到发占比 55%，管内客流排名第一为北京—天津、第二为北京—石家庄、第三为北京—保定。

2. 环京城际高铁服务能力提升应对方案研究

主要研究在利用现有国铁运输规则和标准情况下，如何有效提升高铁服务以首都为中心的通勤和出行需求。即如何在不更改既有铁路运输标准和冗余能力条件下，通过对现有线网的简单基础设施改造，以及优化运营组织安排的方式进行更为精准的环京高铁服务，以达到精细化的供给侧结构性改革。其中基础设施改造更加关注中小车站服务能力的提升，如通过在中小车站增加、改造停车线来停靠早晚始发车底；改变提升咽喉区通过效率等方式提升到发和区间折返能力等。运营组织优化是尽可能地通过提升线路利用率和车站接发车能力等方面有效地满足环京日通勤和周通勤需求，如增加发车对数、压缩列车追踪时间和乘客候车时间；减少早晚高峰大长干线管外车次而增加管内车次；多元化票制票价；增加套跑区间车次等；组织重联编组列车和双层客车应对周末晚高峰及周一早高峰客流等。

3. 环京城际高铁服务网络与城市融合发展研究

主要研究环京高铁服务系统与首都圈、京津冀在交通、社会等方面的融合发展问题。包括高铁网络与其他轨道交通的接驳换乘协同发展，即四网融合发展问题；环京高铁服务城市的地方奖励标准（地方补贴内容）和合作政策问题；环京高铁车站周边环境、运营管理与城市联合治理问题（站委会相关内容）；高铁同站换乘城市交通和异站换乘（过路跨线车次对城市交通影响问题）的协同合作问题；城市重大和极端事件对高铁运输造成的潜在隐患问题（应急预案）等。

（三）问题

一是目前的研究全程未见北京相关利益代表方参与。北京路局部门也没有太明确地希望地方政府参与该研究的计划，在如何满足北京高质量发展及京津冀协同发展需求的问题上，没有渠道听取北京市、天津市、河北省的意见建议。二是目前的研究方便铁路部门的供给侧问题，而忽略了北京及周边地区的发展需求和规划布局。合理有效的高铁服务，其品质高、舒适性强、速度快、民众满意度高，应对路地双方产生共赢的结果，但也存在与地方需求不匹配，甚至影响北京综合交通与未来城市功能发展的问题。比如在应该并且有能力增加运输服务水平的区间没有增加车次，反而还减少车次；在不该增加车次的地方增加车次引导培育了客流，可能带来了与北京整体发展目标不一致的结果（如京张高铁延庆支线车次停靠八达岭长城站）；再比如，在某一高峰时刻增加火车站接车能力，从而给北京带来极大瞬间落地客流，造成一定的接驳换乘安全隐患问题等。

（四）建议

（1）对接保障机制。北京相关职能部门应积极对接本课题组参与研究该项目。应由北京市发展改革委（包括市郊铁路专班）牵头，北京市自然资源和规划委、财政局、交通委（主要是协同处、客运协调处）、站区管委会、京投公司、城铁投公司等相关部门和企业成立对接研究小组并与本课题组积极合作，制定对接工作策略方案，定期或不定期地开展调研研讨，将北京环京高铁服务的需求能够更加充分地表达给铁路部门并与之沟通，促使最终的研究成果不仅满足铁路系统需求，更能够有效地服务首都圈科学发展。

（2）对接研究内容。向课题组提出针对北京急切解决的相关问题。一是基建改造。如与城市融合发展"站城一体化"和 TOD、微中心联合开发问题；东北环线、副中心线市郊铁路相关提质扩能问题；站场环境改善与城市融合问题；其他环京铁路网关联优化问题。二是运营组织。在环京高铁服务通勤的运能运力提升；早晚高峰区域内车次时刻表；"一票到底"的票制票价联通；委托铁路部门开行、停靠不同类型高铁车次的成本计算及补贴；通勤化、公交化接驳换乘城市交通服务；利用既有高铁车次以客带流服务北京通勤的协同合作等问题。三是经营服务。车站便利店多种经营、MaaS 一体化出行服务等需要按照我市的发展方向与需求提出相应的服务标准。

四、大力发展以首都都市圈为核心的高铁通勤网络

从北京市郊铁路发展遭遇能力瓶颈而周边高铁能力闲置的现实出发，若能借鉴日本、西班牙等国的高铁通勤国际经验，用好比东京都市圈高铁网密度多一倍的"后发优势"来构筑以高铁为骨干的 1 小时首都圈通勤网，不仅有利于疏解非首都功能和增加高铁的收益，也为京津冀交通一体化和经济高质量发展提供了绿色交通的保障。

（一）高铁通勤是都市圈得以科学发展的重要支撑，也是提高高铁使用效率的有效方式

大力发展都市圈已成为国家战略，而都市圈的经济社会活动规模、质量与 1 小时通勤圈所覆盖的城镇化空间半径、交通网络能力效率密切相关。来自全球的案例和实证研究表明，利用高铁通勤的出行优点包括：缩短通勤时

间和成本；准时和舒适；在高铁车站换乘城市交通的便利性等。而在高铁通勤对都市圈社会经济的影响方面，优点包括：促进房地产开发、形成高铁新城的微中心，缓解都市核心区的高房价压力；缓解城市道路拥堵并改善空气质量和扩大具有活力的劳动力市场等。随着高铁通勤运输密度的增加，也有利于改善铁路运营企业的财务状况。

（二）首都都市圈轨道通勤系统发展所面临的主要问题

首都都市圈 50 km 半径及以外的放射性快速城市轨道供给不足，可利用的市郊铁路和高铁（含城际高铁，下同）受制于国铁既有的管理理念、体制与城市交通需求融合不够。按照北京新总规的精神要求和国际惯例，单程 1 小时基本是极限通勤忍耐时间，而与平均旅速能够达到 200 km/h 的高铁相比，北京平均旅速只有 35 km 左右的地铁和平均旅速 55 km 的市域（郊）铁路等轨道交通不足以支撑首都都市圈的发展。

一是影响北京市域快线发展的复杂因素多、建设周期长、建设成本高、运营补贴负担沉重。例如 22 号平谷线，最新批复是 81.2 km，涉及北京与河北省、北三县的规划、基建和运营协同问题，目前预算为 639 亿元，平均每千米造价将近 8 亿元，而且该线路从最初预计 2020 年通车的设想因为种种原因推迟了 5 年，预计 2025 年才能贯通运营。该线仅仅是北京第一条真正服务都市圈范围的市域快线，未来规划的其他市域快线周期更长、成本更高。

二是既有国铁（合资）拥有的市郊铁路普遍运能较差，通勤时段发车频次少、速度较慢，且大部分车站末端接驳不便，导致客流不足。例如市郊铁路怀密线利用的京通铁路很多区间为单线，行程中待避时间较长，早高峰发车只有 1 对，从怀柔北站至北京北站 90 km 用时约为 100 min，虽然票价便宜，但是加总通勤者门到门的时间成本，与私家车和公交车相比基本毫无优势可言。在怀柔北站附近最大的功能区是 1 km 以外的中国科学院大学，火车站只有一趟临时公交车及共享单车接驳。以上多种因素导致北京所有的市郊铁路总体运能与运量严重不足。

与上述问题形成反差的是丰富的高铁资源为首都圈和京津冀城市群服务却不够充分。"十四五"期间北京市域内的高铁里程将达到 457.5 km，高铁网密度位列全国第二（天津第一），为每万平方千米 272 km，是东京都市圈的两倍以上。车站数量在 40 分钟里程内拥有 34 座高铁车站，是同样旅行时间内东京高铁车站数量的四倍之多。但是这些资源并没有很好地为首都通勤服务，早晚高峰的小交路和套跑城际高铁列车较少，例如距离北京南站 60 km 用时仅为 20 min 的廊坊站早高峰 8:00 之前只有 2 趟过路的高铁停靠，早晚高峰经常一票难求。类似情况的还有距北京南站 85 km 的天津武清站等。而与此同时，近几年开通的北京—延庆和北京—密云的高铁列车平时客座率却不到 30%。

国际经验表明利用高铁的速度和舒适度等优势来完成长距离都市圈通勤运输会取得"路地双赢"的效果。

（三）日本、西班牙等国高铁通勤服务的发展理念及措施

多年来利用高铁通勤成为日本、西班牙、法国和英国等高铁拥有国的选择，其中尤以日本新干线和西班牙高铁的通勤效果最为突出。1955 年至 1965 年期间，日本城镇化水平超过 60%，东京都市圈人口由 1 328 万发展到 1 886 万，增长率高达 42%。市中心高昂的房价和生活成本使得郊区化居住和长距离通勤成为现实选择，高铁企业主动与大城市融合发展，从运输服务理念、运营组织改革及社会协同发展三个方面来实现高铁通勤。

一是高铁通勤的理念较早树立且通过列车运营时刻改革措施调整来认真执行。为了适应时代需求并保证高铁客座率，1964 年日本第一条新干线开通伊始，便提出了高铁通勤的理念，东海道新干线最早的时刻表上就明确了"努力实现从热海到东京的通勤通学"的客流培育计划。热海站距离东京站 104.6 km，之间有小田原、新横滨和品川三站。20 世纪 80 年代，在高铁能力十分紧张的情况下，仍努力通过调整始发站和运行时刻表等措施充分满足通勤需求。例如中日本铁路公司在东海道新干线的早高峰增开专门从三岛、热海到东京的"回声号"和"光速号"区间通勤高铁 8 列，东日本铁路公司则在东北新干线增开专门从宇都宫、小山到东京的区间通勤高铁 5 列以及在上越北陆新干线增开 7 列，并且很多列车还加挂了车辆。目前，东京首都圈（一都七县）半径 200 km 范围内运营时间在 90 min 以里的通勤高铁有 4 条，利用高铁通勤的里程为 595 km，高铁车站 22 座。

二是充分利用差异化的月票制度降低通勤成本来吸引客流。例如东北新

干线栃木县的小山站至东京站距离 80.6 km，高铁用时 42 min，固定通勤月票价格单次平均每千米 1.29 元人民币，是普通票价的一半，该站 2019 年利用月票的乘客占所有进站乘客比例为 54.3%。如图 4-2 所示。

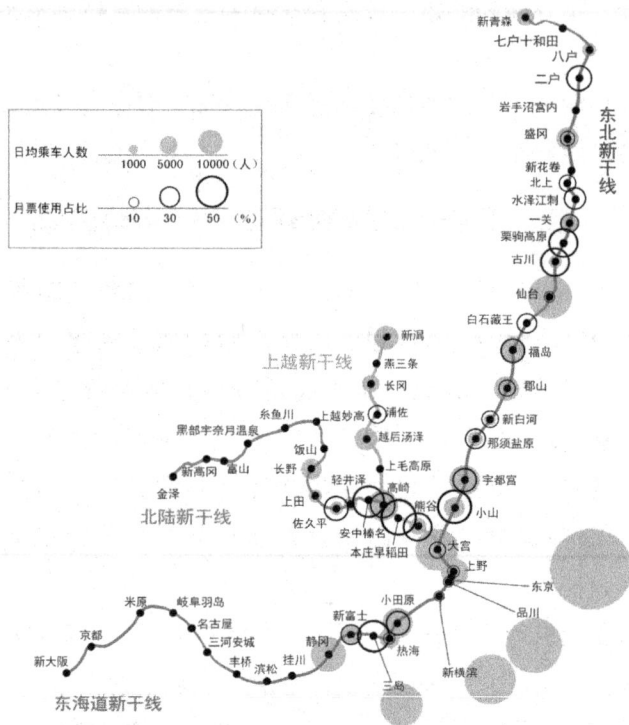

图 4-2　东京都市圈高铁通勤车站客流规模

月票折扣价随着通勤距离增加而递减，如东海道新干线上通勤月票使用距离最远的静冈站到东京站是 185 km，其通勤月票价格是普通票价的 4 折。差异化的月票价格极大地鼓励并吸引通勤人员选择更远的郊区居住或者选择"双城生活"，且适度实行折扣定价可提高通勤铁路运输密度，有利于分摊高铁的固定成本，从而改善了高铁企业的财务状况。

三是通过税制改革和定居补助等措施激励企业和社会支持高铁通勤，促进区域空间功能合理分布。日本 2016 年修订税制法案，企业用于支付职工通勤津贴的非纳税限额从每月 10 万日元提高到 15 万日元，极大地提高了企业雇用首都圈内利用高铁通勤的员工的积极性。2019 年前往东京的高铁月票使用人数占首都圈新干线日均乘客发送量的 16.4%，且这一规模和比例仍在不断增加。新干线通勤的普及辐射带动了周边诸多城镇的发展，东京周边地区政府和企业通过购房通勤补助吸引了较多人才，如在上越新干线的熊谷市买房，当地政府连续三年每月补助高铁通勤月票 2.5 万日元（约 1 500 元人民币）。例如，距东京 110 km 的栃木县宇都宫市在 1981 年东北新干线开通前的人口数量为 34.4 万人，2018 年人口统计为 52 万人。

在西班牙，继第一批由长途高铁列车"以客带流"的方式提供高铁通勤后，从其高铁线路利用率不高的现实出发，借助采用与通勤时间一致的时刻表、优惠票价和较低造价的高铁动车组，西铁公司又开行了专门的高铁通勤列车（"AVANT"），迎来了高铁通勤的新机遇。

（四）北京首都圈高铁通勤的发展对策

科学合理地利用高铁进行首都圈通勤服务，需要理念先行和中央政府、铁路与城市的协同合作。

1. 激励铁路部门建立高铁公交化运营模式

一是在科学调查首都圈各高铁车站附近的客流需求基础上，提议铁路部门增开更多的早晚高峰通勤区间高铁班车。尤其在京内延庆、顺义西、怀柔南、密云，京外东花园、怀来、下花园、涿州东、高碑店、固安、霸州、雄安、廊坊、武清、天津西等车站增加早晚高峰停靠频次。二是京津冀协同铁路部门制定更加优惠的月票制度。参考日本东京高铁通勤通学票价票制，月票平均价格是正常票价的 4～5 折，同时增加更多种类的优惠次票、回程票等方式，满足多种通勤通学和商务固定出行的需求。三是建议铁路部门根据客流数据设定一定安全比例且价格优惠的"自由席"和站票，可通过灵活的坐席票制来提升车座利用率和最大化运营收益。

2. 地方政府、企业等多主体配套政策

一是地方政府可通过对月票乘客和其他票制进行折扣补贴来吸引更多人口在当地居住生活。例如天津市对京津城际制定优惠次票方案，充值"同城卡"最多能享受到 8.5 折优惠，此方式可促进更多的房地产及生活服务类投资消费提升。二是鼓励企业报销雇员高铁通勤的全部或者部分费用，减少高铁通勤人员的经济负担。三是针对通勤高铁缺乏反向客流的规律，可在高铁沿线围绕生态休闲、文体娱乐、康养宜居、双城生活等多种功能属性的城市土地和产业进行综合开发，促使高铁不但解决工薪阶层的职住空间问题，也能满足不同群体的多样化生活需求。四是做好高铁车站接驳换乘配套服务，与国铁合作制定城市快速轨道交通的联程优惠方案，如实施虚拟换乘等。

3. 国家顶层设计支持

一是从国家层面制定国铁为城市交通服务的法律和政策依据。包括建议《铁路法》中增加高速铁路为城市、都市圈内的通勤运输服务是其本职责任等内容。二是北京应联合津冀共同呼吁国家层面出台企业支付通勤津贴的非课税制度，企业为员工支付报销的高铁通勤月票费用不计入企业纳税部分。三是国家应当鼓励地方政府和社会资本广泛参与高铁通勤列车运营服务和因高铁通勤带来的经济社会发展项目，如鼓励进行高铁通勤站点的 TOD 和微中心开发，鼓励津、冀等地积极吸引人才落户并给予一定的购房、子女上学优惠政策。四是国家和北京应当出台更多的配套政策来支持更好的教育、医疗等公共服务资源落户高铁廊道沿线附近，提高当地宜居吸引力。

总之，从我国市郊铁路发展遭遇能力瓶颈而都市圈周边普遍存在的高铁线路部分能力闲置和高铁债务高企的现实出发，若能用好高铁线路的沉没资产和相应的体制机制创新来构筑以高铁为骨干的都市圈通勤网，将会产生巨大的财务、经济、社会和"双碳"效益。建议以首都都市圈为试点，成功后向长三角、大湾区、成渝经济圈等推广。

五、基于价格歧视原理的国外高速铁路票制票价分析

（一）基于价格歧视原理的高铁定价文献综述

如何进行高铁定价以实现多方利益最大化已然成为时代的重要命题。谢俊楠认为目前国内高铁固定价格模式使高铁供需严重失衡，通过结合其他交通行业采用的定价策略，给出了我国高铁应该如何制定动态定价策略的建议。王灿灿等结合国内外高铁及航空票价定价情况，分析了国内高铁票价制定实施价格歧视的可行性，并提出了基于不同旅客需求和客流量的高铁客票动态定价方案。李想等认为通过市场规律与价格歧视来进行高速铁路定价迫

在眉睫，并基于需求导向定价法对高铁票价歧视进行了分析和评估。Gaurab Aryal 等提出航空公司跨时价价格歧视模型，研究了不同歧视性定价机制提高效率的程度以及相关分销影响。Li Jinyu 等认为高速铁路客票公司利润都会随着价格歧视程度的提高而增加。因此，将价格歧视理论合理应用于高铁动态定价中对于提高我国高速铁路的经济效益、调节客流量、满足旅客多样化出行和提升行业竞争力等都具有重要意义。

综上，国内学者大多肯定了将价格歧视原理应用于高铁定价策略的重要性并提出相应建议或模型，但缺少对国外多样化票制和价格歧视理论间关联的对比分析，对于国外差异化定价策略和价格歧视原理发展的全面分析也较少。因此，本书将基于价格歧视理论对法国、德国、日本和韩国四个国家的高速铁路动态定价策略进行分析，重点分析不同国家高铁票价原理的异同，进而对国内高铁客票价格歧视理论应用产生指导和借鉴作用。

（二）高铁票价价格歧视理论概述

1. 价格歧视定义

价格歧视是一种广泛存在于日常生活中的经济现象，其定义是同一厂商对相同或相似商品向不同消费者实行不同价格标准的行为，从广义形式上看可分为一级、二级和三级价格歧视，从具体形式上看有跨期价格歧视、两部收费制、搭售等形式。一级价格歧视指厂商向每个顾客索取每一个单位商品的最高意愿支付价格，但由于实际情况下厂商很难得到各消费者的保留价格，完全一级价格歧视难以实现；二级价格歧视指根据消费者对相同商品的不同消费数量制定差别价格；三级价格歧视将消费者分为不同群体，根据消费者的需求价格弹性制定差别价格。在高铁票价制定中，二级价格歧视和三级价格歧视最为常见，同时也存在跨期定价和两部收费制。

2. 价格歧视在高铁票制票价中的分类

1）高铁票价二级价格歧视

在高铁定价中商品数量的范畴可以延伸为出行次数、人数和里程数，二级价格歧视主要体现为出行次数优惠、较多同行人数优惠和出行距离的票价"递远递减"原则。定价随商品数量增加而降低的基本原则具体表现为出行达一定次数或购买团体票可以获得优惠，只需缴费一次就可以在短时间内无限次乘坐高铁且乘坐次数越多每次出行平均费用越低的通票制，以及每千米票价随乘车里程增加而降低的递远递减运价。

2）高铁票价三级价格歧视

高铁定价中的三级价格歧视往往是根据旅客身份及其支付意愿划分消费者群体并索取不同价格，其根本影响因素是消费者对价格变化的敏感程度，主要表现为无收入或低收入者，价格较敏感的儿童、学生和老年人群体，在购买高铁票时可以获得不同档次的优惠；出行不紧急、提前购票的旅客往往可以享受票价优惠，而出行较为紧急、临时购票的旅客承担的票价较高。

3）高铁票价其他类型的价格歧视

除了上述两种广义形式上的价格歧视，高铁定价中还存在高峰负荷定价、两部收费制等具体形式的价格歧视。铁路客运具有高峰期和低峰期之分，高峰负荷定价在高铁定价中的体现主要是在运输边际成本较高的高峰期提价而在低峰期降价。两部收费制主要体现为旅客购买月票、年票及各种优惠卡后在一段时间内乘坐高铁时都可以享受优惠票价的会员制，一般缴纳的会员费不同时乘车享受的折扣也不同。

（三）价格歧视原理在国外高铁票制票价中的应用

1. 法国 TGV

1）法国高铁票价体系

法国高速铁路称为 TGV（Train à Grande Vitesse），1981 年在巴黎与里昂间开通，如今法国形成了以巴黎为中心、逐步延展至法国各城市及周边国家的铁路网络。

法国高铁价格由基础价格和附加票价组成。基础票价等于基本票价率和乘车里程的乘积。其中，基本票价率实行"递远递减"原则，即基本票价率会随着乘车里程的增加而降低，此外基本票价率会随当地的物价指数变化进行周期调整。附加票价部分则与乘车里程无关，根据服务质量、供求关系和其他交通方式的票价情况进行调整，并涉及相应的折扣服务。根据客流的组成及变化规律，客票公司制定了多种不同的票价标准和优惠。

2）基于价格歧视原理的特色票价标准

法国票价标准多种多样，基本票价的递远递减规则体现出二级价格歧视原理；此外，铁路公司还通过售卖优惠卡、基于预售时间、基于客流量等形成高铁动态定价体系，其制定原理涉及二级价格歧视、三级价格歧视、高峰负荷定价及两部收费制等。综上法国票价制定原理以二级价格歧视和高峰负荷定价为主。

（1）售卖优惠卡。

针对客户年龄、出行频率、集中出行时间、是否陪同家庭出行等不同类型客户的特征制定，具体方案见表4-1。

表4-1　TGV 优惠卡方案

客户类型		类型	具体优惠方案	价格歧视原理
优惠卡	针对不同年龄客户	青年卡（12～27 岁）	TGV 30%、配套服务 85%和 TER 最高 40%	三级价格歧视
		老年卡（60 岁以上）		
		成人卡（28～59 岁）	TGV 30%	
	针对客户出行频率	Carte Liberté	TGV 45%～60%	二级价格歧视
		TGV max	规定时间内无限次	
	针对出行时间集中客户	周末卡（27～59 岁）	TGV 30%	两部收费制
		月卡（28 岁以上）	无限次而定	
		年卡	规定时间内无限次付 10 月送 2 月	
	针对同家庭出行客户	家庭卡	TGV 30%	二级价格歧视

（2）基于客流量确定票价。

客票公司会根据工作日里旅客通勤的时间特点，即一天内的客流量情况，对车票价格调整，使得早晚客流高峰时期和其他平流时期的票价有所区别，以此来疏解高峰时期的客流压力。同时，考虑节假日的客流量，票价也做出相应的调整。其中体现出高峰负荷定价原理的应用，如图4-3所示。

（3）基于预售时间确定票价。

客票公司为了引导旅客提前购买高铁通行票，会根据旅客节假日的出行规划进行预售，同时分别制定多种票价优惠政策，即利用三级价格歧视原理，

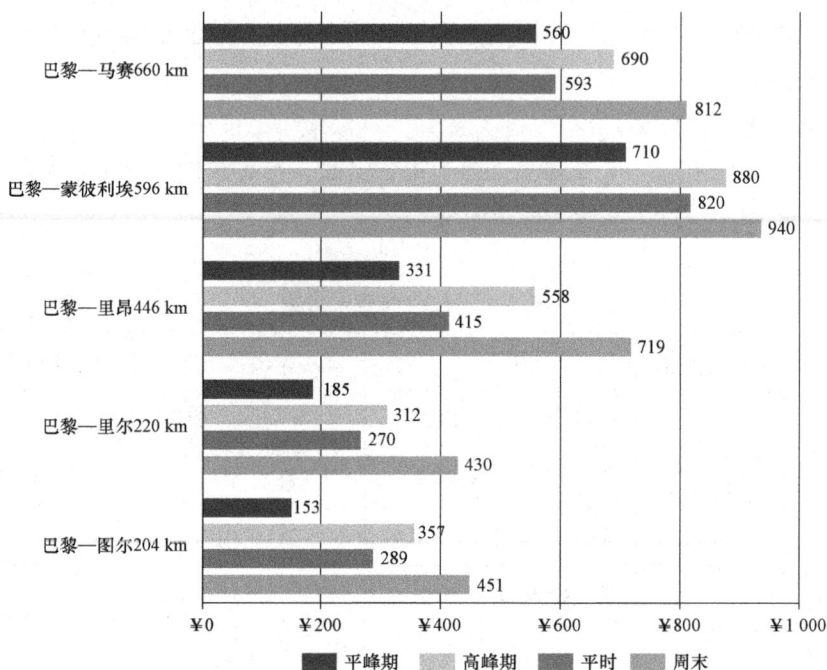

图4-3　TGV高铁高峰负荷定价原理体现

注：本书所有图表中的票价均以人民币为单位，通过2022年5月27日汇率换算。

提高自身竞争力和效益。比如，普通旅客通过官方网站或代售点可以最早提前120天购买车票，同时能够得到最低二折的优惠；有会员的旅客提前一周购买车票可以享受到套装优惠，如餐食8折、出租车7折等。此外，如果有会员的旅客在网站上最后一分钟购买车票，还能享受到超低价格优惠。

2. 德国ICE

1）德国高铁票价体系

在高铁线路较发达的国家中，德国的高铁票制票价多样化程度也较高。德国高铁从2002年开始采用新的票价体系，按照递远递减的原则进行票价制定，票价体系主要由标准票、特价票和乘车优惠卡组成，购买特价票或使用乘车优惠卡可在标准票价基础上享受优惠且两种优惠可以同时进行。在已有票价体系的基础上，德国高铁基于旅行时间、舒适程度，根据旅客身份、预约时间等因素进行差异化定价，形成多元的高铁票价体系。

2）基于价格歧视的优惠政策

除了涉及二级价格歧视的递远递减定价原则，基于价格歧视的德国高铁票价优惠政策主要有票价优惠和高峰负荷定价。除了常规票制票价外，列车晚点补偿和补票费等偶然因素也会影响旅客乘坐高铁的出行成本。德国高铁多样化票制票价中的主要优惠类型如表4-2所示。

表4-2　德国高铁的多样化票制票价

优惠类型	优惠条件	折扣情况	涉及的价格歧视类型
乘车优惠卡	乘车次数达到一定数量	25%	二级价格歧视
	购买年票、优惠卡、青年卡或试用优惠卡	25%	两部收费制
	购买优惠卡	50%	两部收费制
特价票	6岁以下儿童与成人共占一座位或一床位	0%	三级价格歧视
	提前三天买固定车次的往返票	25%	三级价格歧视
	购买6人团体票	30%	二级价格歧视
	在节假日出行	35%	三级价格歧视
	提前一周买非高峰期的往返票6～15岁儿童购票	50%	三级价格歧视
	在打折的基础上使用优惠卡	62.5%	三级价格歧视、两部收费制
获得一次性优惠券作为补偿	列车由于铁路原因晚点1 h以上	20%	—
补票	在ICE车上购票系统补票	-10%	—
联合优惠	购买德国通票或区域优惠券	—	—

　　在票价优惠政策中，一日内高峰期和平峰期的票价差异及工作日和周末的票价差异属于高峰负荷定价，与客流量对高铁运营成本的影响有关。德国高铁票价的波动范围较大，一日内的最高价一般是最低价的2～3倍，一周内周末票价高于工作日票价，同一线路一日内的始班车与末班

车票价处于谷值，早午晚高峰期的票价处于峰值。高峰负荷定价在德国高铁票价中的体现如图 4-4 所示。

单位：元

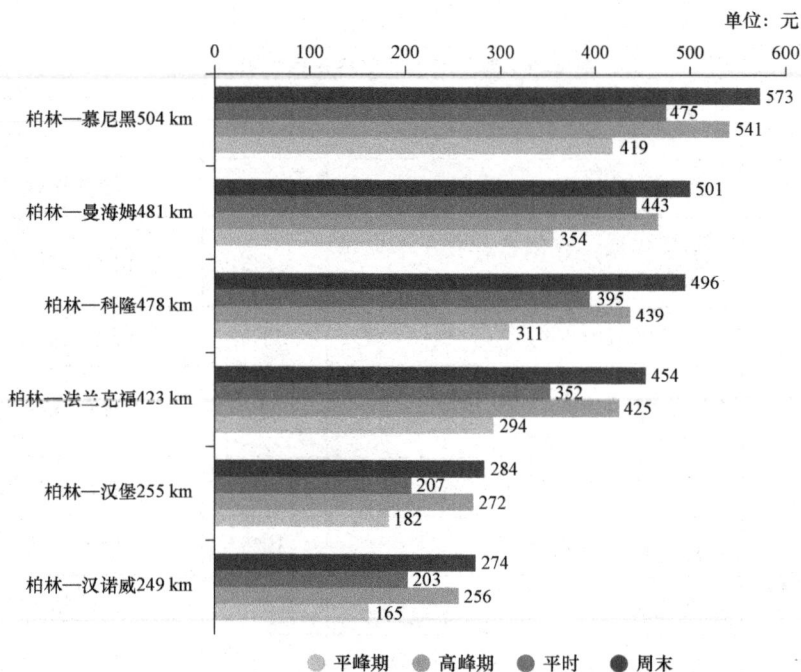

图 4-4　德国 ICE 部分线路高峰负荷定价情况

3. 日本新干线

1）日本新干线票价体系

新干线是世界上首个投入商业运营的高速铁路系统，其票制票价不如法国和德国多样，但也有其自身的特点。新干线的车票种类较为多样，主要有单程票、往返票、连续票、定期票、团体票等普通车票和涉及追加服务、包括特急券和绿色车厢券等的特殊车票，乘坐新干线时需购买普通车票和加购加急券，享受追加服务需要加购相应的特殊车票。新干线票价由作为既有普通票价的基本票价和作为高品质服务额外价值的附加票价构成，二者都服从递远递减原则，票价随国内人均日收入进行调整，二者的比例常年维持在 1.1 左右。票价水平较为稳定，在高峰期与平峰期、周末与工作日、节假日与非节假日基本没有变化。各线路的票价情况如图 4-5 所示。

单位：元

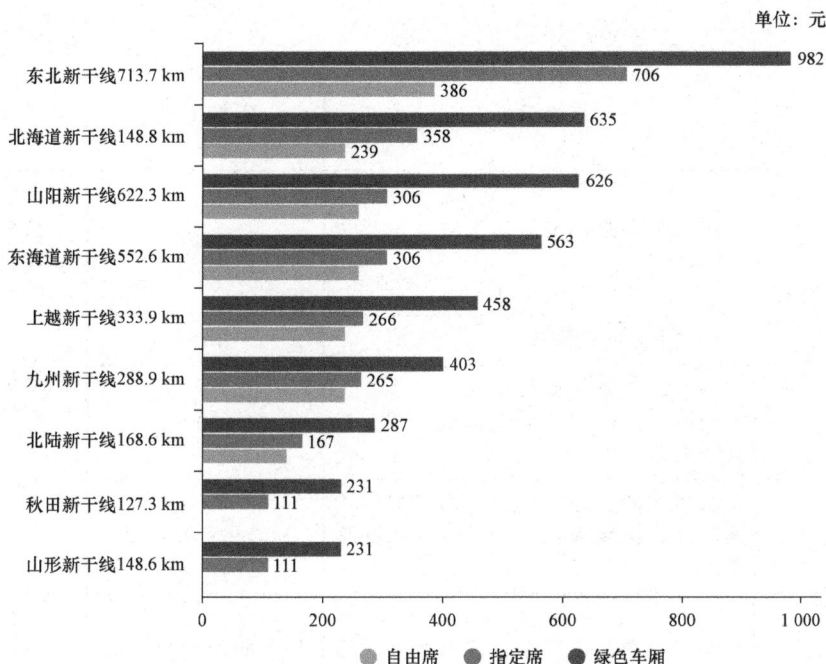

图4-5　新干线各线路按照座位区别利用的票价情况

2）基于价格歧视的优惠政策

新干线的优惠政策相对较少，主要包括特价票和乘车优惠卡，涉及二级价格歧视、三级价格歧视和两部收费制。其中特价票主要包括针对特殊群体的优惠和符合一定条件的优惠，优惠卡主要包括通票和月票等。某些优惠政策同时涉及乘车优惠卡和对特殊群体的优惠，如儿童购买通票时享受半价。新干线的主要优惠政策如表4-3所示。

表4-3　日本新干线的多样化票制票价

票价政策	优惠条件	折扣情况	涉及的价格歧视类型
符合一定条件的折扣	在同一区段内购买规定数量的3个月内车票（购买回数票）	5%~10%	二级价格歧视
	符合往返打折条件	10%	
	8人以上同行购买团体票，人数越多优惠越大	视团体人数而定	

续表

票价政策	优惠条件	折扣情况	涉及的价格歧视类型
针对特殊群体的折扣	持有定期乘车卡的学生乘车里程达100 km	20%	二级价格歧视三级价格歧视
	6～12岁儿童乘车	50%	三级价格歧视
	一岁以下婴儿乘车不超过2名1～5岁幼儿与成人或儿童共同乘车	100%	
通票	购买通票，在一定时间内可无限次乘坐规定区域内包括新干线在内的列车	与具体行程有关	—
月票	购买一个月、三个月或六个月的指定乘车区间通勤通学月票	与区间长度和月票类型有关，最多60%	两部收费制二级价格歧视

4. 韩国KTX

1）铁路旅客票价体系

韩国KTX高速铁路始建于1994年，目前共拥有4条路线。其票价体系稳定，已经形成了基本的多样化票制票价优惠策略。同时研究发现，KTX列车基本票价变换程度远低于如法国TGV等的列车，其高峰负荷定价原理应用程度较低，客运公司对平峰和高峰客流的铁路价格区分并不高。基本票价的制定应用二级价格歧视原理，即服从递远递减原则，如表4-4和表4-5所示。

表4-4　KTX京釜线票价

价格/元	光明	天安牙山	大田	东大邱	密阳	釜山
一般车厢	44.52	69.43	116.61	209.35	234.26	280.93
特级车厢	69.96	96.99	163.24	293.09	328.07	395.38
所需时间	15 min	40 min	1 h	1 h 50 min	2 h 30 min	2 h 50 min

表4-5 KTX湖南线票价

价格/元	天安牙山	西大田	益山	松汀里	木浦	光州
一般车厢	70.49	120.31	156.88	198.75	229.49	203.52
特级车厢	98.58	168.54	219.42	278.25	321.18	285.14
所需时间	34 min	49 min	1 h 38 min	2 h 30 min	2 h 58 min	2 h 37 min

2）价格歧视原理应用

韩国KTX票价优惠政策多样，还将乘车旅客类型分为外国游客和本地居民，针对外国游客有Korea Rail Pass卡；针对本地居民，分别针对不同预售时间、乘车客户的身份类型、客户出行频率、是否团体出行、不同购票类型等制定了多种优惠方案，如表4-6所示。

表4-6 KTX多样化优惠策略

客户类型	优惠类型	具体优惠方案	优惠折扣	价格歧视原理
针对本地居民	基于预售时间	出发前30天	10%～20%	三级价格歧视
		出发前29天至前15天	5%～10%	
	基于客户身份类型	青少年、商务人士、老年人	最多30%	三级价格歧视
		残疾人	30%～50%	
	基于客户出行频率	月票	最多50%	两部收费制
	基于团体出行	同伴席	最多37.5%	二级价格歧视
		10人以上团体	10%	
	基于购票方式	由指定列车换乘KTX高铁	指定列车30%	—
		自动售票机买票	1%	—
		购票时选择自由座位票	5%	三级价格歧视
		机场大巴与KTX高铁间换乘	大巴票价优惠	—
针对外国游客	通票（KORAIL PASS）	规定时间内可无限次乘坐	具体行程决定	二级价格歧视

（四）对高铁票价价格歧视的总结及对我国的启示

1. 价格歧视原理应用于高铁票价具体差异总结

通过对法国 TGV、德国 ICE、日本新干线和韩国 KTX 的分析发现，在高铁票价体系应用中，二级价格歧视主要表现为票价的递远递减原则、基于旅客出行频率的优惠方案和基于旅客出行人数的团体优惠；三级价格歧视表现为基于旅客身份的特定优惠和基于预售时间的折扣优惠；高峰负荷定价表现为基于客流量变化的基本票价调整；两部收费制表现为基于旅客固定时间出行的会员制。

同时可以看出，四个国家的高速铁路价格歧视原理应用大体相似，都以二级价格歧视和三级价格歧视为主，同时存在不同程度的高峰负荷定价和两部收费制原理。其中差异较大之处是德国和法国的高铁票制票价多样化程度较高、票价浮动程度较大，而日本新干线和韩国 KTX 的票价较为稳定，票价基本上不随客流量和时间波动，而是随国内人均日收入进行调整，因而不涉及高峰负荷定价。综上，价格歧视在国外高铁定价及多样化优惠制度的确立中有着广泛的应用，形成了多样化的票制票价。

2. 对国内的启示

高速铁路客票实行差异化票价机制、推行多样化优惠方案是高速铁路迈向市场化运营的重要举措，也是价格歧视原理在高铁票价制定中的应用。我国高铁市场满足实行价格歧视的条件，国家铁路总局曾在 2013 年首次尝试高铁车票优惠制度，规定对部分 G 字头列车组的商务、特等、一等座车票按不同时间段实行优惠，但结果却不尽如人意，实行优惠政策后高铁票的销售情况相对之前并无明显改变。虽然目前部分线路已经具有多样化的票制票价体系，如京沪高铁在 2020 年 12 月开始实行浮动票价，对于一站直达的标杆车采用最高的价格，采用类似高峰负荷定价的策略，但是价格差异较小；另外很多线路也采用了两部收费制定价，具有月票和次票结合的特征，但是设计合理性有待提升，如京津城际 30 天的 60 次次票设定，虽然总的折扣达到 6 折，但是一个月 60 次往返的出行适应群体太少，不具有代表性和太大的实际意义。

我国可以参照国外经验，推行更加多样化的高铁票制票价。国内在对高速铁路执行多样化票制和差异化定价策略方面仍处于积极尝试和不断探索阶段，铁路公司需要根据市场状况合理应用价格歧视原理，在保证高速铁路一定社会公益属性前提下，达到提升高铁市场价值的目的。高速铁路企业应该基于价格歧视理论综合考虑运营成本、旅行时间价值、旅客的经济水平等多种因素，依据旅客身份、出行次数、出行时间、预订时间等因素细分市场，针对不同的旅客群体、出行时间、出行频率建立多样化的动态票价体系，满足旅客多重服务需求。国铁集团自 2022 年 6 月 20 日起，对京广高铁动车组列车的票价进行优化调整，建立灵活定价机制，实行有升有降、差异化的折扣浮动策略，同时对执行票价规定上下限，希望我国高铁运营走向精细化票价管理的可持续发展道路。

六、借鉴国际经验优化环首都高速铁路通勤票制票价

（一）高铁通勤差异化票价综述

国内外对高速铁路通勤研究总体较少。一般研究显示，轨道交通通勤在国外部分国家和地区占比很高，但是并非严格区分高速铁路和其他铁路方式。林雄斌等以京津城际高铁为例对都市区跨区域通勤特征与影响因素进行模拟回归研究。Jeremy Toner 等研究了票务对铁路竞争力提升的重要作用。Francesco Rotoli 等根据具有更好的成本导向和基于支付能力的更深层次的市场细分提出新的铁路票务收费方案。Jui-Sheng Chou 等基于时间空间压缩分析研究台湾高速铁路（HSR）特点，提出了高铁浮动票价定价策略。尹胜男等针对目前高铁票价单一、客运收益率低、区段客流不均衡等问题，提出基于客流分配的高铁票价调整策略。以上部分研究对于轨道通勤的票制票价展开了细致的分析，但是对高速铁路的票制票价研究归纳较少。我国以大城市为中心的城镇化发展格局下，高铁网络逐步建设完善，尤其北京都市圈高铁网络密度之高，世界少有，从运营票制票价角度研究环首都高铁通勤服务具有重要意义。

（二）国外高铁通勤票制票价现状

日本东京首都圈、法国巴黎首都圈、德国柏林首都圈的高速铁路票制票

价政策经验，可以为我国大都市圈、北京首都圈高铁通勤票价票价改革提供
参考。

1. 日本首都圈高铁通勤票制票价

日本拥有三大城市群，分别为首都圈、近畿圈和中京圈。日本首都圈是
指以首都东京为中心的城市群，主要包括以东京为核心的"一都七县"，占地
面积约 3.6 万 km²，是日本国土面积的 9.6%。东京区部白天人口 1 150 万，
每天通勤、通学流入人口 315 万，每天通勤、通学流出人口 40 万。

日本的铁路系统十分发达，首都圈以东京站为中心有 4 条高铁线路——
新干线向外辐射，分别为东海道新干线、东北新干线、北陆新干线、上越新
干线。其中以东京为核心，半径 200 km 之内的高速铁路里程为 730.7 km，高
铁车站 22 座；以东京为核心，半径 80 km 之内的高速铁路里程为 243.6 km，
高铁车站 8 座，具体内容如表 4-7 所示。

表 4-7　2019 年以东京都为中心的新干线通勤路线、车站、时间、月票信息

从东京站出发至如下各站		运营里程/km	运行时长/min	通勤（非通学）月票价格/RMB
				月票 44 次
东海道（7 站）	东京站	0	0	
	品川（东京）	6.8	6	2 305
	新横滨（神奈川县）	25.5	18	3 024
	小田原（神奈川县）	83.9	35	4 528.27
	热海（静冈县）	104.6	42	5 328.73
	三岛（静冈县）	120.7	50	5 753.61
	新富士（静冈县）	146.2	61	7 408.19
	静冈（静冈县）	184.5	75	8 351.53
东北（5 站）	东京站	0	0	
	上野（东京）	3.6	5	
	大宫（琦玉县）	30.3	25	

续表

从东京站出发至如下各站		运营里程/km	运行时长/min	通勤（非通学）月票价格/RMB
				月票 44 次
东北（5 站）	小山（栃木县）	80.6	42	4 823.37
	宇都宫（栃木县）	109.5	54	6 366.9
	那须盐原（栃木县）	157.8	69	8 093.23
北陆（7 站）	熊谷（琦玉县）	64.7	38	4 364.8
	本庄早稻田（琦玉县）	86	47	4 969.36
	高崎（群马县）	105	53	6 346.31
	安中榛名（群马县）	123.5	59	6 771.19
	轻井泽（长野县）	146.8	75	7 802.49
	佐久平（长野县）	164.4	84	8 628.54
	上田（长野县）	189.2	90	
上越	上毛高原（群马县）	151.6	74	
	越后汤泽（新潟县）	199.2	87	
都市圈	8 站（约 80 km）	243.6	<50 min	
合计	22 站（200 km 内）	730.7	<1.5 h	

数据来源：日本国土交通省官网（2020 年）。

新干线的票价系统已非常成熟，由基础票价和高速票价两部分组成。基础票价是既有铁路的普通旅客票价，高速票价在基础票价的前提下产生，是比一般铁路高出的行驶速度、节省的旅行时间、优质的服务所收取的费用，是基础票价的 65% 左右。两部分票价按照运行里程计费，但不同线路不同列车的计算标准不同。日本新干线出售通勤月票卡，打折幅度最低达到四折。另外，在多样化票制方面，包括作为基本票制的"普通旅客票""定期旅客票""包租旅客票""特殊折扣票价"等不同票制。其中月（通）票使用者最多，具体可以分为上班通勤月票和通学月票，并主要按照以下方式计价。

（1）千米制。对公里制以每千米票价乘以乘坐区间的营业千米数来计算票价额，JR 客运公司及部分中小民铁运营商实行这种票制。

（2）千米区段制。对千米区段制的票价以一定距离为基准确定区间，由乘坐区间计算票价，票价随乘坐距离呈阶梯状变化。这一制度简明合理，因此大型民铁、东京地铁、公营地铁等大多实行这一票价制度。

（3）区间制。区间制票价将营业线路以大致可以等距区分的车站为基准，分割成 2 个以上的区间，根据区间计算票价。

（4）均一制。均一制票价与乘车千米无关，票价均一，对利用者来说简单明了。但对于短距离通勤的人来说，此票价相对昂贵。

此外日本政府制定了交通补助政策，大部分日本公司承担员工部分乘坐公共交通的通勤成本，从票制票价和补助政策方面有效降低个人承担的通勤成本。

2. 法国巴黎都市圈高铁通勤票制票价

法国巴黎位于法国北部，巴黎市域由内而外划分为 3 个圈层。大巴黎规划在近郊发展了 9 个新城作为副中心，形成以巴黎为核心的多中心结构。多中心的结构使巴黎都市圈跨区域通勤人口数量增加，更加需要满足中长距离出行的轨道交通，包括 TGV 高铁、RER 区域快铁和 Transilien 远郊铁路。TGV 高铁在巴黎都市圈共 7 个站点，其中 4 个站点位于巴黎城市内，作为 4 条主干线路的起点向外延伸；3 个站点位于巴黎大区，由巴黎大区互联环线沟通，巴黎都市圈的高铁布局使巴黎具备高铁通勤的服务功能，如图 4-6 所示。

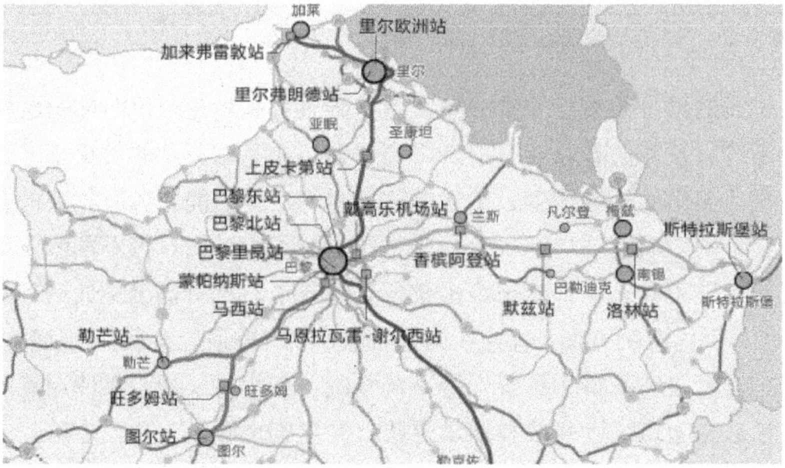

图 4-6 法国巴黎都市圈 TGV 高铁线路及部分站点示意图

据法国 TGV 高铁运营商法国国营铁路公司（SNCF）官网信息，SNCF公司在巴黎地区推出高铁福菲特通票、前置成人卡（见表 4–8），通过一票通、无限次等方式降低通勤旅客长期通勤的经济成本。通票的设置更加灵活，通勤旅客自由搭配通票通勤区域和通票时效，票价也更加优惠。对于经常乘坐高铁的乘客，如果购买相应的优惠卡，当优惠卡上的里程数积累到一定程度则可以免费乘坐，还可以额外得到一些其他服务。

表 4–8　巴黎都市圈通勤票制票价

通票类别	通票时效	通勤区域数量	通勤区域	票价/欧元	备注
福菲特通票	周票	单线	选定两站点	1.5 或以下/次	根据选取站点确定通票费用
		全国	—		
	月票	单线	选定两站点	1.5 或以下/次	根据选取站点确定通票费用
		全国	全国通用	1.5 或以下/次	2 等需支付 890 欧元通票费用，1 等需支付 1 340 欧元通票费用
Carte Avantage Adulte（前置成人卡）	一年	—	1 h 30 min 以下	最高 39/次	购买前置成人卡需支付 49 欧元固定费用，可享受往返/单程折扣等优惠
		—	3 h 以下	最高 59/次	
		—	3 h 以上	最高 79/次	

数据来源：法国国营铁路公司（SNCF）官网。

3. 德国柏林都市圈高铁通勤票制票价

柏林市是柏林—勃兰登堡大都市圈的核心，面积为 892 km²，人口为 350万，四面被勃兰登堡州环绕，与勃兰登堡州首府波茨坦市相邻。柏林城郊环绕在市区周围，面积为 2 851 km²，人口约为 90 万。柏林和柏林城郊两个区域加起来，半径约为 60 km，共同组成了柏林—勃兰登堡大都市圈。

德国 ICE 高速列车是世界上最为成功的高速列车之一，拥有速度高、功能完备、技术等级高、性能稳定诸多优点。目前 ICE 高速列车最高时速达320 km，是德国铁路网行驶时速最快、乘坐舒适度最高的列车。作为德国铁路重要枢纽，柏林建有中央火车站、火车东站、南交叉火车站和健康泉火车站等众多车站，从柏林始发或者终到的高速列车可通往汉堡、法兰克福、科隆和慕尼黑等城市。火车站是开放式的，没有候车室，无须安检，进入车站可以直接到达站台，查票工作在列车运行过程中完成（见图4-7）。

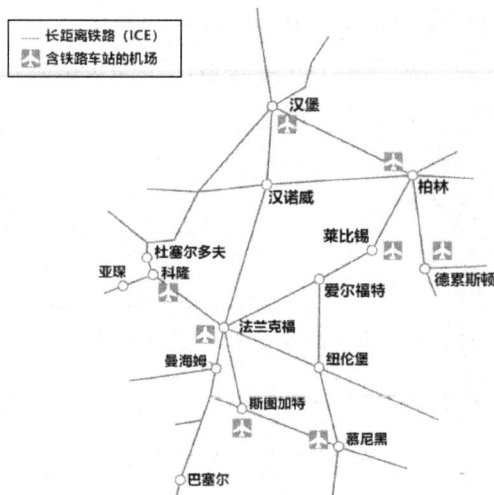

图 4-7　德国 ICE 高速铁路线路图

德国高铁对不同线路和不同速度的列车按不同的票价计费，这是一种建立在竞争基础上的定价模式。根据德国 ICE 高铁运营商德国铁路官网发布信息，ICE 高铁买车票不对号入座，预订座位需额外收费：在德国买的普通火车票是一张日票，只确定始发、中转和终到站，一天内可以随便坐同价位并价格向下兼容（高铁 ICE、特快 IC 或慢车）的火车。在柏林—勃兰登堡大都市圈，除国家统一票制类型，还有适用于德国不同地区的区域车票（见表4-9）。

表 4-9　德国 ICE 高铁通勤适用票制票价

通票类别	通票时效	通勤区域	票价/欧元	备注
优惠票	6个月	选定区域	2 等座 21.9 欧元；1 等舱 32.9 欧元	1. 包括在德国的当地交通的城市门票；2. 可在有效期的第一天之前取消，但需额外付费；3. 适用于长途列车（ICE、IC/EC）；4. 如果在预订时指定，也可以使用当地的公共交通工具（RE, RB, IRE, S-Bahn）；5. 使用 BahnCard 25 或 BahnCard 50 可享受 25% 的折扣

续表

通票类别	通票时效	通勤区域	票价/欧元	备注
超级优惠票	180 天	选定区域	2 等座 17.9 欧元；1 等座 26.9 欧元	1. 适用于长途列车（ICE、IC/EC）； 2. 如果在预订时指定，也可以使用当地的公共交通工具（RE，RB，IRE，S-Bahn）； 3. 使用 BahnCard 25 或 BahnCard 50 可享受 25%的折扣
灵活票	不超 100 km：注明时间并在有效期当天使用。 超过 100 km：注明的日期和次日旅行，可以中断旅程或在第二天继续旅行	区域灵活选择	根据通勤区域、日期、供应情况而定	1. 在车票有效期当天可乘坐最适合列车； 2. 无风险：在旅行的第一天之前，退款和换票是免费的； 3. 城市门票包括：旅程超过 100 km，可以在 130 多个城镇/城市使用公共交通工具开始并完成旅程； 4. 在旅途中休息：可以离开原来的火车，稍后在另一列火车上完成旅行； 5. 折扣：BahnCard 25（享受 25%的折扣）和 BahnCard 50（享受 50%的折扣）
区域日票	9:00—次日 3:00	勃兰登堡—柏林	33 欧元，可额外同行 4 人，额外每人只需 3 欧元	通用于勃兰登堡和柏林的所有本地和区域列车，运输协会服务以及几乎所有的巴士路线
团体优惠票	6 个月	德国境内	6 人及以上团体，每人只需8.9欧元	免费座位预订

数据来源：德国铁路 DB 官网。

（三）北京高铁通勤现状及问题

1. 环首都高铁网络现状

以北京为枢纽的高铁通道有 8 条主线和 2 条支线。

车站到发能力方面，丰台站改造及副中心站建成之后，北京市内 8 座主要高铁火车站的每天到发能力平均超过 200 对以上。高铁虽然主要用于中长距离运输，但环京高铁的富余能力可以服务于环京通勤，在京津冀建设成本节约和固定资产高效利用方面都会取得成效。从时空半径的角度看，京广高铁达速后北京西站至石家庄站 280 km 间距的高铁运行时间为 1 h 1 min，是环首都高铁通勤距离的极限运行时间（以 60 min 为极限时间）。

2. 环首都高铁通勤问题

1）高峰期运能与通勤需求不匹配

如表 4-10 所示，分析以北京为中心的部分地区流入流出跨市通勤人数及距离，以及计算的流入流出比，不难发现由北京周边向北京市的流入通勤人数远大于流出通勤人数，意味着早晚高峰时段单向通勤客流量将急剧增加。

表 4-10　以北京为中心的部分地区通勤方（对）向数据表

中心城市	主要通勤方向	跨市通勤/万人	通勤距离/km	主要通勤对向	跨市通勤/万人	通勤距离/km	流入流出比
北京市	廊坊市三河市—北京市朝阳区	4.5	28.4	北京市朝阳区—廊坊市三河市	0.6	29.3	7.5
北京市	廊坊市三河市—北京市通州区	1.7	15.9	北京市通州区—廊坊市三河市	0.6	16.3	2.9
北京市	廊坊市固安县—北京市大兴区	1.2	29.8	北京市大兴区—廊坊市固安县	0.4	30.4	2.8
北京市	保定市涿州市—北京市房山区	0.9	16.6	北京市房山区—保定市涿州市	0.3	17.4	2.8
北京市	廊坊市三河市—北京市海淀区	0.9	44	北京市海淀区—廊坊市三河市	0.2	46.1	5
北京市	廊坊市三河市—北京市顺义区	0.8	20.6	北京市顺义区—廊坊市三河市	0.3	20.5	2.9
北京市	廊坊市香河县—北京市朝阳区	0.8	45.8	北京市朝阳区—廊坊市香河县	0.2	44.7	3.8

续表

中心城市	主要通勤方向	跨市通勤/万人	通勤距离/km	主要通勤对向	跨市通勤/万人	通勤距离/km	流入流出比
北京市	廊坊市香河县—北京市通州区	0.7	20.2	北京市通州区—廊坊市香河县	0.4	18.4	1.9
北京市	廊坊市广阳区—北京市大兴区	0.6	19.6	北京市大兴区—廊坊市广阳区	0.4	16.2	1.7
北京市	廊坊市固安县—北京市丰台区	0.5	46.4	北京市丰台区—廊坊市固安县	0.2	48.1	3
北京市	廊坊市三河市—北京市东城区	0.5	34.3	北京市东城区—廊坊市三河市	0.1	35.8	6.9
北京市	保定市涿州市—北京市丰台区	0.5	47.6	北京市丰台区—保定市涿州市	0.2	46.1	3

数据来源：中规院，2019 年。

2）票制票价单一

我国铁路按照里程决定票价，北京都市圈范围内高铁的平均每千米运价约 0.46 元。本书收集整理环首都高铁部分站点间通勤时段单程高铁票价和通勤优惠票制票价，如表 4-11 所示。

表 4-11　环首都高铁部分站点通勤时段票制票价

到发站	通勤线路	票制	票价	优惠明细	适用范围
北京南—天津	京津高铁	单程	54.5（二等座）	—	通用
		定期票	2 244（二等座）	60 次坐满，折合票价 37.4 元/次（6.8 折）	有效 30 天，最多乘坐 60 次
		计次票	1 040（二等座）	20 次坐满，折合票价 52 元/次（9.5 折）	有效 90 天，最多乘坐 20 次

续表

到发站	通勤线路	票制	票价	优惠明细	适用范围
北京南一天津	京津高铁	中铁银通卡	金卡（一等座）；银卡（二等座）	票款按金卡、银卡对应席位扣除	无有限期限制、限京津城际铁路
		京津城际同城优惠卡	金卡（一等座）：1 240（9.5 折）；3 510 元（9 折）；4 995（8.5 折）银卡（二等座）：1 030（9.5 折）；2 940 元（9 折）；4 600（8.5 折）	票款按金卡、银卡对应席位扣除	有效期：购买一年内仅限北京南至武清、天津、军粮北站、塘沽站、于家堡站的点到点京津城际
北京南一廊坊	京沪高铁	单程	28（二等座）	—	通用
		计次票	540（二等座）	20 次坐满，折合票价 27 元/次（9.6 折）	有效 90 天，最多乘坐 20 次
北京西一雄安	京雄高铁	单程	68（二等座）	—	通用
		计次票	1 120（二等座）	20 次坐满，折合票价 56 元/次	有效 90 天，最多乘坐 20 次
北京朝阳一密云	京沈高铁	单程	32（二等座）	—	通用
		计次票	580（二等座）	20 次坐满，折合票价 29 元/次（9 折）	有效 90 天，最多乘坐 20 次
北京北一怀来	京张高铁	单程	55（二等座）	—	通用
		计次票	960（二等座）	20 次坐满，折合票价 48 元/次（8.7 折）	有效 90 天，最多乘坐 20 次
清河一怀来	京张高铁	单程	42（二等座）	—	通用
		计次票	760（二等座）	20 次坐满，折合票价 38 元/次（9 折）	有效 90 天，最多乘坐 20 次

数据来源：铁路 12306 官网。

  与国外都市圈通勤相比，环首都高铁通勤票制单一，除京津高铁有多种票制外其余线路只有计次票。票价方面优惠也多在 9 折以上，唯一的 6.8 折定期票限制条件较多，需要 30 天内 60 次往返，考虑有效期内周末和节假日无须通勤，大多数通勤人员均会存在浪费现象，折合票价将远高于理论优惠折扣。相对比，巴黎的票价优惠可达 5 折，日本票价优惠力度更大，远距离月票价格达到 4 折。

（四）优化方向

1. 合理安排不同时段客运能力

北京工作日早晚高峰一般是 7:00—9:00 和 17:00—20:00，此时高铁通勤客流量激增，对环京高铁的客运组织提出了更高的要求。为满足通勤旅客在不同时期的出行需要，应该做好各高铁通勤主要站点的客流量统计工作，根据各时段的通勤旅客流量制定合适的发车计划和区间车数量，尤其在周五晚间出京与周一晨间进京方向，应减少长大干线车次，增加环京城际车次。同时还通过采用列车重联和双层列车等措施扩充列车容量，增加每一车次的高铁客运量。

2. 运营商一体化票务服务

国外诸多大城市只需一张通勤卡便可以实现多种交通方式之间的换乘，真正实现与出行连续的联程联运。环首都高铁通勤服务可以通过与城市轨道交通、地面交通等系统数据协同，联合多家交通运营商，对现有票务数据统计分析、合理设计，掌握不同交通方式通勤时段客流情况和换乘情况，制定统一的票务清分系统与车票产品设计，优化通勤购票环节，做到真正的"一票到底"。

3. 优化票制票价，推出优惠措施

首都地区高铁通勤票制票价应推出更加灵活多样的票制，如时间和计次通票、固定线路有效期内不计次票、不固定座位票、团体票、往返票、通学票等；在票价方面根据推出票制的特点采取不同的优惠政策。根据不同票制来设定票价，设置灵活机动的折扣优惠，通过使用的频率提升折扣的大小；计次优惠控制符合通勤人员通勤常态，做到真正多乘多优。

4. 采用时点划分动态定价

时点划分主要是可以采用灵活多变的动态定价机制。在早晚高峰时段，乘客更加关注时间的紧迫性，因此高峰时段人们对高铁的价格需求弹性相较于非高峰时段来说更小。在早晚高峰时段各自前后一小时的通勤需求具备一定弹性，此时适当降低通勤线路高铁票价，将降低长期通勤成本，同时保证列车满载率，提升铁路运营收入，缓解高峰组织压力。另外，部分客流早晚高峰不饱和的线路可以设置一些较为廉价的 1 个月之外的预订票。

（五）结论

通过对以东京、巴黎、柏林为核心的都市圈（城市群）高铁通勤经验分析，结合环首都高铁通勤现状，总结发现北京地区高铁通勤可以从增加通勤时段的城际区间车发车数量、缩短发车间隔、优化票制票价、实现票务一体化等方式有效改善环首都高铁通勤服务，疏解非首都功能，促进京津冀协同发展。

第五章　北京轨道交通"四网融合"发展模式研究

"四网融合"实现的角度、方式、阶段不同。在乘客需求方面从初级向高级发展主要是多制式轨道交通之间的不同台换乘、同台换乘向直通运营发展；在供给服务方面主要是既有线改造融合和新建线路融合；在管理机制方面是从路地合作的一事一议到从上至下的统筹组织，再到市场化自觉融合。以国内主要都市圈和日本经验为例。

一、轨道交通"四网融合"的研究现状

（一）研究背景

随着我国城市化进程的发展，都市圈逐步成为支撑国民经济发展的增长极，它是大城市发展到一定阶段的空间现象，也是城市之间诸多资源要素重新流动和分配的经济现象。"四网融合"指城市轨道交通、市域（郊）铁路、城际铁路和干线铁路四种不同制式的轨道交通在资源分配及功能分工、合作上的协同发展。

以北京为中心的首都圈（都市圈）范围内，存在交通拥堵加剧、房价高昂、通勤时间拉长、地铁造价攀升等"大城市病"，单一化、均质化的地铁轨道模式已经无法解决首都圈的交通整体效率和城市可持续发展问题。随着高速铁路的快速发展，北京既有铁路资源尤其是普速铁路资源总体上出现一定的富余。本书从首都圈干线铁路、城际铁路、市域（郊）铁路和城市轨道交通"四网融合"的实际问题展开，对不同轨网的分布与协同发展进行系统分析，研究得出我国轨道交通的高质量发展模式与实现路径。

（二）研究动态

一是四网融合在顶层设计及体制机制方面的研究。学者普遍认为我国国家顶层层面缺乏类似日本的《土地区划整理法》《宅铁法》《首都圈整备法》以及类似英国的《大伦敦政府法》等法规；管理机构缺乏类似日本的"运输政策审议会"、纽约跨区域规划协会（RPA）和运输管理等机构（MTA）、华盛顿哥伦比亚特区的跨区域交通管理机构（WMATA）。

二是四网融合必要性及在都市圈发展中的功能作用研究。2018 年 Ke Zuo、Lan Liu 将城市群轨道交通类型分为三类：主干铁路、区域性轨道交通和城市轨道交通，研究了城市交通系统与铁路干线系统和区域轨道系统的融合模式。

三是从四网融合的布局合作与要素融合角度进行的研究。主要集中在：①基础条件融合。2019 年，A. Nasri、L. Zhang 利用来自美国所有铁路运输站的数据对居住在步行距离之内的人们的通勤方式份额进行了分析。②运输组织融合。彭其渊等于 2020 年提出一体化运输组织五种协同模式，阐明其形式和流程，并分别适配于不同发展阶段的区域轨道交通。③经营服务融合。2019年，李攀科针对都市圈客流的出行特征，从市域铁、城际和干线铁路之间的相互衔接关系探讨便捷换乘的服务方式。

二、"四网融合"实施现状及主要问题

（一）实施现状

①"四网融合"发展理念已由国家层面推动。2015 年至 2021 年，国家发布了《关于培育发展现代化都市圈的指导意见》《交通强国建设纲要》《国家综合立体交通网规划纲要》等文件，明确提出了推进都市圈、城市群的"四网融合"要求。②"四网融合"规划、建设方案逐步启动。京张、京津、京唐、京滨、京雄高铁，市域快线平谷线、通武廊快线、双机场城际联络线等逐步开工建设和投入运营。③北京市与国铁集团合作协同的融合机制逐步形成。2021 年 4 月，北京市与国铁集团签署战略合作框架协议，合作平台公司于 2022 年成立。

（二）主要问题

由于轨道四网长期处于分别管辖状态，从历史和现状来看存在以下问题。①路地双方融合力度不够、质量不高。②四网融合组织体制不健全。如利用城际和高铁服务城市出行停留在自发的"以客带流"状态，并没有形成铁路与城市在体制上具有执行功能的管理机构，四网融合发展的模式缺乏合理的管理体制。③互联互通与合作共赢的运行机制缺失。路地双方合作的利益均衡点长期没有达成，融合发展的协调成本一直较高。

三、轨道交通融合的重点内容及策略

（一）四网融合的重点关注内容

（1）四网融合体制机制设计。从政策法规出发，明确各方责任与利益分配，重新组织管理体制，通过研究顶层政策、法规的设计和管理机构组织层次，以及各主体间的协同机制，如路地合作、跨行政区合作、社会参与、运行监督等，综合研究得出了较为健全的融合体制机制。

（2）轨道交通各要素融合模式研究。在考虑交通工程、城市发展、运输管理等多领域的知识背景及交通组织经营、协同制度创新的基础上，借鉴国内外城市群轨道交通融合经验和教训，并结合北京首都圈轨道交通基础条件、结构特征与发展方向、各制式轨道交通的特点，针对性地提出了基础设施兼容、运营组织协同、经营服务同步等要素层面的融合模式设计方案。

（3）四网融合的评价指标体系构建。依据轨道交通四网空间形态、时间格局的匹配，从而解决供需矛盾且能够可持续发展的目标，构建了包括北京都市圈范围内各制式轨道资源的网络规模、综合枢纽、跨轨道交通出行占比等评价指标。

（二）方法、策略

以四网融合的客运为主要研究对象，依据"发现问题—分析问题—解决问题"逻辑展开。首先通过走访、问卷等方法，调研了北京轨道交通客运需求与供给现状，包括现有基础条件与供需矛盾，总结问题并分析主要原因是顶层制度欠缺、各要素相互独立及目标内涵不清；其次运用案例分析法，选取了国内外典型的城市和地区，研究总结得出相关经验；最后根据北京首都圈结构及各制式轨道交通的特征，从基础设施、运营组织、运输服务、机制体制四方面提出轨道交通四网融合发展模式的政策建议。思路框架如图5-1所示。

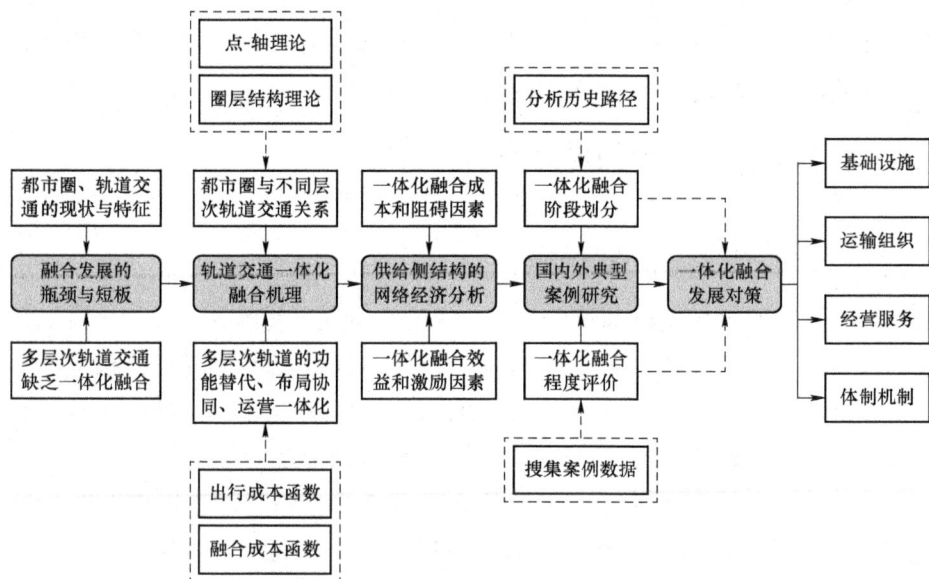

图5-1 思路框架

四、地铁与市郊铁路一体化运营服务——虚拟换乘

截至2021年底，以北京为中心的市域范围内市郊铁路运营里程达到367 km，开行线路4条，占北京市轨道交通总里程的36%左右。然而北京市交通委数据显示，2019年北京市市郊铁路客运量大约250万人次，占全市轨道交通运量的比重不足1%（如表5-1、图5-2所示）。可见，北京市郊线路运输效率不高、发挥作用不强，没有为首都都市圈的发展提供相应的服务。虚拟换乘，旨在从运输服务能力方面提升市郊铁路与城市交通体系的融合度。

表 5-1 2015—2019 年北京市城市客运总量变化

指标	2015 年	2016 年	2017 年	2018 年	2019 年	2019 年相比 2018 年客运量变化	2019 年方式占比
轨道交通	33.240	36.590	37.780	38.480	39.620	2.963%	47.169%
市郊铁路	0.031	0.028	0.019	0.017	0.025	47.059%	0.030%
公共汽（电）车	45.060	41.160	37.670	35.860	35.640	−0.613%	42.431%
出租客运	5.880	4.770	3.940	3.400	3.310	−2.647%	3.941%
自行车	—	—	—	6.600	5.400	−18.182%	6.429%
合计	84.211	82.548	79.409	84.357	83.995	−0.429%	100.000%

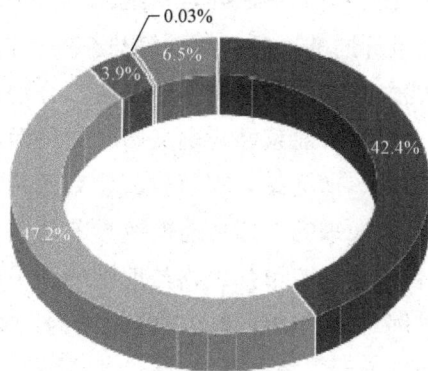

图 5-2 2019 年北京市城市客运不同方式客运量占比

（一）轨道交通"虚拟换乘"的国内外应用及可行性

1. 虚拟换乘的价值意义及国内外应用

虚拟换乘，是指在同名车站或者相距较近的不同名车站，刷卡出站后再刷卡进站乘坐不同交通线路的情况下，票价可连续计算的一种换乘方式。虚拟换乘的技术要求简单，主要是闸机和后台的数据处理，但它能够科学合理地体现一体化出行按里程计费的便捷优势，也能实现有效培养客流、提高城市连通性和便利性的目的。

国内外一些大城市多年前已经实施了轨道交通的虚拟换乘，东京、纽约、伦敦、巴黎、上海等都有自己虚拟换乘的特点和经验，极大地提升了轨道交通换乘效率。东京都市圈庞大的多层次轨道交通网络，许多枢纽车站的市郊铁路与地铁甚至与干线铁路之间也实现了虚拟换乘。上海在虹桥 2 号航站楼、上海火车站、虹口足球场等诸多车站也实现了限制 30 min 内的虚拟换乘。

2. 北京市郊铁路与地铁虚拟换乘已具备条件

由于北京市地铁车站实施的是站内一站式换乘方式，不需要刷卡出站后再进站换乘，所以很少涉及虚拟换乘的需求。但是随着北京市多层次轨道交通线路的增加，尤其是市郊铁路的开行越来越多，市郊铁路与地铁的换乘需求将会大量增加。目前，北京市市郊与地铁的换乘需求和票制票价方式能够达到实施虚拟换乘的条件。

一是需求情况。到 2020 年底，在同名车站、市郊与地铁站与站之间 1 km 步行距离范围内，北京市开通的 4 条市郊铁路与 8 条地铁线路的其中 14 个车站具备跨线虚拟换乘能力。市郊铁路换乘站 7 座，分别是北京北站、清河火车站、黄土店站、北京西站、北京站、顺义站、通州西站；对应的地铁换乘站 7 座，分别是西直门站、清河站、霍营站、北京西站、北京站、顺义石门站、通州北苑站。而且，未来的市郊与地铁换乘车站也会更大幅度地增加。

二是票制票价。目前北京市市郊铁路与地铁分别采用系统内单独计价的方式。不过因为市郊铁路与地铁的计价方式是相同的，都是按照"起步+里程"的方式，即 6 km 内起步 3 元，第二个 6 km 增加 1 元，32 km 内每 10 km 增加 1 元，32 km 后每 20 km 增加 1 元，这样统一的计价方式可以确保相互之间的虚拟换乘不需要更为复杂的票价计算，也不会带来不同轨道系统客票收入分割的争议，更能够较为简便地让乘客明确票价支出情况。从优惠方式上看，目前地铁与市郊铁路有合并的月支出累积阶梯折扣优惠政策，也为虚拟换乘的实施提供了便捷的执行条件。

（二）市郊铁路"虚拟换乘"的实施方案

市郊铁路与地铁虚拟换乘在同站或者相近车站需要先出一次闸机，再进入另一线路的闸机，同时可以限制规定的换乘时间。

按照市郊线路展开方案，其中市郊副中心线在北京西站换乘地铁 7 号线和 9 号线、在北京站换乘地铁 2 号线；市郊 S2 线在黄土店站与地铁霍营站换乘 8 号线和 13 号线；计划开通的市郊东北环线将在黄土店站与地铁霍营站换乘 8 号、13 号线；市郊京承线在顺义站换乘步行距离约 550 m 的地铁 15 号线石门站，在通州西站换乘步行距离约 850 m 的地铁八通线通州北苑站；市郊怀密线连接北京北站后在西直门站换乘地铁 2 号线、4 号线、13 号线三条线路，在清河站换乘地铁 13 号线。其中西直门枢纽与黄土店枢纽将是具有 4 条城轨交通的虚拟换乘车站，成为北京市城市轨道交通换乘线路最多的枢纽车站。

到 2035 年，北京市轨道交通运营里程将达到 2 500 km，届时将会出现大量的多制式轨道交通换乘枢纽，通过实施虚拟换乘，再结合市郊与城市交通的硬件接驳条件改善，未来北京市的市郊铁路将会有更为广阔的运输服务能力提升空间，也必将会高质量地融入城市交通体系之中。因此，作者建议将实施市郊铁路与城市交通的"虚拟换乘"纳入北京市的"十四五"规划和交通建设发展专项规划之中。

五、推动北京城市轨道与铁路"四网融合"的展望

2022 年 8 月 6 日，国内首条双流制式市域（郊）铁路——重庆"江跳线"正式开通运营，该线路计划与重庆地铁 5 号线实现贯通运营，这将是我国第一条铁路与地铁直通运营的线路。随着首都都市圈半径拓展，市郊铁路与城市轨道互联互通应成为现代化国际大都市的基础配置。

（一）国内市郊铁路"四网融合"及直通运营案例

1. 重庆市郊"江跳线"与地铁直通

（1）建设运营主体。该线路全长 28.2 km。由重庆交通开投铁路集团、中国铁建股份有限公司等单位联合组建项目公司投资建设，土建部分由辖区政府负责，机电运维等采用 PPP 模式。由中铁建电气化局运营管理。

（2）跨线直通。江跳线采用国铁与地铁兼容的信号、供电制式（双流、中途不停车切换）和限界标准，预计 2023 年与地铁 5 号线贯通。

（3）票价、接驳。按照城轨标准分段计费，起步 2 元，最高 9 元。第一年江津区财政补贴，实行全程最高 2 元优惠。其中两站具有 P+R 车位 100 余个。

2. 大湾区城际铁路与地铁快线共线

（1）体制机制。大湾区通过股权置换，将都市圈范围内部分铁路收归地方所有，以城市轨道集团为依托，组建自己的铁路运营公司。具有代表性的是广清城际铁路预留与地铁共线条件并已由地方控股的广东城际铁路运营公司进行运维。

（2）建设规划。广州地铁快线18号线已按照铁路标准建设并开通运营，会同28号线和广清城际铁路，未来将与广中珠澳城际铁路实现直通运营。另外在深圳、东莞、惠州、佛山等都有直通运营的相关规划。

3. 成都犀浦站实现同台换乘

成都地铁犀浦站是我国第一个实现城市轨道与城际铁路同台换乘的车站。可以实现城际铁路成灌线（成都—都江堰）与成都地铁2号线的同向同台换乘，不足之处是无法实现同一付费区换乘，因此必须在站台上经过多道闸机刷卡换乘，且反方向换乘不能同台，需要立体跨越平面进行换乘。

4. 上海机场联络线规划跨线五条铁路

上海五大新城及环上海周边都有市郊铁路规划，最为关注的市郊铁路与城轨直通运营规划是机场联络线与嘉闵线。其中机场联络线采用铁路制式规划，可与5条铁路进行直通运营，未来很有可能实现城轨向铁路收取路网使用费的案例。

（二）日本铁路与城轨直通运营发展特点

1. 直通运营区段及线路规模庞大

日本东京两公司直通运营的线路共计11条，含地铁线路6条，直通运营里程653 km；三公司以上直通运营线路是6条，含地铁线路5条，直通运营里程779 km，即东京的直通运输线路共计17条，直通里程约为1 432 km。东京14条地铁线路中有11条参与市郊铁路（JR和私铁）直通运营，即78.6%的城市轨道线路参与了与铁路之间的直通运营。业内熟知的成田—羽田机场联络线，横跨至少三家公司的5条线路，既有一站直达的快车，也有多次换乘的方案选择。

2. 投建营融合管理方式科学合理

日本"四网融合"从投资、建设和运营方面，已经具备一套成熟的管理体系。有合意进行直通运营的几家企业可联合向上级部门提出方案，获批后的投资建设主要是铁路建设工团和线路公司合资合作进行，有一定公益比例在其中。运营方面主要采用各公司跨线车站互换司机，清分结算采用互减车次过路费方式。根据 2021 年日本铁路建设工团实际线路测算，直通运营带来的每年社会经济效益与设施改造总成本之比基本是 1:4，每年收益大约 1 620 亿日元，而总投资 6 000 亿日元。

（三）北京市市郊铁路"四网融合"工作的重点内容

1. 规划"四网融合"相关项目前期工作

目前北京市郊铁路与城市轨道的融合可通过邻近车站增建换乘廊道、同站同台换乘、直通运营等方式规划实施。邻近车站增建换乘廊道，包括市郊通密线顺义站和地铁 15 号线顺义石门站距离 550 m、市郊通密线通州西站与地铁 1 号八通线通州北苑站距离 850 m 等。同台换乘改造，北京市清河站具备现有基本条件，但是受制于铁路约束实现难度大，可在未来东北环线改造、副中心线西延、霍营（市郊 S2 线黄土店站与地铁 13 号线、8 号线）枢纽等相关项目实现同台换乘。直通运营主要是新建的地铁 19 号线北延与东北环线南口至新龙泽通勤化改造的部分区间共线直通，以及 S6 线与通密线和城际联络线具备直通条件。

2. 推进路市合作挖掘"四网融合"潜力项目

推进"两线一枢纽"相关项目，体现北京市在京津冀协同发展和稳经济方面的"实物工作量"。另外，平台公司要通过内外部、上下层激励和约束机制来解决合作协同关系，双方要尽快细化相关合意内容，共同挖掘"四网融合"潜在项目，在利用既有线基础上，扩大有效投资，提升边际效益。

3. 既有线路融合运营服务提升对策

应在运营提速、增加频次、优化换乘接驳、与城市融合发展等方面协商增加投入。一是以丰台站及京唐、京滨城际作为盘活市郊铁路运行图的抓手，持续优化北京市郊铁路开行方案，为"四网融合"和直通运营创造先期条件。二是提升怀密线和城市副中心线运营效率，缩短列车运营时间，稳定增加车次，利用京张高铁延庆支线等既有线路发挥"以客带流"作用，调整或增加早晚高峰适合通勤时间的车次。三是将市郊铁路与城市轨道的安检互信、支付兼容、虚拟换乘等列入市郊铁路"四网融合"方案必选项，研究适合市郊铁路与城轨协同融合运营的服务标准和监管体系。

4."四网融合"可持续发展的内外举措

一是设立"四网融合"管理体制机制。积极倡导构建中央、京津冀和国铁"三位一体"的交通事权和财权协同管理机制，建议在《铁路法》中明确铁路服务城市交通中的必要责任。二是充分利用城市更新相关政策。尤其是土地再开发利用的相关政策，整合项目沿线、站点及周边资源，打造活力空间，制定容积率置换奖励政策，有效培育客流，建设更加便捷的市域（郊）铁路"微中心"。三是适时创新独立运营管理能力。积极培育和组建具备北京市自主运营能力的铁路（市郊、城际）运营公司，增加运营话语权。四是预留"四网融合"主要廊道和节点。为市郊铁路高架、复线、多复线整备土地空间资源，预留越行线和越行站，为未来直通运营提速改造升级提供支撑。

5. 创造能够推动实施的舆论环境

围绕以上问题，需要适时"制造"各层面的各种舆论。

一是向上（管理部门）表达诉求及民众期盼。北京市应向国家积极反映当前情况，说明北京市曾支持国铁建设发展的既往付出、贡献以及现在的具体诉求。尤其关联市郊铁路发展的发改、土地、财政、规划等部门，可以组织正式或者非正式的会议、谈话等方式。也需表达北京市居民的有效需求和热切期盼，以及路地合作中的重重困难。也可以通过委托老领导等方式代表北京市向上级反映当前其对市郊铁路发展的需求急迫性。

二是向下（社会民众）表示协同难度及共识。通过一些正式或者非正式的媒体，包括自媒体及行业内专家等途径，热切表达北京市愿意利用既有铁路发展市郊铁路的决心及以往的付出，表明北京市的困难和希望，让更多的民众理解并形成社会共识，逐步带动民众的正确判断，推动铁路服务首都都市圈的舆论环境形成。

第六章　首都都市圈地面交通方式的融合发展

一、瞄准公交出行幸福感，提升绿色出行吸引力

目前北京市公交行业更关注的是从线网规划和常规运营角度来吸引客流，较少考虑出行过程中乘客的幸福情绪感受。有别于乘客满意度，出行幸福感包括认知层面和情感层面，认知层面指的是对出行整体质量的满意度评价，情感层面指出行过程中的出行平静情绪和出行活跃情绪。

（一）提升公交出行幸福感的必要性

1. 北京公交客运量下降以及主因

2019 年，北京地面公交运营分担率占公交整体出行的 39.8%，较 2018 年下降 1.9 个百分点，公交客运量从 2012 年的 51.5 亿人次大幅降至 2019 年的 31.3 亿人次，短短 7 年期间降幅达到 39.2%。同期的上海降低了 24%，广州降低了 14%。究其原因，一是城市轨道交通、网约车、共享单车、私家车等快速发展；二是公交自身发展质量不高，吸引力不强；三是都市圈半径扩大，需要更有效的运载工具。

2. 以需求侧判断促进供给侧改革

公交自身发展质量不高，吸引力不强的主要问题虽然是体现在供给侧的结构性问题方面，但是供给侧改革需要从需求侧角度进行突破，公众对公交出行的多层次需求是解决问题的突破点。非常有必要从需求侧强化公交出行的吸引力问题，有针对性地创新更多政策与举措，从而为供给侧结构性改革提供参考和指导。

（二）公交出行幸福感评价

作者面向北京市民开展了"北京市地面公交出行幸福感的调查"，共收集721份有效问卷，进一步对公交出行体验不佳的痛点进行研判。

一是基于身体健康情况的出行评价。身体状况越健康，乘客对公交的满意度评价和正面出行情绪越高。二是基于出行总时长的评价。出行总时间在60 min 以内时，随着出行总时间的增加，正面出行情绪减少。三是基于出行途中进行活动的评价。乘坐公交途中的活动可以明显提高出行的整体满意度。四是不同乘客类型的出行评价。首选公交出行的"常客"对公交出行的幸福感评价较高。五是基于公交车使用频率的出行评价。随着乘坐频率的增加，幸福感呈现相似的变化趋势。六是基于出行方式自由度的评价。随着出行方式自由度的增加，出行平静情绪和活跃情绪呈现出相似的波动和变化。七是出行服务质量与幸福感。随着对省时性、便捷性、舒适度和信息服务评价的上升，正面情绪指数上升。八是出行服务质量整体评价。评价最低的三个方面是：公交出行花费的总时间、拥挤程度和可获得的座位。

针对以上 8 个方面的评价判断，总结归纳乘客对公交出行幸福的感知主要集中在出行的安全性、准时性、便捷性、舒适性水平等问题上。

（三）提升公交出行幸福感的对策建议

1. 安全

一是强化驾驶员心理健康测试与培训等标准制度设计并严格执行，心理健康条件不符合标准的，绝对禁止上岗，对司机的思想政治工作要聚焦司机的实际生活展开；二是加大力度推广配置安全门、安全窗、紧急制动装置的公交车辆，车厢内安全锤及乘客紧急制动装置应在醒目位置提示摆放；三是增强司乘人员的安全应急训练，定期为职工、社会举办多种形式的应急宣传和体验活动，加强司乘人员的应急管理救助能力和安全心理建设；四是后疫情时代坚持对整车、车厢、扶手、座位、护栏、车窗等进行常态化的通风和消杀，加强卫生安全保障措施。

2. 准时

不断完善公交基础设施和数字化、信息化的管理赋能，提升公交车辆行驶速度。一是坚持在最需要的地方设置公交专用道理念，优先在公交运行车速较低、客流较大的线路设置专用道网络，减少断点和盲区，构建高效、成网的公交专用道系统；二是根据不同城市的发展需要，持续优化公交线路和运营时间，依据出行大数据设计城市不同区域的公交线路和调度措施；三是依据运营大数据、智能化手段动态调整公交线路运营，保证准时性。

3. 便捷

在公交基础设施和运营服务方面做到多交通方式衔接、所有人群覆盖、出行即服务（MaaS）等系统性的一体化智能设计与智慧服务。一是提高公交站点与城市轨道交通、步行、自行车等交通系统的接驳能力和可达性，倡导B+R，建设 P+R，提升公交换乘效率和服务水平；二是增加公交微循环，在轨道交通站点 800 m 半径外未能覆盖的城市高密度功能区，开行微循环公交接驳方式，解决"最后一公里"问题；三是通过手机端设立通道或在站点设立简易的信息反馈装置，提供给老弱病残孕及其他有需要的乘客，使司机在进站前能提前获悉下一站需要帮助的乘客并做好准备工作，提升所有群体的出行便捷性。

4. 舒适

一是提高公交候车的服务水平，完善候车亭的风雨棚功能，增设候车亭互动式电子显示牌、站点自助购物机等设施，建设更加人性化、个性化，具有一定文化符号的公交枢纽车站；二是提升乘车舒适性条件，合理设置车内格局，提供包括按摩椅在内的多样化、舒适的座位和站立空间，增加车辆的观景功能，优化车辆的采光、温度、湿度、空气质量调控功能；三是延伸公交乘车环境中的多样化、智能化服务，车内设置免费 WiFi、座位显示屏等，提供手机充电接口、视听设备、食品和文创产品购物柜等服务。

5. 智慧

加强公交的信息化建设，实现公交行业智能调度、动态信息采集与发布，进一步推动公交与其他交通方式的融合，实现"门到门"的全链条出行服务。一是加大信息化、数字化的公交智慧出行服务，实现所有公交车辆的电子跟踪系统，实现到站信息、出行路况信息、车厢拥挤程度、下车提醒、满载率查询、天气信息等在手机 App 及车站电子屏显示；二是瞄准利用 MaaS 增加出行计划推送和联程运输一体化付费服务，增加预约公交、定制公交服务方式，推行各种智能化、多样化的出行服务应用场景体验。

通过以上措施，着力提升公交出行吸引力和竞争力，构建高质量的公交出行治理体系，确保公交优先发展战略全面为人民服务。

二、公交车专用道优化提升利用的问题及对策

（一）北京市公交专用车道利用问题

（1）北京市公交专用道利用管理法规制度滞后，公交道利用效率有待提升。2004 年北京市通过并于 2010 年和 2018 年修正的《北京市实施〈中华人民共和国道路交通安全法〉办法》第三十六条明确"在道路划设的公交专用车道内，在规定的时间内只准公共汽车、电车通行，其他车辆不得进入该车道行驶"，这样的规定导致北京市公交专用道即便闲置时也不允许其他机动车辆行驶。

北京市绝大部分公交专用道是早晚高峰期专用，有少量甚至 24 小时专用，这些专用道在工作日和周末时间实施无差别化管理，居民周末和节假日出行以休闲和私务为主，更倾向于选择社会车辆出行，结果是不论工作日还是周末，部分公交专用道经常连续几千米空旷无车，其他车道却拥堵不堪，专用道资源的利用效率不高，资源配置有待优化。

（2）公交专用车道的管理主体不够协同一致。最具有管理执行效力的部门是市公安局公安交通管理局，而交通委和公交运营主体只能提出专用道规划施化需求，且需要得到公安交通管理部门的认可才能继续推进，规划施化方案原则通过后，公安交管部门组织实施并进行执法管理。由于公安交通管理部门的管理客体涵盖所有的机动车车辆，而公交只属于公共服务主体车辆，这种工作机制的结果是公安交通执法部门既是执法者又是审批者，并且围绕公交专用道的规划施化及执法存在管理成本最小化、不确定性最小化的动机，如此必然会限制公交专用道的服务拓展和优化。例如，北京市地方标准虽然突破了三上三下道路才能设置公交专用道的限制，但在实际施划中，在两上两下道路上推动施划专用道工作仍困难重重。该管理体制机制严重制约了北京市公交优先发展战略的实施，导致公交快不了。

（3）与国外城市相比北京市占据公交车道罚款较轻。伦敦占用公交车道行驶处罚一般为 130 英镑（约 1 160 元人民币），占当地人均每月可支配收入的 5.3%。悉尼违规在公交专用道行驶罚款一般为 319 澳元（约 1 515 元人民币），占当地人均每月可支配收入的 6%。在纽约违规使用公交专用车道，最

新规定最高罚单可达 250 美元，占纽约当地人均每月可支配收入的 7.9%。而北京市违规使用公交车道罚款是 200 元，只占北京市人均每月可支配收入的 3.4%，相比国外城市罚款标准及北京市居民人均每月可支配收入较低。

（二）国内外城市公交专用车道利用管理经验

（1）公交专用与合乘车辆共用车道。

对于城市交通运输效率和环境保护来说，公交优先与合乘优先的结合能有效提升道路资源利用效率并减少交通污染排放，最大限度地体现绿色出行要求。20 世纪 60 年代开始，HOV 车道（高乘载车道，专供乘载某一规定乘客数量以上汽车所行驶的车道）在北美、英国、澳大利亚得到广泛应用，2006 年马德里 A6 高速公路的公交专用道由单车道拓宽为双车道，允许 2 人以上的合乘汽车通行；休斯敦的公交专用道允许共乘面包车或共乘的小汽车通行。我国无锡在 2014 年将从锡甘路至通江大道段的原公交专用道调整为 "3+多乘员车辆（包含公交车）专用车道"，规定早晚高峰乘满 3 人及以上的客车均可通行；2020 年上海沪宜公路等也启用了 2 人以上的 HOV 车道可在早晚高峰行驶公交车辆的办法。

（2）周末及节假日对公交专用道的规定。

2017 年之前，上海市公交专用车道全年 365 天，每天 7:00—10:00、16:00—19:00 均禁止社会车辆通行。而 2017 年 3 月起，新修订的《上海市道路交通管理条例》中规定，除了极少数的公交专用道之外，双休日和全体公民放假节日全天允许其他车辆驶入公交专用道。此外，深圳市公交专用车道，除少部分道路外，仅在工作日的早晚高峰禁止公交车辆以外的机动车辆行驶。

（三）北京市公交专用道优化利用的建议

（1）加快对公交车专用道管理的法治化建设。按照 2021 年 4 月新修改通过的《中华人民共和国道路交通安全法》及北京市实际发展需求来修订《北京市实施〈中华人民共和国道路交通安全法〉办法》。一是工作日允许公交专用道可以行驶 3 人以上新能源合乘车辆，建设公交+新能源+合乘三位一体共用的复合集约型车道。具体实施办法中可以先期同意 3 人以上新能源出租车具有通行权。二是加大非法占用公交车道罚款力度，既有的 200 元罚款规定相比国外城市罚款标准及北京市居民人均每月可支配收入均较低，建议增大罚款额度为 300 元（占人均每月可支配收入 5.2%）至 400 元（占人均每月可支配收入 6.9%）。三是对于公交+新能源+合乘的试点专用道执法监管可以利用红外感应仪器、路边固定和移动摄像头、公交车载摄像头、交警随机抽查等方式监测违法车辆。

（2）完善公交专用道施划标准，提升网络连续性。建议由主管公安与交通的副市长牵头，市公安局公安交通管理局、交通委、公交公司及相关部门协同论证公交专用道功能完善提升计划，制定分阶段的公交专用道发展方案。结合公交线网规划来织补、缝合已施划的专用道断点，并开展专用道在路口、桥区匝道等瓶颈点连续的可行性研究，比如在公交专用道的交叉口以及尚未设置公交专用道的客运走廊交叉口，设置公交专用的进出口车道，并通过划线和信号优化给予公交优先通行权。此外，只要达到客流需求标准的道路均可设置公交专用道，突破公交专用道选线对于道路等级、道路方向等的限制，给予公交优先通行权，真正提升公交吸引力，缓解地面拥堵。

（3）非工作日取消公交专用车道的限行规定。除个别特殊路段，周末和节假日取消大部分公交专用道出行限制，建议周末和节假日全天允许合乘社会车辆驶入公交专用道。通过科技手段和抽查等监管执法，若违反规定，应实施严厉处罚措施。如悉尼的 HOV 车道违法行驶处罚 272 澳元，美国旧金山 101 高速公路的 HOV 合乘车道执法手段是巡警沿路执法，违反乘坐人数规定的个别路段可处罚 160 美元，华盛顿的 HOV 车道根据不同路段违法处罚为 136 美元至 186 美元，并且如果在一年内第二次违法的话，加罚 200 美元至 336 美元。

三、北京市郊区小客车牌照管理制度改革思考

北京市自出台摇车新政以来，仍然存在"久摇不中"的现象，截至 2021 年底北京市车牌摇号比率已经达到 1:3 079，2020 年 12345、12328 等服务热线接到关于车牌摇号诉求的案件约 1.2 万件。全市拥堵道路分布主要是中心城区及主干道上，郊区交通拥堵时间相对较短，拥堵程度也较低，适度放开郊区车牌，是需求侧改革和供给侧改革的高效对接，将导向人口迁移郊区，缓解北京市中心城区出行压力，符合高质量发展，促进城乡一体化发展，疏解非首都功能，实现共同富裕的具体对策。国内诸多大城市已实施郊区牌照管理制度，北京市小客车郊区牌照需求呼声高涨。本书将从"拥车""用车""停车"等方面提出设立北京市小客车郊区牌照管理制度的建议。

（一）北京市小客车需求管理现状中的主要问题

1. 中心城区和郊区"拥车"保有量差距较大，不符合科学发展规律

2020 年末，北京市机动车保有量达到 657 万辆，远高于其他直辖市数量。按照世界大城市交通发展规律，郊区公交投入产出比不高、公交设施和运能不足，郊区小汽车的拥车密度应远远高于中心城区拥车密度。例如纽约曼哈顿区人均机动车保有量仅为 150 辆/千人[①]，纽约州人均机动车保有量为 570 辆/千人[②]，其中心城区拥车密度远低于全市平均水平。北京市郊区小客车保有量约为 210 辆/千人，中心城区小客车保有量为 350 辆/千人，西城区人均机动车保有量约为 420 辆/千人，东城区可达到 640 辆/千人。可见，北京市中心城区与郊区的拥车密度数据与国外大城市正好相反。近十年北京市郊区人口增长了近三百万，中心城区人口减少了二百万[③]，郊区小客车牌照的供需结构问题将越来越突出。

2. 中心城区"用车"强度较高，绿色出行率较低，不利于缓解交通拥堵和双碳目标的实现

北京市较低门槛的用车限制管理政策带来庞大的机动车出行需求，从目前的小客车治理制度来看，现有的政策更多地稳定了总体拥车率，却缺乏对车辆出行的差异化管理措施。2019 年北京市中心城区私人小汽车平均出车率是纽约和东京等城市的 2～3 倍之多。2018 年东京都中心城区的小汽车出行分担率仅为 8%，绿色出行率近 92%[④]，东京都都心 3 个区小汽车出行分担率均不足 10%，外围圈层足立区和江户川区达到 17%，远郊区如千叶东部则达到 75%[⑤]。而 2019 年北京市中心城区的私人小汽车的出行分担率为 22.6%，绿色出行率为 74.1%[⑥]。北京市中心城区高强度的小汽车出行是造成交通拥堵的主要原因，也会带来更大程度的污染排放，难以满足双碳发展战略的要求。

---

① 数据来源：http://shanghai.xinmin.cn/msrx/2016/07/12/30225426.html.

② 数据来源：http://www.rockinst.org/nys_statistics/.

③ 数据来源：《北京市第七次全国人口普查主要数据情况》.

④ 数据来源：2018 年东京都市圈第六次居民出行调查.

⑤ 王雷，祖运奇. 东京都 23 区居民出行分析及其交通方式选择的探讨[J]. 北方工业大学学报，2014，26（4）：76-80.

⑥ 数据来源：《2020 北京市交通发展年度报告》.

3. 北京市分区的车牌、停车管理制度缺失，国内诸多大城市已实施郊区牌照管理制度，民众需求迫切

郊区居民驾乘私人小汽车出行将极大地提高郊区居民获得感和满意度，享受城乡一体化的发展红利。上海已实施郊区牌照制度多年，天津和杭州也已经实施，效果良好。对此北京郊区民众呼声很高，迫切希望首都能够学习借鉴其他城市成功经验，推行郊区牌照管理制度。

（二）国内市郊牌照的经验和效果

1. 上海：配合中心城区功能疏解

上海自 1994 年开始限制沪 C 号牌机动车出行，政策经过不断修订演变至今。现行政策规定自 2011 年 9 月 16 日起，全年全天禁止沪 C 号牌小客车驶入外环路内等限行区域，违反禁行规定的沪 C 牌照车辆罚款 200 元并扣 3 分。户口簿地址或本市居住证地址为外环线以外的均可申领沪 C 号牌，且申领号牌的小客车须符合国 6B 标准要求。使用沪 C 指标的车主也可以竞拍市区牌照额度，将车辆变更为沪牌。沪 C 号牌小客车的限行政策虽改变了部分市民的出行规划，引发一定社会争议，但对中心区域拥堵的缓解效果十分显著：上海市第五次综合交通调查成果报告显示，2014 年上海全市道路网日均机动车交通量 1.84 亿当量车公里，比 2009 年增长 43%，但外环线以内交通量仅增加 22%，其中内环线以内的中心城仅增长 5%；上海市第六次综合交通调查结果显示，2019 年外环线以外区域小客车保有量为 250 辆/千人，而中心城区（沪 C 禁行区域）仅为 180 辆/千人。

上海市早在《上海市城市建设和管理"十二五"规划》中指出应将城市建设的重心向郊区转移，郊区新城基本形成产城融合的发展态势。随着郊区新城建设，全市空间布局发生重大调整，促使人口、就业岗位和交通压力逐步向郊区转移。在新城及其周边地区，沪 C 号牌机动车数量增长迅速。郊区车牌在导向人口迁移的同时，也帮助缓解了中心城区出行压力[1]。通过实施精细化的通行管控政策，近年来中心城区快速路也始终保持良好的服务水平，拥堵问题较少出现。

---

① 王子奇. 对于上海郊区沪 C 号牌机动车增长情况的时空分析[D]. 上海：华东师范大学，2014.

2. 天津：刺激汽车消费，稳定摇号价格

天津市区域牌照自 2020 年 6 月实施，本市户籍人员、持有效本市居住证的非本市户籍人员均可申请，且对于个人"是否持有效机动车驾驶证件""名下是否登记有津牌小客车"等条件不做限制。但是，使用区域指标后不能再参与小客车增量指标摇号或竞价，且使用区域指标登记的车辆，再次转移登记、注销登记、变更登记时均不产生更新指标。政策规定区域号牌小客车除了需遵守尾号限行规定外，在法定工作日 7:00—9:00、16:00—19:00，禁止在外环线以内区域（不含外环线）行驶。

天津区域牌照政策的出台，拉动了本市经济发展，有效杜绝居民购置外地车牌的行为。其政策细则如：区域指标不能办理异地车辆转入、使用区域指标必须在天津市买新车或二手车等，都可以确保本地独享汽车消费红利，防止税源外流。自 2020 年 6 月 1 日区域牌照政策出台至 9 月 8 日，仅 2 个月的时间，天津市民共申请区域指标 72 358 个，完成购车上牌 49 086 台，可见区域牌照政策的推出，可以更好地满足环外市民的用车需求。

3. 杭州：政府税收与市民出行的"双赢"

杭州自 2021 年 3 月 1 日起实施区域号牌制度，名下没有杭州市小客车或有效指标的本市户籍人员、持有效的本市居住证且近两年（含）连续在本市缴纳（不含补缴）社会保险的非本市户籍人员均可申请。拥有区域号牌并不影响申请增量指标的资格，但同时拥有"浙 A 区域号牌"小客车和增量指标时，增量指标仅能用于"浙 A 区域号牌"向"浙 A 号牌"的变更。"浙 A 区域号牌"在绕城高速公路内所有高架路、快速路（含匝道以及附属桥梁、隧道）的错峰时段为工作日的 7:00—10:00 和 16:00—19:00，在错峰区域内的其他道路错峰时段为工作日的 7:00—9:00 和 16:30—18:30。

杭州与上海之间驾车全程约 176.17 km，由于浙 A 小客车增量指标的取得较为困难，政策出台前，部分急于拥车的车主会考虑不需摇号的沪 C 车牌。而"浙 A 区域号牌"放开申请后 8 个月内，普通增量指标摇号人数自 107 万减少至 100 万左右，普通牌摇号压力减轻，当地区县买车上牌的问题得到解决，车辆得到了精细化管理，也将税收留在了杭州。此外，政策出台后，杭州可以充分利用其"城市大脑"的优势，科学分配公共资源、治理"城市疾病"，使其对市民拥车、用车、停车的管理更加规范。

（三）设立北京小客车郊区牌照管理制度的建议

1. 稳步开放郊区车牌，贯彻低碳理念，制定北京市郊区牌照"拥车"政策

（1）根据北京现有车牌分区分布情况及人口基础比例，开放郊区车牌指标。郊区车牌数量需要有关职能部门研究设定。增设郊区车牌将辅助推动人口迁移，缓解北京中心城区出行压力。

（2）先行试点，设定分区精细化管控的拥车政策。一是以人口密度和车辆保有率较低的平谷、怀柔、密云、延庆等远郊区为试点进行示范推进。若承办冬季奥运会竞赛项目的北京延庆能够成功开展郊区车牌申领，将为当地市民开展冰雪运动创造诸多便利条件，地方政府也可借此契机刺激汽车消费，并拉动地方旅游经济的发展。二是以此为契机推广新能源小客车的普及，结合我国"十四五"规划中控制碳排放的要求，将新能源小客车确定为郊区主流增量车牌。由于个别郊区路面坡度较大，需要动力和续航能力更有保障的燃油车，因此可依郊区地形特点增设适量燃油车牌照指标。三是根据各郊区的机动车存量及居民人口数量，分区确定新增指标数量，确保政策的相对公平。

（3）设定科学合理的拥车优先级。一是无车家庭、多孩家庭优先原则，将增量指标优先发放给此类群体。同时，为响应国家三孩政策，保障多孩家庭出行便利，可对其购买新能源小客车给予适度优惠。二是纯电动新能源车辆原则。2020年底，北京新能源客车占全市机动车数量的5.92%，而上海新能源客车占全市机动车数量的9.9%。深圳也在2021年12月14日进一步放宽对新能源小汽车的指标申请条件，即日起至2022年末，名下无车的申请者仅凭居住证即可申请深圳新能源小汽车指标。加大郊区新能源车牌的供给量，既可以促进新能源汽车的推广以减轻大气污染，又能释放相关市场的消费潜力。三是"一位一车"优先原则。具有产权车位登记证的优先获得牌照，一个车位只能对应一个车牌号，对伪造车位证明者实施严厉处罚，例如日本《车库法》对伪造车位证明罚款20万日元且两年内禁止购车。四是为更好发挥郊区车牌的疏解作用，可规定申请郊区车牌指标的个人不能再参与市区小客车指标摇号，在放弃郊区牌照一定期限后才可参与市区牌照摇号政策。

2. 科学合理、严格规范郊区牌照的"用车"管理和流转政策

（1）为尽可能防范郊区新增车辆给城市交通拥堵带来的压力，可限定郊区牌照车辆的通行时间和范围。北京可以研究允许持郊区牌照的小客车在郊区内部及各郊区间正常通行，但在规定时间内不得进入中心区，如 7:00 至 20:00 禁止驶入六环内及城市副中心区域，以减少中心城区的拥堵。对违规者采取严厉的罚款并扣分等处罚机制。

同时，吸取其他城市教训，如上海对于"沪 C"牌照的限行区域是以城市道路为边界进行圈划，全年全天 24 h 禁止驶入，该规定曾引起强烈的社会争议。北京市可以考虑每车每年将设有一定次数（如 12 次以内）进入高峰禁行区域的机会，且限定停留时间（如不超过 12 h），并在通行前至少一段时间内（如 30 min）向相关交通部门提交申请。

（2）为了进一步调控存量，可取消对申领指标后购车年限的限制，给予车主充分的考虑时间，避免非刚性的购车消费，从根源控制车辆的非必要购买和出行。该政策可以在郊区牌照试点后，推广到全市牌照。

3. 做好郊区车牌管理的"停车"配套政策

（1）积极引入社会资本，建设公共停车场和其他多种产权形式的停车设施。郊区可利用空间大、土地成本相对较低，且未来车位的需求量会逐渐增加，因此可以积极引入民间资本，并鼓励各区政府扶持相关企业发展，开发郊区停车设施，引导产业化进程。通过规范运作管理，提升盈利能力，减少各区车辆增加带来的负面影响。

（2）提前规划停车设施建设。针对现已规划的轨道交通微中心，应提前做好停车泊位数量和布局相关规划，为郊区机动车数量的增长提前做准备。同时根据市民出行需求有针对性地打造更多的停车换乘 P+R 停车场，尤其可在城镇节点规划建设立体停车楼，提高空间利用率，满足市民的泊车需求。

（3）提高新能源充电桩覆盖率。截止到 2019 年末，北京市累计建成约 20.24 万个充电设施。在北京市社会公用充电设施建设分布上，五环内的建设数量占比高达 65%，且五环内的建设密度也远远高于五环外区域[①]。而稍远地区的充电设施可能会在高峰期出现供不应求的情况。因此，为顺应未来郊

---

① 数据来源：北京市公用充电设施数据服务平台 e 充网《2019 北京充电设施建设及充电行为分析报告》。

区小客车结构发展趋势，需要相应增加郊区充电桩数量，提高建设密度，为新能源车辆的使用提供保障。

4. 推动汽车税收向地方转移，刺激汽车消费

自 2018 年起，我国部分新能源车型享有车船税减免政策，这对新能源汽车的推广具有积极作用。但截至目前，我国所有应税车辆所征收的税款均归至国家税务总局管理。这一举措可以保障税金的统一管理，却限制了政府在拉动汽车消费中可能发挥的作用。因此可以考虑在个别郊区试点，将车船购置税款收入的一部分（或全部）作为地方财政收入，并规定其中固定比例资金（如 50%）必须用于城市道路基础设施的建设。一方面，可以鼓励政府与车企的联动，在购买、使用、售后维修、报废等环节积极推广新能源汽车的使用，车企也可提供一站式服务，优化消费体验和服务效率；另一方面，可以保障落实节能减排，将政府与车企的社会责任关联，有助于双方相互监督、紧密配合，积极响应"双碳"战略的要求。

5. 鼓励车企研发，助力产业、消费升级

车企应抓住新一轮产业变革机遇，坚守"高新特"定位，持续做大做强做优，在智能驾驶、智能网联等领域加强核心技术攻关，拓展应用场景。聚焦新能源汽车产品线，坚持市场化导向，瞄准年轻人需求，打造头部品牌。因此，政府可以通过下拨专项资金积极推动车企强化核心技术、提升竞争实力，利用其渠道优势助力地方车企实现产业链贯通。

四、北京市路内停车管理问题的优化方法及对策

路内停车作为一种方便灵活的停车方式，在解决城市停车问题中扮演着重要的角色。自 2019 年北京市实行道路停车改革以来，道路车位的周转率和服务车次明显提升，但仍然存在一些问题，本书将对此进行分析，并借鉴国内外城市先进管理经验，提出优化建议。

（一）北京市路内停车现状及问题

1. 北京市路内停车现状

1）路内停车改革情况

截至 2021 年底，北京共有 1 031 条道路、8.99 万个车位实现电子收费。剩余的道路车位各区正在抓紧接入市级平台，实行电子收费。数据显示，2021

年以来，道路电子收费车位累计服务车次 1.24 亿次，累计服务车辆 652 万余辆，仅 2021 年一年的服务车次就相当于前两年之和。2021 年，北京各区新增上线 125 条道路、10 514 个车位。新的道路停车前端检测技术——移动视频也在各区持续推广，使用移动视频设备替代 POS 机管理的道路有 115 条、11 249 个车位。全市道路停车前端视频设备覆盖率已达 99.4%。

2）路内停车收费情况

路内占道停车实行政府定价，根据高于周边非道路停车收费价格的原则动态调节。目前，北京市在日间针对小型车出行停车采取计时阶梯式定价方式，按照所划分的三类区域，由中心城区向外围逐渐递减，一类区域首小时 10 元，之后每个小时 15 元，二类区域停车价格为一类区域的 60%，三类区域停车价格为二类区域的 33%。大型车的收费保持为小型车的两倍。夜间则统一为 1 元/2 h。此外，考虑到周边居民的居住停车需求，按照北京市发改委的相关规定，符合条件的停车人，在规定路内停车范围内停车，可以按照不高于现行夜间收费标准来确定。

2. 北京市路内停车问题

1）停车收费款难以收回、欠费行政处罚标准和力度过低

部分停车人没有形成路内停车自觉缴费的意识，收到缴费提醒的短信后也忘记及时交款。调查得知，停车电子收费款项长期处于难以收回的状态，欠款较多。根据《关于调整道路停车费催缴及行政处罚工作的意见》，北京道路停车缴费于 2022 年 1 月 1 日起新增补缴环节，欠费不超过 50 元的轻微违法行为，补缴后不予处罚。其中，缴费期限为车辆驶离停车位之日起 30 日，补缴期限为缴费期满后 45 天。而经两次催缴仍未补缴欠费的，依法予以处罚，并依据欠款数额分别处 100 元、300 元、500 元和 800 元罚款。虽然该规定明确了先催缴、后处罚的工作程序，但轻微违法行为补缴不处罚以及罚款的数额都较低，难以使停车人引起重视，而且仍然有部分处罚款未回收。

2）停车企业经营成本过高

北京市推行停车收费电子化政策后，停车企业的成本大大上升。一方面，每十个停车泊位需要设置 1 个高杆支撑设备的运行，而这一设备的价格往往较高，所以导致停车企业的采购成本大幅增加；另一方面，政府要求停车企业配备一定数量的管理人员来对区域停车情况进行管理，一些移动摄像车需要配备多名停车收费管理员轮流驾驶，致使停车企业的人力成本进一步增加。

3. 路内停车收费机制不合理

尽管目前路内停车按照三类区域实行差异化收费，但仍存在一些问题致使价格杠杆无法得到充分发挥。首先，停车时长与费率关系不合理。首小时后，收费价格简单地随停车时间增加均匀递增且低于起步价，导致长时停车收费费率更低，在一定程度上鼓励了路内长时停车行为。其次，收费时段划分不合理。未充分考虑出行早晚高峰时段路内停车行为对交通流的影响。最后，未设定时间差异化的收费费率。在白天收费时段内，未考虑路内停车高峰期与低峰期的价格关系，因而不能缓解高峰期的停车压力。

（二）国内外主要城市路内停车的管理经验

1. 日本东京

日本东京路内停车的管理思想是车辆临时停放、加快周转，不鼓励长期停放。车位的产权归政府所有，停车费的收入也归政府。路内停车采用咪表收费，咪表上有车辆探测器自动感应车辆，每个车位安装一个，每次停车时间限定 1 h 以内，每次投币 300 日元，不得超时。尽管收费价格不高，但是限时很严格，车位紧张，部分车位注明是货车卸货用，客车不得停放。同时，有民间监督员（相当于国内的交通协管员）随时检查超时停车。

东京停车管理有序的主要原因在于其严苛的法律制度和强有力的执法行为。警察和民间监督员都可对违章停车执法处罚，民间监督员两人一组，步行巡视，随身背着手写电脑、数码相机等执法设备，沿着特定的路线不停巡视。违章停车的处罚根据停车地区的不同，处以 1～2 点（扣分）并 1.2 万～2.0 万日元的处罚，每人每年最多有 6 点可扣，另外车辆拖车移动费用由违法者支付，一般要 3 万～4 万日元。

2. 中国香港

中国香港的路内停车位只用来满足短暂的临时停车需求。香港设立了遍布全港的咪表车位，从停车价格和停车时间对停车人进行双方面的限制。路内停车费用以 15 min 为单位，一般为 2 港元/15 min，按照颜色划分停车时限，黄色的咪表时限为半小时，咖啡色为一小时，蓝色为两小时。按照规定，停车时长最多为 6 h，但是停车时间需要分次购买，超时则要按次续费。

香港的路内停车由警察部门管理，违章停车执法主体也是警察，并配有身着咖啡色服装的辅警辅助执法，辅警可对未付费或超时停车车辆粘贴罚单，车主不在规定时间内交纳罚金将面临法院的强制执行并交纳高昂的罚金滞纳金。违章停车罚款 320 港元/罚单，巡警发现一次贴一张，可以累加且无上限。

（三）北京市路内停车的优化建议

为了有序推进北京市道路停车改革，本书提出如下建议。

1. 调整优化停车收费模式

（1）增加停车收费与停车人的银行卡或信用卡直接绑定的方式。借鉴 ETC 的收费方式，优化北京交通应用软件的付款方式，停车人可选择绑定银行卡或信用卡进行支付。根据移动前端系统记录的停车金额，直接在停车人驶离停车位后进行扣除，避免停车人出现忘缴或欠缴费用的情况出现。

（2）鼓励停车人预存停车费用。对于不愿选择停车付费直接绑定银行卡的停车人可鼓励其选择预存费用的方式，形成"先预存，后消费"的收费模式。同时，可考虑对预存停车费的停车人在其消费时给予一定比例的折扣。

2. 加大处罚力度、激励及时缴费

（1）对路内停车欠费行为提高行政处罚金额。根据现有条例的规定，停车人未在缴费期限内缴费且经两次催缴，逾期未补缴欠费的，由区停车管理部门处一百元罚款；情节严重的，处三百元以上八百元以下罚款。新增催缴环节约束力较小，执行的难度较大，且行政处罚力度较低。因此，应当借鉴中国香港的做法，取消或减少催缴环节，提高行政处罚的金额和罚金滞纳金的比例。

（2）将停车欠费、违章停车等违法行为与汽车年检相挂钩。可在《北京市停车管理条例》或者《关于调整道路停车费催缴及行政处罚工作的意见》中增加如下条文：停车人一年内累计发生欠缴停车费用行为或违章停车行为的次数超过一定次数，如 2 次以上时，将取消其下一年度的年检资格。通过控制停车人的年检资格来督促停车人养成自觉缴费、有序停车的习惯，或者采用预存费用、信用卡支付方式等。

3. 降低停车企业经营成本

（1）利用规模经济降低停车设备采购费。交通委应当尽力与各设备供应商、技术系统供应商以及软件供应商进行谈判，通过大规模的批量采购来降低设备、软件和技术系统的采购费用，发挥规模经济的作用，最大限度地降低停车企业的采购成本。

（2）取消对停车管理人员的绩效考核。现有的停车收费电子化政策与要求停车管理人员上岗率的政策相互矛盾，因此应取消对停车管理人员的打卡考核，取消上岗率的考核，从而减少停车企业不必要的人员配备，真正实现减员增效。

4. 改革停车收费价格体系

（1）细化停车收费区域和收费时段。例如，在某一类区域内根据区域经济发展的实际情况，以及不同的停车需求按照等级进行二次分类。不只考虑白天和夜间时段，而要具体划分工作日和非工作日以及高峰时段和非高峰时段进行。在中心区域高于边缘区域、高峰时段高于非高峰时段的基本指导下，继续制定不同等级的停车价格标准。

（2）实行多阶梯递增式停车定价方式。可考虑在停车时间满 2 h 之后价格迅速提高，翻一倍或者进一步扩大价格差距，满 4 h 后价格成倍增加，以两小时为一层阶梯，依次类推，实行多阶梯递增式停车收费模式，从而引导市民不长期占用公共停车资源，减少路内停车时间，提升停车资源的利用效率，从而最终鼓励绿色出行行为。

（3）建立停车收费价格动态调整体系。在制定停车收费价格时，以实际因素为参考动态调整停车收费。路内停车定价可充分考虑停车费用与公共交通票价和汽油价格的比价关系、居民价格消费指数（CPI）、季节性停车需求变化等制定灵活的费率标准。

五、北京新能源乘用车发展困境、趋势及路径

根据北京"十四五规划"目标，到 2025 年期末，新能源汽车累计保有量力争达到 200 万辆。但依据目前发展政策，即便每年新增的 10 万辆小客车全部为新能源汽车，实现该目标仍需每年再平均替换 26.7 万辆既有传统能源车，而目前北京每年的传统能源车存量替换仅约 3.2 万辆，可见实现难度非常大！因此，需要制定更为有效的政策来加速北京新能源汽车规模化发展。

（一）北京新能源汽车发展现状及问题

据交通委数据显示，截至 2021 年底北京新能源车辆为 55 万辆，落后于上海的 57 万辆。其中新能源乘用车规模为 30 万辆，占全部新能源车辆的 56.6%，仅占全部小客车总量的 5.5%。目前北京新能源乘用车发展存在以下

问题。

1. 新能源小客车排号需求旺盛，但乘用车电动化发展势头乏力

新能源小客车排号人数的增多使新能源汽车指标由原来的供大于求变为供小于求。按照目前北京机动车指标配置政策，当前个人新能源小客车的排队时间已经超过 8 年，相比之下，上海获得新能源车号牌无须排队，而是经市交通委审核通过后发放专用牌照额度①，一定程度上促进了上海新能源乘用车销售。而从发展趋势上看，衡量新能源汽车发展需求和速度的关键指标，即新能源汽车销量占机动车销量比例不高，与其他城市对比，2021 年北京新能源乘用车电动化发展需求依旧不足，新能源乘用车销量仅为 9.24 万台，低于深圳的 9.85 万台，更远远低于上海的 16.6 万台，新能源乘用车销量占比仅为 21%，远低于深圳和上海超过 30% 的比例。

2. 针对存量替换激励不足，导致新能源汽车替换速度低于预期

据北京交研院 2021 年开展的消费者调查结果显示，虽然超过 60% 的消费者明确表示有购置与使用新能源汽车的意向，但由于针对存量燃油车替换为新能源汽车的激励政策不足，仅有 4% 的消费者明确表示会将存量燃油小客车置换为新能源汽车，远远低于政府的预期目标。但根据该调查结果显示：若给予一些激励措施，如在政府及企业进行补贴的情况下，超过 70% 的燃油车主表示具有"油改电"的意向，并很可能转换为实际购买行动。尤其是 2022 年上半年世界能源危机带来的油价高企，燃油车出行成本的不断增加会促进人们加速替代传统存量燃油车，因此若进一步出台实行相关激励政策，更易达到事半功倍的效果。

3. 阻碍消费者选择新能源汽车的主要因素已从车辆性能、合理价格向充电便捷和通行便利性转变

根据北京交研院自 2016 年开始对汽车消费者开展的长达 5 年的深访调查结果显示，消费者在考虑购置新能源汽车时的核心关注点发生了显著变化。2016 年，消费者购置新能源汽车影响因素中，排名前两位的是车辆性能（包括续航里程、车辆配置等）和车辆价格。而 2021 年调查结果则显示，充电条件和通行便利性成为当前阶段消费者最关心的问题，分别占到 22% 和 18%。被调查者期望出发地、目的地两端 2～3 km 范围内设有可用的充电设施，充

---

① 资料来源：《上海市鼓励购买和使用新能源汽车实施办法》。

电时间希望控制在 10 min 以内。而根据《北京市"十四五"时期城市管理发展规划》，到"十四五"末，全市电动汽车充电桩计划达到 70 万个，但目前北京电动汽车充电桩累计建成量却只有 23 万个[①]。另外，如果在综合成本降低的基础上，给予新能源车更多的道路通行优势，80%的受访者将愿意主动将燃油车替换为新能源车。

（二）加快北京新能源汽车发展的对策建议

1. 通过增加新能源指标数量和改善发放规则引导北京新能源社会小客车的潜力空间释放

一是适当考虑继续增加新能源小客车指标配置比例。可在北京小客车指标年度配额 10 万个的基础上逐步增加总体数量，增加的配额数量全部用于新能源社会小客车。同时，对随意弃标的行为进行管理，如放弃指标后，三至五年内不能参与指标排队，防止非刚性需求者参加排队。

二是支撑现代化首都圈高质量发展，适当放开郊区无车家庭新能源指标数量。建议北京单独设定郊区新能源小客车指标向无车家庭放开政策。尤其是平谷、怀柔、延庆、密云远郊区可以优先试点放开。据作者研究团队测算，即使四个远郊区的无车家庭都拥有一辆新能源车辆，增加量也基本控制在 25 万到 30 万辆。放开郊区小汽车牌照的另一个重要原因是郊区公交不够发达，小汽车出行比例远远高于中心城区，此举措涉及城乡统筹、共同富裕和居民幸福感提升等问题。

三是新能源小客车指标配置比例在倾向于"家庭"单位基础上适当向"多孩家庭"倾斜。一方面在以家庭为单位参加新能源指标轮候的基础上，增加以"多孩家庭"为单位进行积分排序；另一方面从设置积分规则和配额分配比例两个方面区分"多孩家庭"和"其他家庭"，适度向"多孩家庭"倾斜。

2. 以多种方式提升存量燃油车向新能源汽车替换速度

一是对新能源汽车实行停车优惠、减免高速公路通行费、借用公交专用道的组合政策。例如在借用公交专用道方面，可在部分区域试行 3 人及以上乘客（含驾驶员）的新能源乘用车辆不受公交车道限行规定限制驶入公交车专用道的政策，可通过影像监控及交管抽查等方式监督管理，并通过修订法

---

① 数据来源：北京市人民政府网站。

规对不能达到合乘标准的予以重罚。

二是尽快设定低碳排放区和零碳排放区。参照伦敦等国际经验，仅允许近零排放车辆通行的超低排放区政策是给予更多新能源车路权的有效手段。可在通州副中心等相关区域尽快实施低碳排放区和零碳排放区试点制度，待形成一定社会共识后，逐步向更大范围推进。

三是可研究建立"高排放车辆里程税（费）"试行制度。借鉴澳大利亚经验，部分州自 2021 年开始先后征收里程使用税。北京也可在通州副中心等相关区域试行针对高排放车辆征收里程税（费）的制度，间接增加燃油车出行成本，从而促进存量燃油车替换为新能源汽车。

四是创造更多针对绿色交通出行补偿的"碳汇量"生成方案。鼓励将消费者自主更换新能源车的行为开发成自愿减排项目并参与碳交易，同时给予消费者一定的经济激励，通过折算碳减排量，形成碳减排积分，可兑换成地铁票优惠券、电影票兑换券、节能商品购物券等。

五是重新研究并出台针对个人和家庭用户存量燃油车替换的激励性政策。推行对存量燃油车更换为新能源车采用以旧换新和直接进行购置激励以及鼓励汽车厂商自主降本的组合政策。可试行给予个人或家庭第二辆车更换为新能源车最高 5 万元/车的置换奖励，鼓励个人名下多车和家庭二辆车在更新指标或转出后更新为新能源汽车。

3. 引导电池技术攻关创新，优化充换电基础设施布局及配套保障措施建设

一是通过制定科技研发与创新计划，给予前补贴、后奖励等资金奖励方式引导电池技术攻关创新，快速实现高能量密度、高安全性和长循环寿命的电池技术规模化应用。同时推进标准化电池供给研究，完善充换电一体化建设。

二是推进私人充电桩建设，引导制定公共充电桩有效利用方案和共享充电桩发展方案。加速推进具有固定车位的私人充电桩建设，推动居住区电动汽车充电设施应装尽装；探索市、区两级部门联动机制，年度建设任务分解到区，有效保障充电桩建设；完善充换电设施网络并促进可持续性使用，推进电动汽车充电示范站建设；建设停车区域充电桩统一预约服务平台；通过经济激励等措施引导较大范围的居民区邻近车位、单位内部充电桩共享；同时可将充电设施建设维护纳入销售服务体系。

三是在新能源汽车市场发展促进政策方面，强调供电和充电设施建设。市场方面，新建住宅配建停车位须按照 100%比例标准预留充电基础设施建设安装和供电能力条件，并鼓励房地产开发经营企业和充电设施建设运营企业合作，按照一定比例建设供电设施；单位方面，各级政府机关及其他公共机构既有（含在建）内部停车场均需配建规定比例的充电设施。

六、共享单车长期管理症结及协同治理对策建议

共享单车作为慢行交通和短途交通出行的重要组成部分，会对北京机动车道路拥堵起到缓解作用，同时能够有效分担公共交通压力，起到分流作用。然而面对城市高质量发展的要求，北京共享单车还存在诸多问题，如何管理和利用好共享单车，成为关乎首都城市形象和解决民生服务需求的重要问题。

（一）北京共享单车发展概况及未来趋势

北京交通委数据显示，截止到 2019 年底，北京共享单车总量为 90 万辆左右，相比历史最高 200 多万的数量已经减少一半之多，在北京运营的互联网租赁自行车企业只剩下 5 家。根据监测，2021 年北京全市共享单车日均骑行量为 240 万次，远远超过 2018 年日均 167.1 万次的骑行量，增加了 66%。

随着疫情防控常态化和复工复产的有序推进，北京公共交通，尤其是轨道交通运行压力徒增，小汽车使用率的提升也导致了高峰时段地面交通拥堵逐步加剧，同时，共享单车的骑行量也在逐步恢复。据美团统计，2020 年 2 月底，全国共享单车平均单次骑行距离约 1.5 km，平均单次骑行时间为 13.5 min，相比 1 月同期分别提升 24.7%和 30.7%，其中 3 km 以上的订单占比接近翻倍。北京用户 2020 年 2 月底平均单次骑行距离为 2.38 km，比 1 月同期增长了 69%，比 2018 年平均骑行里程 1.2 km 增加了 198%，北京位居全国平均骑行距离第 2 位，也是共享单车用户骑行速度最快的城市。预计未来会在"最后一公里"和短途出行中继续选择共享单车，骑行总量、距离和单次平均使用时间也会有相应增长。

（二）北京共享单车发展存在的主要问题

1. 慢行交通系统基础设施供给不足

北京市慢行交通系统建设在全国来说走在前列，例如回龙观—上地的自

专路建设、立体停车位的建设等，但在大部分地区规划和建设方面仍有欠缺，在城市公共交通规划与设施建设中，对单车出行和停放设施考虑较少，特别是公交和地铁站点、社区及办公楼宇等公共场所附近，缺乏必要的单车停放条件，加之个别单车企业在资本推动下过量投放单车加剧了线下停放秩序的矛盾，导致结构性的"停放难"和"难停放"。解决该问题，需要政府企业共同承担责任，共治共享。

2. 部分区域推动电子围栏保障不足

北京市自 2019 年起开展了电子围栏试点工作，在取得了一定成绩的同时也暴露了诸多问题，主要体现在以下两点。

（1）超投问题未能及时处理，个别地点车辆淤积严重，用户无法按照要求在停放区内落锁，导致投诉量激增，同时用户为在停放区落锁，也不得不将停放区内车辆进行挪移或者堆放共享单车，严重影响市容市貌。

（2）热点区域共享单车潮汐现象严重，以西城区金融街购物中心为例，仅有的可容纳 50 辆单车的电子围栏停放区有 1 000 辆以上共享单车需在早高峰 2 个小时的时间内完成停放，电子围栏的实现与实际需求存在极大的供需冲突。

3. 对共享单车管理手段不够规范

2018 年 11 月 1 日起实施的《北京市非机动车管理条例》中明确规定北京市共享单车实施总量控制，北京市交通委同时制定了共享单车备案机制，但在实际治理超投的过程中，部分区、街道主管部门委托第三方公司不再区分车辆是否备案进行无差别"代清理"，不仅投放车辆越多的企业支付"代清理"费用越高，而且在费用转嫁过程中存在高额利润，因此形成了一定意义上的"代清理"产业链，一些第三方公司每日规定扣车量，导致不论是否合规备案车辆，不论是否停放规范，以完成扣车量为主要目的，给一些合规经营共享单车企业造成了沉重的运营及经济负担，长此以往，可能出现合规企业被"逆向淘汰"、劣币驱逐良币的情况。

4. 在总量控制的前提下新增投放"禁而不止"

北京采用"禁投限投+总量控制+考核打分+配额管理"监管组合拳，但由于对单车管理执行市、区、街道三级管理机制，管理政策在实施执行中存在一定程度的脱节，部分街道主管部门执法手段有限，执法意愿不强，对于单车企业超量投放的管理缺少抓手和依据，个别企业超量几倍甚至十几倍的大量违规投放，致使共享单车存量远大于可停放数量，导致无论如何加大清理淤积投入，都只是淤积点位的变更而已，淤积现象不但没有缓解反而更加严重，影响首都城市形象。

（三）解决我市共享单车发展的主要对策

1. 创建良好安全的使用、停放秩序

继续加大对共享单车使用和停放空间的支持。整理开发更多的自行车专用道网络，尤其对距离公交和轨道交通车站 2～3 km 半径范围内的自行车道进行建设改造，提高自行车使用通过的舒适性和安全性。鼓励使用共享单车，在车站和社区增加共享单车停放区域并规范管理，在流量较大的交通枢纽和社区，继续增加设置专用的立体自行车库。

2. 推动电子围栏技术的升级及改进

电子围栏本身不是高门槛技术，主要在于配套监管手段和运营手段的提升，以及停放空间不足与车辆超投严重之间矛盾的解决。需要通过发展和治理解决后，再逐步推广，不可纵容相关企业以电子围栏某些具体概念的标新立异和不计成本的激进迎合，否则行业秩序将难以约束。对"代清理"中存在的乱收费、无差别扣车的情况进行规范，对已经存在的"黑色"产业链条进行调查打击；从乱象根源着手，切实解决北京市的单车淤积情况。

3. 提升单车周转率、严查超投车辆

据北京交通委数据显示，2019 年上半年北京共享单车平均日周转率仅为 1.1 次/辆，日均活跃车辆仅占报备车辆总量的 16%，周均活跃车辆仅为 30%。其中以日均周转率作为交通效率评价手段，日均周转率最高的企业比最低的企业要多出 43 倍，可见企业运营服务差距非常之大。可以根据活跃车辆比例，动态调整目前共享单车的备案数量，促进企业自行提升单车周转率。当然，前提需要加大超投监管力度，监管部门应当公布企业配额，形成社会监督，挤压超投空间，严肃处理违规企业，在罚金的基础上，加大限制运营空间和时间范围方面的处罚，直至让其退出市场。

4. 逐步开放共享电助力车与共享电动单车

电助力车和电动单车是顺应市民出行需求的一种发展趋势，人类交通工具的发展趋势是不断向节省体力、节约时间的方向发展的。电助力车作为交通工具会更高效，缩短骑行时间，节省体力消耗，减少天气不适带来的出行影响。随着行业标准的确定、行业管理的规范，电助力车和电动单车因备有

电源可以搭载更先进的定位装置，也会在停放及清淤上相对于共享单车有优势。应当根据目前情况，逐步开放电助力车和电动单车领域，允许共享单车企业投放一定数量的共享电助力车和共享电动单车，在空间合适的交通枢纽和社区附近设置停车位。

相信通过优化共享单车的管理措施，不仅能满足居民的日常出行需求，降低其他交通运行的压力，也能带来更为美观整洁的城市环境和形象，为加快建设国际一流的和谐宜居之都提供支撑。

第七章　重大活动、事件的交通与城市融合发展

一、疫情背景下首都居民出行变化及应对

（一）疫情带给北京市居民的出行变化及影响

1. 居民出行总量降低、交通企业压力增加

一是出行总量明显降低。从出行数据及近两年北京市疫情出现的新情况来看，居民出行总量将会有明显的下降趋势。二是出行距离逐步缩短。据百度地图数据显示，北京 2020 年 3 月份返岗复工居民的平均通勤距离为 9.9 km，较 2018 年的 13.2 km 减少了约 25%。三是运输企业面临压力。城市出行总量减少、出行距离缩短，导致交通运输企业，尤其是公交企业和出租车企业的收入出现断崖式下降，再加上运输责任主体在疫情防控方面的支出增长，交通运输行业将面临持续的经营压力。

2. 公交客运大幅降低、出行安全要求更高

一是公交出行需求减少。疫情导致的各类出行减少是公交客运量大幅降低的主要原因，据北京公交集团数据显示，截止到 2020 年 4 月，地面公交客运量刚恢复到疫情前 40%的水平。 二是公交运输供给减少。之前由于疫情防控需要，北京市公交汽车采取了部分线路停运、加大发车间隔、控制满载率等措施，地铁也采取了控制满载率措施主动降低客运密度，减少了客运数量。三是出行安全要求更高。虽然居民出行减少，但对出行环境的疫情防控要求越来越高，尤其公共交通乘客近距离接触、人员流动性较大，要消除乘客在疫情期间对公交出行的担忧甚至恐慌心理，需要在诸多方面采取有效措施。

3. 私人汽车出行增多、共享单车占比提升

一是私人小汽车使用强度提升。出于对自身的健康保护，居民出行更多

地选择私家车，而且在鼓励汽车消费、增加汽车摇号指标等政策的背景下，也会助推市民首选私家车出行的惯性形成。二是单车出行强度增加。由于单车能够保证出行者之间的社交距离，同时也是疫情期间安全、绿色、便捷、高效出行的交通方式，从而广受居民青睐。据美团统计，2020 年 3 月初北京共享单车平均单次骑行时间为 13.5 min，平均单次骑行距离为 2.38 km，相比同年 1 月同期分别提升了 30.7%和 69%，北京成为全国平均骑行距离最远的城市之一，也是用户骑行速度最快的城市（见图 7–1）。

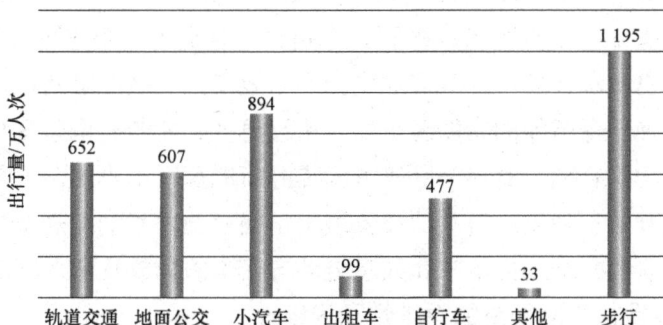

图 7–1　北京中心城区工作日各种交通方式出行量

4. 错峰出行需求增加、高峰拥堵持续存在

为防止人员聚集带来的疫情传播风险和交通拥堵，政府及一些单位鼓励员工错峰上下班，从某种意义上缓解了高峰期的交通压力。但是部分刚性出行需求宁可承担一定的经济成本和时间成本也会使用小汽车出行，其中，未限号出行的 2020 年 3 月 23 日和限号出行的 6 月 14 日早高峰,北京全路网交通指数都达到了 8.0 严重拥堵级别，随着复工复产的有序推进，未来的拥堵压力将继续增大。目前来看，错峰出行与道路拥堵两种情况会持续共存一段时间。

（二）疫情防控常态化的居民出行对策、建议

1. 利用新技术、新方法加大公交安全防护力度

一是继续加大公交的通风消毒力度。可利用传统方式及遥控紫外线等新技术对整车、车厢、扶手、座位、安检设备、自助售票设备、闸机等进行定时通风消杀工作。二是动态调整公交运输满载率限制。通过手机短信、车站

指示牌和广播等方式引导控制乘客限流比例和乘车满载率，并提醒乘客之间保持 1 m 以上距离。三是控制地铁乘客上下车流向。限制地铁车厢开门数量，有条件的情况下区分车厢上车与下车开门位置。四是在公交和地铁车站加装人像识别与体温监测一体化电子设施，避免人员聚集，提高安检效率。五是在轨道交通有条件的线路尽快实现直通运营组织方式。尽快实施包括地铁一号线与八通线在内的直通运营方案，减少换乘带来的潜在交叉感染风险。

2. 引导私家车错峰出行，鼓励新能源、共享交通

一是通过停车错峰收费等方式引导小汽车协调出行时间和控制出行强度，适当放宽郊区小汽车出行限制。二是允许公交车专用道可以让"3人以上合乘"的出租车行使，提升交通资源利用效率。三是鼓励网约车、出租车企业提供更加环保节能的新能源车辆，增设更多新能源充电装置。四是通过摇号优先、购买补贴、置换补贴等方式提升新能源汽车占比。五是奖励共享单车企业提升单车使用周转率，在安装电子围栏的同时制定规章处罚乱停放行为。重新研究共享助力单车和共享电动自行车的投放及运营标准。

3. 完善慢行交通网络的系统性和连续性

一是增加慢行交通道路面积。将更多的道路空间重新分配给步行和自行车慢行交通系统，增加步道和自行车道的里程和宽度。二是利用新科技保持隔离距离。通过安装弹出式柔性塑料棒、光标识等轻度隔离措施实现车道快速转换为临时自行车道，使出行者的物理间隔达到 1～2 m。三是做好交通信息标识系统。加宽的车道应通过交通标志告知行人、骑车人和司机道路布局有变化，有条件的区域采用电子信息牌显示交通提示信息。四是监测评估慢行交通系统。对慢行系统的试用措施进行定期的评估研究，使其科学化、永久化。五是加快提升慢行交通的舒适性。在有条件的步道及自行车道两侧规划绿荫或加装顶棚，使慢行交通系统既能独立，又能融入城市周围的景观环境。

4. 实现大数据等数字信息的智慧交通场景应用

一是抓住防疫契机布局交通大数据平台，建立实名制的个人交通出行记录系统，将个人乘车二维码与各种交通系统数据实现统一接口、信息交互共享。二是借助车联网数据、人工智能等技术，实现运营智能调度，提升公交系统的运转效率。三是利用大数据平台与交通出行类 App 等载体进行互联互通，实现智慧出行的场景应用，试验并提升 MaaS 用户体验等。四是加快构

建和推广"无人配送""无接触配送"的硬件网络和模式。五是通过以上方式加强对疫情防控期间的交通出行信息和交通资源信息进行智慧整合，为交通运输的精细化管理防控奠定基础。

二、冬奥会绿色出行碳中和方案对策研究

（一）奥运会"绿色交通"国际经验借鉴比较

从近几届奥运会的举办情况来看，绿色奥运、绿色交通在具体实施上体现了合理利用资源与环境保护相结合的特点，通过总结往届奥运会的交通出行碳减排、碳中和发展的经验，读者可从中借鉴学习更有针对性的办法，见表7–1。

表7–1　几届奥运会交通出行碳减排、碳中和措施比较

年份	举办城市	具体交通出行环保措施
1996	亚特兰大	建设绿色节能的智能交通系统（ITS）
1998	长野（冬奥会）	冬奥高铁通勤（日均6万乘客）；安装道路传感器；编制优先通行车辆交通信号程序
2000	悉尼	公交一票多用；成立专门的绿色交通管理机构
2002	盐湖城（冬奥会）	以交通需求管理为主引导出行；使用ITS系统
2004	雅典	以轨道交通为主增加交通供给管理
2006	都灵（冬奥会）	5万t交通碳排放；在国外建可再生能源及植树造林
2008	北京	交通需求管理；更新清洁动力公交车；优化公交体系；物联网技术与绿色智能交通相结合
2010	温哥华（冬奥会）	氢动力车辆；场馆无观众停车区；创立"碳抵偿合作伙伴"赞助，抵消交通碳排放总计8万t
2012	伦敦	自行车出行；氢能公共交通工具；缆车系统
2014	索契（冬奥会）	碳足迹测算，补偿奥运会开展及观众和媒体代表航空旅行产生的碳排放共计16万t
2016	里约热内卢	108万t交通碳排放，捐赠碳信用、购买碳排放牌照
2018	平昌（冬奥会）	冬奥高铁；通过捐款购买49万t交通碳排放；国际碳排放市场购买"核证减排量"

总结归纳，奥运会期间主要有以下几类与观众交通出行相关的碳减排和碳中和措施。一是交通智能引导，绿色奥运公交优先。二是制定临时政策，控制汽车出行总量。三是以轨道交通为主，其他配套交通为辅。如长野和平昌建设了高铁奥运线路，见图 7-2、图 7-3。四是加强与国际绿色环保组织联络，参与碳汇市场合作。五是成立专门机构，负责绿色交通管理。

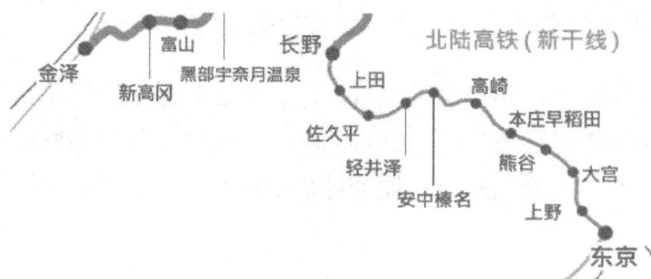

图 7-2　东京—长野新干线路线图

图 7-3　首尔—江陵高铁路线图

（二）冬奥会观众出行碳中和具体活动建议

1. 制定创新性、多样化的出行碳普惠、碳交易措施

为激励个人参与碳中和行动，北京交通委已经与相关企业合作推出了基于 MaaS 平台的个人绿色交通出行"碳普惠"活动，既可以促使出行者看到自己的碳足迹，又可以进行碳交易。如图 7-4 所示，参与该活动的出行者可以利用不同出行环节所节约的碳能量余额通过平台进行汇总，并由平台企业以打包碳交易的方式在北京市碳排放权交易市场实现兑换，从而获得相关的奖励，活动上线以来，市民踊跃参与，展现出践行绿色出行的良好社会氛围，截至 2020 年底，活动注册用户达 9.5 万人，累计服务 792 万人次绿色出行，

减少二氧化碳排量 2.5 万 t。

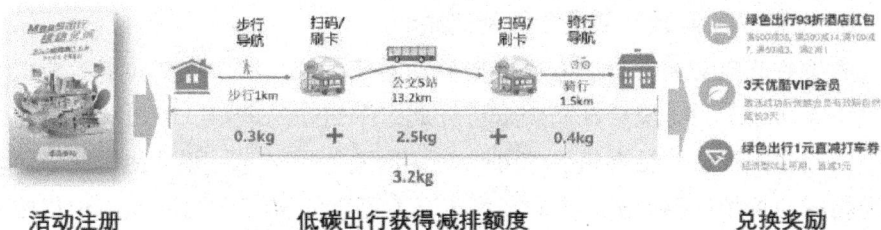

图 7-4 MaaS 碳普惠平台

但该活动需要出行个体在网络企业平台进行注册并且在出行环节进入"绿色出行"模块后导航目的地才能最终实现碳能量的计算积累，要想更好地发挥"碳普惠"活动的作用，需要简化平台手续，并优化丰富碳交易市场中换购的奖励产品品种，提升兑换吸引力。

2. 组织观众捐赠个性化树木的"微型碳汇活动"

除了官方计划的 88 万亩北京、河北生态保护绿化林的林业固碳和碳增汇工程之外，可委托企业开发基于个体冬奥会交通出行的"微型碳中和市场"系统（见图 7-5），并将该模块植入微信、地图等软件当中；也可设计并利用相关 App、微信公众号等工具发起"捐赠认领树木"的活动。活动可以在冬奥会之前开始，持续至冬奥会结束，先由组织方在以上客户终端展示可视化的树木品种及相应的捐助费用，出行者可以个人、家庭、合伙等自愿捐款的方式单独捐款或者组合认领树木,组委会最终将这批捐赠的树木在划定的"北京冬奥会碳中和林场"进行种植养护。参与观众甚至可以给所捐赠的树木进

图 7-5 微型碳汇活动

行命名，使活动更加有趣，吸引观众踊跃参加。微型碳汇活动还可以提供其他种类丰富的环保产品供选择。

3. 发售"一票通"冬奥会低碳交通卡

冬奥会低碳交通卡是指专供冬奥会期间使用的、以市政交通卡为原型的一类特殊交通卡。冬奥会期间观众可凭此卡乘坐往返场馆、酒店和各景点间的公共交通工具，包括高铁、市郊铁路、地铁、公交等，并且使用此卡可以享受相应的折扣优惠。该卡在未充值情况下可定价 50 元至 100 元，价格中包含已支付的冬奥会出行碳中和费用及额外的碳汇捐款。该卡的设计可进行编号发售，背面可供观众签名，记录绿色冬奥做出碳中和贡献的乘客名字，可在卡片的重要位置明示交通卡出售收入将用于冬奥会的各项碳减排和碳中和活动。此卡也具有收藏价值，可与"北京冬奥会环保形象大使签名"等活动结合发布，促进"一票通"的销售情况。

4. 推广绿色冬奥碳中和宣传、志愿者活动

一是主办方可以通过微信小程序等工具组织观众在出行途中和观赛前进行绿色冬奥会碳中和的知识学习，并设置小测验和知识竞答等环节，在观赛结束后可以答题结果换取相应的奖励。二是冬奥会观众可以接续宣传活动，例如通过微信朋友圈将宣传海报等向家人、朋友普及碳中和知识，凭借宣传截图或者点赞数量等在地铁出站口和车站、赛场门口领取碳中和宣传纪念品等。三是坚定积极地倡导"135"绿色低碳出行方式，即 1 km 以内步行，3 km 以内自行车，5 km 左右及以上乘坐公共交通工具等交通出行方式。四是组织引导观众进行一些环保志愿者服务活动，尤其发动北京冬奥组委和部分机关干部以身作则参与交通出行碳中和行动，如错峰公交上下班、奥运期间不开私家车、自愿购买国家核证减排量等形式多样的活动来抵消自身的交通出行碳排放。五是可对交通出行碳中和活动有突出贡献者实施物质与精神相结合的奖励办法，颁发环保荣誉证书。

5. 建设"冬奥会交通碳中和示范基地"活动

该基地是一个窗口，一个对外宣传的窗口，也是一个对内展示教育的窗口。一是"冬奥会交通碳中和示范基地"可以有固定的场所，比如在几个主要会场内部或附近，或者在相关展览馆和公园中设置，也可以在流动的公交车辆、高铁、市郊列车和地铁上进行视频展示。二是该基地在国内和海外园区同步进行示范展示，尤其海外园区注重"人类命运共同体"与冬奥会"碳

中和"相结合的文化展示。三是可以邀请调动社会公众人物参与到基地讲解志愿者的行动当中并加以宣传，扩大冬奥会碳中和工作的社会影响，提升社会各界及国际范围的低碳出行理念接受程度。四是在部分有条件的基地组织开展直观的碳捕获、碳封存活动，观众可以将自己的交通出行碳排放物进行压缩封存，未来可以随时通过绿色环保志愿者行动将自己封存的二氧化碳进行抵消。五是做好国际多种语言的示范基地布展与宣传方案，定期或不定期地组织外宾及相关人士参观游览，冬奥会周期内可分批次组织奥林匹克大家庭成员参观示范基地。

6. 加强国内外合作、优化交通碳中和管理职能

一是引入国际组织和第三方认证机构查验冬奥会交通出行的碳排放、碳中和规划与实施情况，积极与国际奥组委指定机构和国际公益性组织进行沟通合作。二是加强与国内企业协同合作，扶持国内绿色低碳交通企业和碳中和行业发展，鼓励相关企业向冬奥会捐赠碳排放配额、国家核证自愿减排量等。三是加强冬奥会绿色交通管理部门职能建设，尤其强化北京、河北以及与铁路系统的协同合作关系，发挥北京市交通行业节能减排中心的积极作用，完善冬奥会碳减排和碳中和方案。四是冬奥会之后对于公众出行无法抵消的碳排放，政府应通过国际市场购买国际碳信用额度来实行兜底性碳中和，最终实现碳中和闭环。

以上计划可组织形成专项行动方案，也可以提前进行尝试性实施与宣传引导，从而推动全市形成绿色办奥运的社会氛围，高质量完成北京冬奥会率先实现碳中和的目标。

三、冬奥会京张高铁的服务展示功能建议

（一）细化京张高铁运营组织及接驳配套服务

1. 分车厢设计提升精细化服务工作水平

冬奥会期间的高铁运营服务应充分考虑不同参会主体的需求，分别设置不同乘客的车厢划分，并对不同的车厢进行适度改造。在北京北站、清河站、延庆站、太子城站应利用贵宾室通道专为奥组委官员、运动员教练员、媒体人员提供上下车服务。专用车厢应距离进、出站口更近，方便其可以快速地进出站。

2. 做好京张高铁接驳、引导措施的便捷有效

一是在延庆站、太子城站、北京北站设有免费冬奥接送班车的基础上，尽可能减少接驳车辆的中转换乘，应实现"一趟直达"，将奥组委官员、媒体人员、运动员、志愿者和观众直接送到奥运村、体育场馆和新闻中心等目的地；二是将不同奥运村、奥运场馆和重要新闻中心之间的交通指示牌以及公共交通引导牌置于显眼的位置，加强对交通民警、道路引导员和志愿者的培训并严格安排值守，便于出行者快速找到目的地；三是针对高峰时期跨赛区的高铁出行，乘车人次多、排队时间长的情况，应当充分做好服务预案，尽可能地为在不同赛区和场馆奔波的媒体人员提供专人对接服务。

3. 冬奥会运动员雪具及行李置放

雪具作为训练和竞赛的重要装备，其重要性不言而喻，若不随运动员和教练员同步，甚至发生丢失情况，将带来不良后果。雪具置放是目前京张高铁运营服务中亟待解决的问题。例如，日本新干线提出新规，将三边合计为 160～250 cm 以内的行李归为特大件行李，上车后可置于最后一排椅背与车厢墙壁的空间中（见图 7-6），但是需提前预约，该位置也有显著的"需预约"提示标志。

图 7-6　日本新干线特大件行李预约放置处

针对京张高铁 130 cm 超限雪具（最短的女士单板长度都在 140 cm 左右，男士单板长度至少 150 cm）不能上高铁的规定应当在冬奥会期间做出临时调整。出于安全考虑，可以在运动员车厢配有专用雪具存放处，严格设定有值守人员帮助运动员固定大件雪具。通过列车改造，适当降低座位密度用于放置雪具，或者改造行李架，加上防护挡板和绑带来安全地置放雪具。借鉴平昌冬奥会做法，专门为运动员、记者准备一个相邻空座位，用于放置雪具和行李。在平时运营中，也可采用日本新干线模式，进行大件预约，将雪板等大件行李置于末端座椅背之后，并加以安全绑带来进行固定。

4. 其他运输经营保障服务

一是可在合适的车厢设置自动食品饮料、纪念品等商品售卖机，为商务座和一等座提供特殊零食及纪念品。二是乘坐列车时可预订下一站及目的地车站的冬奥餐饮、文创产品、轮椅及"小红帽"搬运等服务，抵达车站时便可在站台上或者出站口获得自己预订的产品及服务。三是冬奥会前后期间将京张高铁车厢和车站内的无线网进行扩容提速，以应对冬奥会期间高铁车厢内和站内观看比赛时数据使用量的增加。四是发挥冬奥出行 App 服务作用。优化往返于城市与赛场、新闻中心之间交通信息的手机应用程序（App），广大乘客和市民使用该软件能更加便捷地利用高铁、长途客车、免费公交和班车等公共交通手段前往赛场观赛。

（二）冬奥高铁票制票价服务

北京冬奥组委应与铁路部门充分合作，在票制票价服务方面解决以下问题。

（1）免票人员。对持有奥林匹克注册证的官员、媒体人员、运动员、教练员、志愿者可持卡免费乘坐京张高铁。高铁车站及机场等重要交通枢纽应配有大量的志愿者，来帮助媒体记者、官员、代表团等办理免费的高铁车票。

（2）其他人员。可在主要车站方便购买冬奥会高铁车票，可以用奥运会的官方赞助商 VISA 信用卡或多种货币现金购买。北京也可以与铁路部门商议，充分运用多种多样的优惠手段，形成新的京张高铁票种，也可以与其他商家联合推出高铁出行相关的优惠票等，从而更多地吸引游客。同时，可发行多种类型的冬奥会高铁纪念票等。

（三）多途径高铁宣传及文化展示

冬奥会京张高铁宣传展示不仅为冬奥会的出行起到基本的引导服务作

用，还应当充分体现更多的文化内涵，包括冬奥理念、民族精神和城市特色。高铁宣传手段和工具形式多样，主要有火炬传递、车体涂装、灯箱、LED 显示屏、静态广告牌、车载广播及电视、宣传册（单）、广告贴等，每一种媒介形式都有着自身的特点和价值。

1. 火炬传递

可借鉴平昌高铁的火炬传递经验，在意义重大的京张高铁上进行火炬传递、文化传递、历史传递。冬奥会火炬可以在高铁车站站台上举行传递交接，为了列车安全，在列车内以灯型代替火炬棒进行传递，而且传递距离仅限于北京北站至清河站 12 min，火炬在清河站下车后交给下一任传递者。同时可在火车站及城市交通枢纽内举行中国高铁摄影展览、中国现代化发展展览、北京城市发展展览等相关主题活动，可向游客和市民发放纪念品，以京张高铁的火炬传递宣传带动更多的展示活动。

2. 车体涂色

"冬奥高铁"车体涂装是奥运赛事主办国家和城市的名片，视觉冲击感强烈，其引导服务和展示功能较为突出。应将车体外观进行冬奥主题涂装，可将奥运会吉祥物及不同的比赛体育项目图标涂装在不同目的地的高铁列车上，即太子城方向高铁列车涂装越野滑雪、跳台滑雪、自由式滑雪、单板滑雪等图标，延庆方向高铁列车应涂装高山跳台和雪橇雪车形象。另外，市郊铁路 S2 线也可以考虑进行涂色等设计。

3. 车站主要宣传工具

一是车站灯箱广告。位于购票人流、出租车、地铁人流进出站必经之处。灯箱广告可以在白天和晚上分别通过自然光、辅光两种方式向远距离的人们传达画面内容，远视效果好，可用于冬奥主题突出并有明显识别度的冬奥宣传和场馆引导功能，同时兼顾文化展示服务功能。二是车站数字多媒体和 LED 显示屏。位于高铁站进站或者出发层等关键的位置。在广告位簇拥的高铁站，LED 显示屏也能以生动的画面表现力以及丰富多样的内容获得出色的广告传播价值。可考虑滚动播报冬奥即时信息及地方特色文化，比如金牌变化数据以及延庆的地方特色宣传。

4. 高铁车厢广播、电视及其他广告

一是高铁车载语音广播和电视媒体。列车广播及电视是传播力度强的高频广告媒体，能强覆盖所有高铁乘客，除了发挥列车发车和到站反复提醒功

能外，还可在旅途中通过音频和视频向乘客进行赛事直播、新闻直播、各类即时的通知公告播报，也可兼顾公益和营利性广告的交替播放。二是车厢内其他类型广告。如头枕件、书报类广告宣传册等。

5. 注重服务功能优先次序及文化内涵展示

各种不同类型的高铁宣传，应首先保证服务冬奥运输基本功能，突出冬奥会场馆、比赛、气候、交通等信息。在此基础上尽可能需要围绕以下文化内涵进行展示。首先是宣传北京冬奥办赛理念，包括绿色、共享、开放、廉洁、智慧、节约、公平等；其次是突出我国文化价值观和民族文化，比如传统道德、思想教育、音乐戏曲、书画陶瓷，还包括倡导人类命运共同体等内涵（见图 7-7）；再次要凸显北京、张家口地域特色文化，比如北京的四个中心和作为世界城市的功能定位宣传，文化旅游方面如长城文化、塞外文化、非遗剪纸文化、温泉等；最后在宣传时，应注意中英文等多种语言规范使用，注重情景式带入展示。

图 7-7 非遗文化冬奥主题剪纸

四、长野冬奥会新干线遗产利用对京津冀的启示

（一）长野高铁新干线与冬奥会

1. 长野新干线开通缩短一半路程时间并带来交通网络效应

在 1998 年 2 月举行长野奥运会之前，东京至长野 226 km 的长野新干线于 1997 年 10 月从高崎市连接贯通运营。目前长野新干线最快能在 80 min 内

将东京站与长野站连接起来，最高速度达 260 km/h，比既有的普速线路时期增加了约 40%的客流。由于长野新干线的开通，节约了一半东京到长野的时间，因此也改变了多种商务和旅游方式，尤其是一日游出行能够有充裕的时间停留。

此外，长野新干线的二次交通衔接也得到了改善，成为吸引观光游客的重要新干线通道。如图 7-8 所示，随着长野新干线的开通，盘活了周边人员流动和经济发展，通往长野其他方向的交通通道也得到了显着改善。例如，在没有长野新干线时，每天仅有 13 对开往长野东北方向的普铁列车，在长野新干线开通后，发车频率大幅增加至 34 对，有效地盘活了长野县其他市町村的联络。目前，长野新干线作为北陆新干线的一部分，计划从东京经长野和金泽到达京都和大阪。

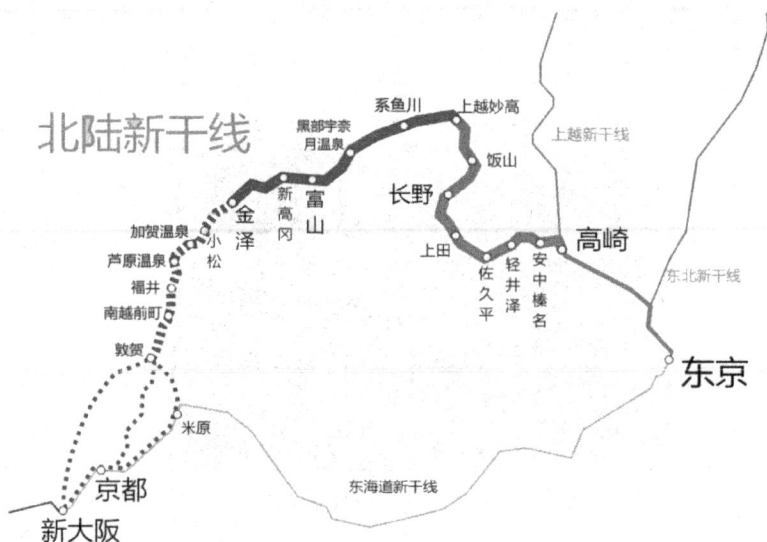

图 7-8　长野新干线（东京—高崎—长野）

2. 长野新干线带来的旅游、商业等相关产业影响

一是游客在奥运会前后达到峰值。高铁开通后长野县的总体消费额度达到峰值随后减少（见图 7-9），过夜游客和团体游客大幅度减少（见图 7-10），而由于冬奥会及高速交通网的辐射效应，周边其他地方旅游人数和消费额度有所增加，尤其是滑雪游客大幅减少。但是总体来说，拥有 36 万常住户籍人口的长野市，常年游客规模依然十分庞大，长野城市规模与 50 万人口规模的城市水平相当。其中很大一部分游客购买的是与高铁车票优惠绑定的滑雪、寺庙观光、温泉及生态康养生活体验项目。

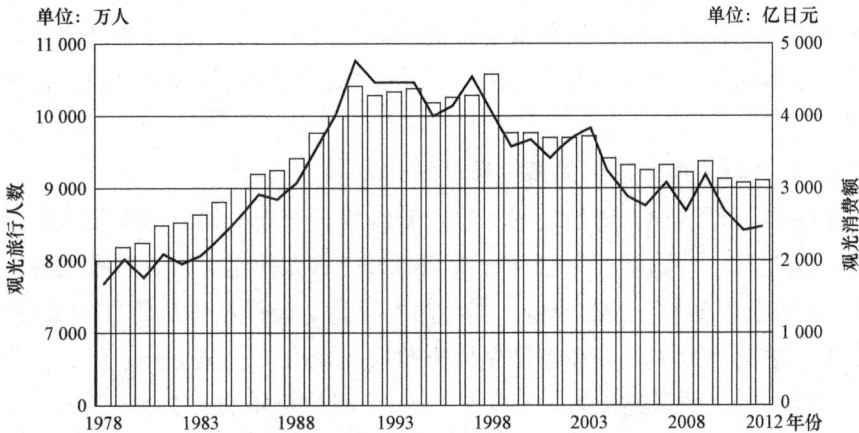

图 7-9 长野旅游人数与旅游收入图

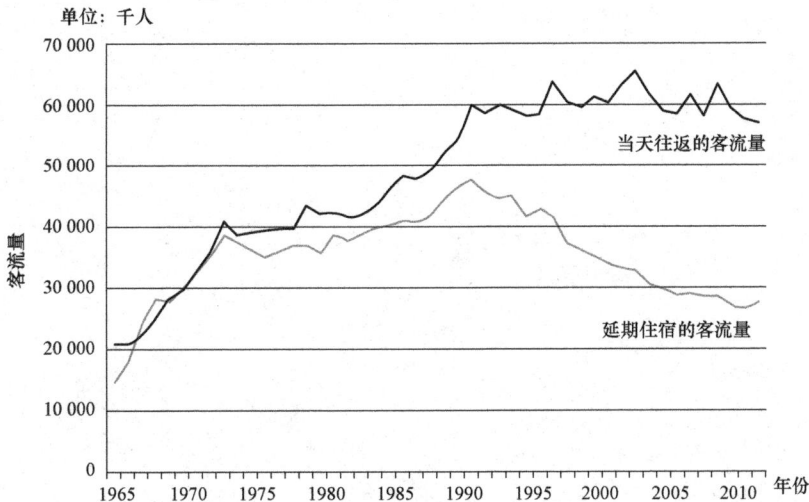

图 7-10 过夜游客变化

二是商业及营业场所减少。长野新干线在开通之前，商业和营业场所数量达到峰值，开通之后，在长野市设有分公司和营业所的主要公司关闭或减少了分支机构，长野市的办公区大楼的空置数量很突出。其中商业机构的数量在 1996 年即奥运会前一年稳步增长，达到 22 219 家，但从 2001 年开始下降，2006 年的调查结果显示为 20 132 家，比峰值降低近 10%；整个长野县的营业场所数量，也从 1996 年的 133 597 家减少到 10 年后的 115 380 家，也减少了 10% 以上。分析原因，主要是具有显著节省时间效应的新干线开通后，企业集团可以计算维持分店和营业所的成本与新干线的出差成本进行比较，当出差成本比维持分店成本更经济时，总公司会关闭或减少分公司、销售办事处。

3. 长野新干线串联起的高铁新城快速发展

新干线长野站与高崎站之间的区段升级为长野新干线的标准新线路，中途有 4 座车站，根据每五年进行一次全国人口普查的结果，长野县的总人口在 2000 年达到 221 万人的峰值，然后略有下降。但是新干线停靠的长野市、上田市、佐久平市和轻井泽市四个地方政府的总人口仍呈上升趋势。且利用高铁出行的人次数量逐步增加（见图 7-11），平均每年约有 1 000 万人次乘坐长野新干线（2021 年我国京张高铁年发送量为 690 万人次）。

图 7-11　长野新干线

案例一：佐久平市

距离东京市中心 170 km，是长野新干线带来的商业集聚成功案例之一。为响应新建新干线车站的决定，佐久平市在规划车站周边用地时进行了 60 公顷的土地调整工程。由于车站周边地区的城市开发，车站前的主线沿线开设了大型购物中心等商业设施。这些拥有大量停车场的大型商业设施不仅吸引了佐久平市的大量购物者，还吸引了周边其他地区的大量购物者，尤其提高了周末东京游客来此购物的积极性。

案例二：轻井泽町

另外一个人口持续增长的城镇是轻井泽町，作为高级避暑胜地而广为人知的轻井泽町，在过去 20 年中人口增加了约 14%。隶属于西武铁道公司的轻井泽站王子购物广场进行了四次扩建，目前拥有 196 家奥特莱斯商店和餐厅。这家购物中心不仅毗邻新干线站，而且靠近高速公路的收费口，也设有宽敞的停车场。轻井泽町和东京之间的交通可以通过新干线在大约 60 min 内完成。为此，收入和时间充裕的人，主要是大公司的经理和大学教授，都搬到轻井泽町选择"双城生活"，而更多的本地年轻人也方便去东京工作。目前选择轻井泽町作为第二居住场所并搬入的 1950 后退休群体正在增加。

总结：高铁对当地带来了双重波及效果。第一次波及效果是高铁开通带动了车站周边的城市商业兴起；第二次波及效果是高铁城站商业中心的扩大与集聚进一步吸引了开车来购物消费的居民。高铁带动与机动车带动相互融合，提高了城站辐射范围，这应该是轻井泽町、佐久平市这样的高铁新城的特点。长野新干线在各个车站周边设立充足的停车位，也是考虑到吸引私家车居民接驳换乘出行的便捷性。

（二）长野冬奥遗产的 20 年后评价

1. 最有价值的物质遗产

20 年后的 2017 年，相关组织采用抽样的方法对长野县内 1 000 名 18 至 79 岁的人口进行了问卷调研，问及认为举办长野奥运会带来的冬奥会遗产是什么——比例最高的投票给了"长野新干线"，其次是冬奥场馆和高速公路（见图 7-12）。高速公路在冬奥会前几年开通之后长野县的游客规模数量达到历史峰值，并且一直保持至今；长野新干线开通之后的第一年长野县的消费规模达到历史峰值，并且也一直保持至今。

第一名	长野新干线
第二名	长野冬奥比赛场馆
第三名	长野县高速交通网（含奥运公路）
第四名	"长野"品牌知名度提高
第五名	去温泉的海外滑雪游客增加
第六名	成立了著名的冰球、冰壶的专业俱乐部和集训基地
第七名	青少年获得了新的梦想和希望
第八名	"一校一国"运动开阔了青少年的国际视野

长野冬奥会最有价值遗产评选

第一名　67.00%
第二名　61.70%
第三名　52.70%
第四名　52.00%
第五名　32.90%
第六名　26.20%
第七名　26.20%
第八名　25.90%

0.00%　20.00%　40.00%　60.00%　80.00%

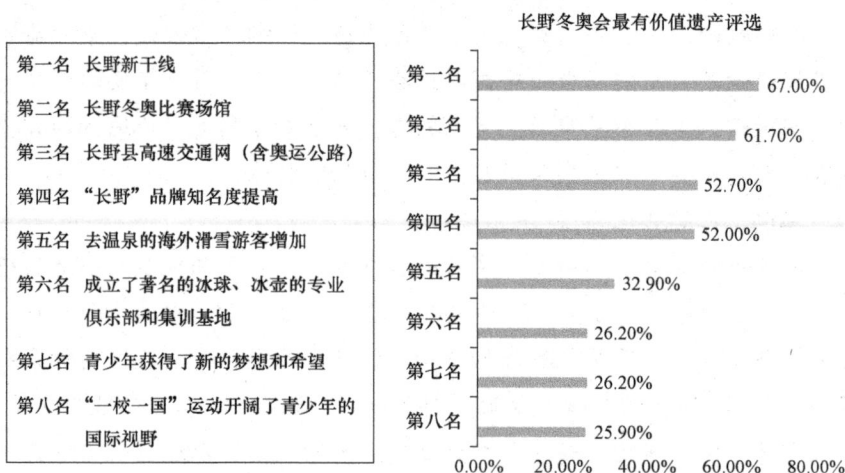

图 7-12　长野冬奥会最有价值遗产评选活动

2. 前往东京通勤、通学人数快速增长

据 1995 年长野新干线开通前的调查，从长野县到东京的通勤员工和通学学生人数为 787 人。到 2015 年，从长野县到东京工作和上学的总人数为 4 691 人，约是 1995 年的 6 倍。以通勤职工和通学就读人数来看，职工人数从 627 人增加到 3 052 人（4.9 倍），就学人数从 160 人增加到 1 639 人（10.2 倍）。从规模上看，从业人员人数继续增多，但在校学生的增加幅度较大。而且，从东京到长野的反向就业和上学人数变化也增加了 10%。

3. 面向未来的长野县域社会发展

高速交通网络引发的通勤和通学等人们活动范围的扩大有助于防止县域人员外流，并通过区域再生政策引导人口向县域迁移。高速交通网络减少了交通出行时间，不仅促进了商务、旅游的发展，更扩大了通勤通学的时空选择范围。在设置新干线停靠车站的长野县域内的很多地区，都为新移入居民补贴交通往返费用和安家费用，人员及物资的更宽泛流动也促进了县域经济的可持续发展，能够着眼于未来更加多样的职住选择和舒适生活。

（三）北京冬奥京张高铁遗产利用建议

冬奥遗产可以简单地分为直接遗产、间接遗产和波及遗产（波及产业开发利用）。直接遗产主要是场馆等设施遗产；间接遗产包括交通基础设施、生态环境改善、公共服务和城市文明程度的提升；波及遗产主要是周边产业带动及文化影响的传播。在具体分析时，有些遗产存在密切的关联效应。

1. 利用京张高铁打造京张文化体育旅游产业带

广泛融合长城文化、草原文化、冰雪运动，将文化符号体验有效转化为实际行动，极大促进京张冬奥沿线地区的冰雪、文化、旅游产业发展，造福京张两地群众。参考长野冬奥会公众对奥运遗产的认识评价，充分发挥京张高铁纽带作用，推动高速交通设施互联互通，优化组织接驳换乘功能，大幅提升区域交通服务能力。

一是深入挖掘延庆、张家口地区文化旅游资源，特别是阪泉大战、逐鹿大战等历史，串联五千年定都逐鹿及新中国定都北京的历史脉络，衔接永定河西山文化带，打造历史文化与冰雪、骑行等体育活动结合的旅游体系。二是连接环官厅水库绿道网络，外延拓展至延庆、崇礼奥运基地和各类文旅景区，形成以官厅为节点的文化、生态康养、休闲度假的产业体系。三是以八达岭长城站、宣化站、下花园站等高铁车站为中心，分别打造突出彰显长城文化、葡萄文化、邮驿文化等绿色交通网络，利用周边丰富的温泉地热资源，打造环首都最佳的康养小镇和周末休闲度假旅游目的地。四是推动区域数字产业化、产业数字化，可以通过各种大数据，尤其利用交通出行大数据，来导引各种文旅资源的供需数量和结构，同时推动生态环境联防联治，持续改善京津冀地区生态环境。

2. 利用好京张高铁，大力融合发展，打造高铁新城

一是需要确保各类交通车站疏散、接驳、换乘措施到位，尽可能减少大小交路方式，接驳公交车辆和巴士宜采用连续运营、支线运营的方式。在延庆站、太子城站、北京北站可设有固定体育场馆为目的地的循环班车，提升冬奥体育场馆的吸引力。二是推出联程高铁票制、滑雪、温泉及文旅高铁套票。在京张高铁沿线昌平站、延庆站、东花园站、怀来站、下花园站和张家口站，打造高铁科技新城和生态康养宜居新城。三是可在昌平、延庆、下花园吸引中关村科学城外溢资源，建设更加吸引年轻人的科技创新、文体融合的高铁新城，在下花园、东花园、张家口等力推科技创新关联行业的远程办公工作者、经理人及大学教授等置办"第二居所"。四是建设更多的购物、娱乐等配套服务基地，例如在下花园站打造综合的免税购物休闲娱乐中心。

3. 积极传承奥运举办和组织的精神遗产

北京冬奥会后，"双奥之城"名片效应凸显，为我国和世界留下了很多精

神遗产。尤其在赛会组织方面，积累了丰富的大赛组织经验，志愿者、办赛人才、运行指挥、新闻宣传以及服务保障机制等方面的诸多经验非常值得珍藏并发扬光大，可以进行全世界宣传推广。为此，遗产协调工作委员会应建立长期工作机制，广泛征集各类有价值的遗产利用建议，可以组织评选国人心中和国际友人心中的遗产排名活动，建立委内外联动工作和咨询机制，积极引入社会资本和公众力量，尽可能地实现效益和公益双丰收。

伴随着本次冬奥会冬残奥会落幕，一批有影响、可持续的冬奥遗产价值正在逐步显现，对国家、地区和北京市的长远发展将会有很大的影响。作者相信，这些遗产也必将伴随着精彩、非凡、卓越的冬奥会举办而更加丰富、更加持久、更加密不可分地融入人民的生活之中，从而成为人民追求幸福美好生活的长久动力，让中华民族的物质财富和精神财富更加闪耀地屹立于世界之巅！

五、疫情背景下"北三县"通勤轨道应急管理对策

（一）北三县的通勤需求及困难

1. 存续的通勤短板问题

根据 2019 年百度手机信令出行数据显示，北京市东部通州、北三县方向，日常进入北京中心城区通勤人口超过 40 万人，其中北三县跨市域日通勤人口达到 20 多万人，是目前离北京市最近且最大的市外通勤居住组团，占到全北京跨市域就业人口比例的 70% 以上。但由于长期缺乏轨道交通规划建设，往返北三县通勤人口中绝大部分需要乘坐京冀公交汽车、网约车和私家车来完成出行，途中需在京冀交界处完成进京安全检查，通勤出行的便捷性和可靠性较差，该通道方向也是北京最为拥堵的道路区段之一。

2. 疫情防控背景下的通勤压力

疫情防控期间，除了既有的通勤不便和拥挤问题，还需增加疫情防控检查，4 点起床排队乘坐公交成为北三县通勤常态，极大地降低了通勤效率及出行幸福感和体验感。在 2024 年平谷市域快线开通前，北三县通勤族仍需消耗大量的时间、体力、精力实现通勤目的，也势必继续带来该通道的拥堵和疫情防控压力。在疫情防控常态化背景下，面对未来不确定的疫情突发等相关事件，需要制定应急运输预案，防止出现一些过度聚集、交通事故、舆论舆情等意想不到的紧急性群体事件。

（二）构建北三县至北京的应急轨道通勤预案

1. 铁路通勤可选方案

据与铁路部门合作研究获悉，随着 2021 年 1 月京沈高铁的开通，既有京哈铁路平图能力能够释放出 20 多对车次，其中北京连接北三县的京哈铁路平图能力至少能够释放出 10 对以上车次，为北京东部方向的运输通道腾出了一定空间。在此基础上，提前将未来规划的市郊副中心线东延方案进行部分实施，利用既有京哈铁路的燕郊站、大厂县站、三河县站作为应急运输通道的主要节点，可每天开行 5～10 对通勤班车。

2. 运营组织服务措施

运营组织方面有多种选择。一是早高峰可从三河县站和北京站发车，贯通市郊副中心线运营，可以开行快慢车结合方式，北三县三站全部停靠，快车直达北京站和北京西站，慢车站站停靠。二是开行区间车，根据客流情况，分别从北三县三站始发市郊列车，尤其开行燕郊站进入北京东站和北京站的列车。晚高峰根据客流情况从北京西和北京东站出发，进入北三县后依次停靠三站。三是宜采用不记名、不对座、有站票等公交化运输组织方式，简化安检措施，检票时间应至少压缩到 2 min，可实施优惠周票、月票、季票等通勤票制。四是要做好应急通勤运输的接驳换乘预案，针对通勤防疫特点，在北三县车站与主要居住区之间规划好区间公交等多种接驳方式，提高出行"门到门"的通达性和吸引力。

3. 通勤运输防疫措施

铁路运输中的疫情防控措施主要通过进入车站的防疫检查措施来完成。每个车站设置防疫检查通道，通过电子测温、健康宝、身份证、居住证、工作证明、核酸检测报告电子化识别等快速化的检查方案来实现通勤运输服务的防疫需求。进入车站实施安检和疫情防控检查后，沿途及抵达目的地车站不再进行其他检查。

4. 体制机制协调方案

由北京市政府与河北省等地方政府出面，会商铁路部门，发挥京津冀交通一体化协同机构作用。可由京津冀交通一体化统筹协调小组负责，亦可由北京市市郊专班统筹负责，京投集团、交通委、疫情防控管理部门、北三县地方政府与北京铁路局集团沟通，京冀两地合作，租用铁路车底，签订委托运营服务协议，制定轨道通勤应急方案，尽快启动北三县通勤路地合作服务模式，制定应急管理方案，划分应急事件等级，保证特殊时期的通勤通道畅通及疫情防控目标实现。

六、2021年北京西客站旅客滞留事件的路地合作反思

2021年5月劳动节小长假第一天，因大风天气吹扬地膜，致接触网故障，造成京广高铁动车晚点到达北京西站，旅客出现大量积压。北京西站因大量旅客滞留被推上舆论的风口浪尖。

（一）铁路系统内自我管理能力提升的问题

一是通过12306、短信、微信等公众信息平台提前实现延误预警通知；二是铁路车站的应急安检通道隔离设置与疏解方案需要有良好的预案；三是在车站乘客滞留的疏导沟通方面，应当让旅客感受到温暖、尊重；四是退换票不仅可以在火车站窗口实现，还应当在12306平台上实现，而且也可以考虑制定一定票价比例或者按照购买延误保险等方式的赔偿方案。

（二）铁路系统应主动与城市合作的问题

一是与城市协同实现应急联动，比如在经过火车站的地铁和公交车辆上同步进行列车延误广播和视频播放，另外城市轨道交通可以通过火车站场地铁站甩站不停车，从而降低拥堵程度。二是建立站前广场和车站内的信息告知方式。之前很多火车站具备广播和大屏幕系统，但是因为可能会给城市带来噪声及声光污染，很多火车站取消了该类系统，铁路部门应当与城市协商恢复站场广播系统和大屏幕显示系统，只约定在应急事件中使用，但需要在平时做好设施维护保养。三是在应急通信方案中应当与城市和三大通信商协同增设移动应急基站等设备，避免大容量旅客滞留所带来的通信信号堵塞问题。

总之，铁路管理问题错综复杂，关联因素较多，但也应当乘风踏浪，让僵化的管理体制适应服务型的管理思维，如果只有"管束"制度而没有"服务"意识，中国的铁路速度再快，也只拥有"强健的体魄"，而没有"智慧的大脑"。

第八章　京津冀多种交通方式融合体制机制创新

一、京津冀交通一体化体制机制经验借鉴——日本、美国

（一）京津冀交通一体化发展成果及存在的体制机制问题

1. 管理机构职能薄弱

为了统筹协调京津冀交通一体化发展，我国已从中央到京津冀各地组成了四层级协调管理机构，并在执行层面建立起一套京津冀交通一体化联席会议机制和互派工作人员的机制，并轮流在三地开展京津冀三省市区域交通一体化统筹协调小组联席会。

然而，具体展开工作的交通一体化协同机构层级较低，大部分挂靠在交通委（厅）的处室，缺乏足够的专职编制和三地合作的长效合作机制。管辖职能方面也不具有全面的管控能力，对交通全产业领域的协调管理功能，尤其在铁路、航空和港口的协同决策方面不具有管理权限，更不能发挥主导职能。

2. 协同机制尚不完善

目前缺乏纵向层级和横向跨区域间有效的沟通、管理、协作和监督机制，也缺乏铁路部门、社会资本等多主体之间合作共赢的激励机制。在交通一体化发展过程中，容易出现多主体各自为政，主要体现在规划层面，可能出现土地与交通规划分离、铁路与城市规划分离、城市（省）与辖区规划分离等情况。为确保京津冀交通一体化的顺利进行，也需要从机制角度对一体化发展模式进行改革创新。

（二）国外城市群、都市圈交通一体化发展的经验及启示

1. 日本东京首都圈：统筹协调交通与土地、城市、交通融合发展

作为全球区域交通一体化发展的典范，东京首都圈建造了世界上最发达的轨道交通网络，通过依托一系列相关体制机制支撑，实现了城市与铁路等轨道交通网络的融合发展，为首都圈的一体化繁荣发展带来源源不断的动力。

1）相关法律法规提供了保障

在第二次世界大战前后的日本都市圈扩展时期，日本围绕都市圈国土资源和交通融合发展制定了多部法规，如《城市规划法》《土地区划整理法》《都市再生特别措施法》《宅铁法》《铁道便利法》《首都圈整备法》等。这些顶层法律设计极大地保障了区域土地与交通的一体化开发效率，为以后的可持续和高质量区域发展提供了重要的保障。

2）强有力的主管部门统筹管理

日本国土交通省在都市圈交通一体化发展过程中起到了重要的作用。日本国土交通省于2001年创立，由原来的运输省、建设省、国土厅及北海道开发厅这四大行政机构合并而来，负责统管全国交通运输、国土整治开发利用等事宜。国土交通省下辖都市局、铁道局、国土开发厅等机构，都市局和铁道局合作协调，对于土地开发建设、铁道建设等进行协同规划，共同参与。国土交通省的职能实现了执行层面上都市圈土地和交通的统一规划和协调，从而在顶层管理职能层面实现了外部协商成本的内部化。

3）拥有多层级多主体组织结构的决策机构

日本于1955年设立运输省都市交通审议会，经过多年的发展变迁，20世纪70年代之后相关职能由运输政策审议会执行，负责决策都市圈和城市群的交通发展思路方向与规划。如图8-1所示，审议会内部成员涉及主体范围广泛，该机构下设部门从上到下依次有专业分科会、部会、工作组及小委员会等，层次职能清晰。审议会构建了多方面相关利益主体集思广益、沟通协调的平台，实现政、商、学、民等各方利害平衡，有利于更加科学合理地进行决策，以及在后续的执行中更容易得到各方支持和配合。其中，东京及周边地区都市铁道专门委员会于2014年专门设立，为东京首都圈铁路规划建设和发展提供了重要的体制机制保障。

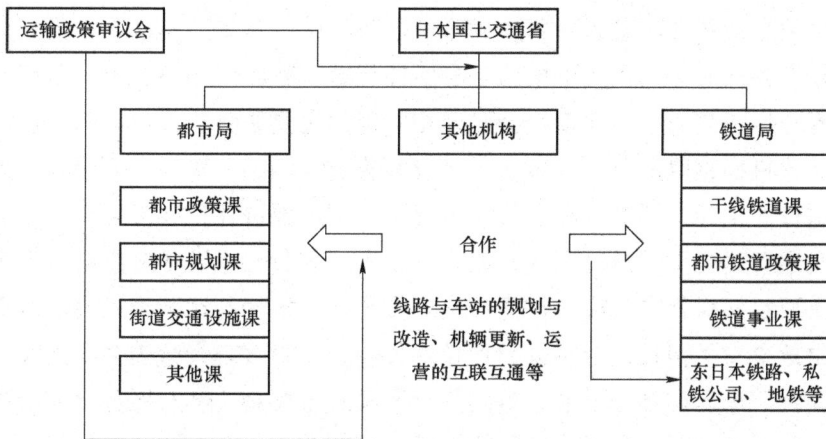

图 8-1　日本交通运输管理体制图

2. 美国华盛顿都市区：以首都都市区（圈）为单位的一体化区域治理

早在 1924 年，经美国国会批准，美国成立了联邦政府直属的国家首都规划委员会（NCPC）作为联邦和特区政府的中央规划机构。随后区域合作协同机构不断成立和发展，1960 年国会批准成立国家首都运输委员会（NCTA），而后在 1967 年根据《WMATA 州际协约法》转变为华盛顿都市区交通管理局（WMATA）。

另外主要的交通管理机构还有华盛顿都市区政府委员会（MWCOG）下属的首都地区运输计划委员会（TPB），MWCOG 负责协调首都地区政府间的关系，成立于 1957 年，委员会成员包括首都及附近地区的 24 个地方政府以及联邦政府官员和众参两院议员代表。MWCOG 下辖四个主要机构，其中一个就是主要负责区域交通协调和顾问相关工作的首都地区运输计划委员会（TPB）。

1）华盛顿都市区交通管理局（WMATA）

WMATA 是经美国国会批准的区域交通协同组织机构，属于政治团体和独立法人机构，同时具备公共管理职能与市场主体职能，是一个公私合营机构。该机构负责最大限度地利用各种交通方式为首都都市区服务，包括华盛顿大都会区的综合公共交通规划、建设和运营管理；同时也负责并主导该区域交通相关的开发、建设、融资和经营任务，它是华盛顿都市区交通一体化发展管理职能和建设运营服务职能范围最大的机构。

WMATA 的决策及管理层级清晰，各部门各司其职。交通管理局的最高决策机关是董事会，董事由华盛顿哥伦比亚特区、马里兰州、弗吉尼亚州及联邦政府各任命 2 名正式董事和 2 名候补董事，满编共 16 人组成。董事一般由在各地担任交通、法律及社会发展相关部门主要职务的人员兼职担任，且不能从该机构领取薪资。董事会通过投票决定一些相关事项，而当涉及重大民生项目如主要交通规划和票价调整等时，则需要进行社会听证会与公示环节。交通管理局下设总经理、其他官员、专项委员会以及各分委会。专项委员会主要包括执行委员会、财务与资产委员会、安全与运营委员会，内部职位可由董事交叉担任；分委会包括技术分委会、乘客咨询分委会、无障碍咨询分委会、审计调查分委会、基建规划和房产分委会、客户服务分委会等，主要由兼职的官员、学者、市民等组成，见图 8-2。

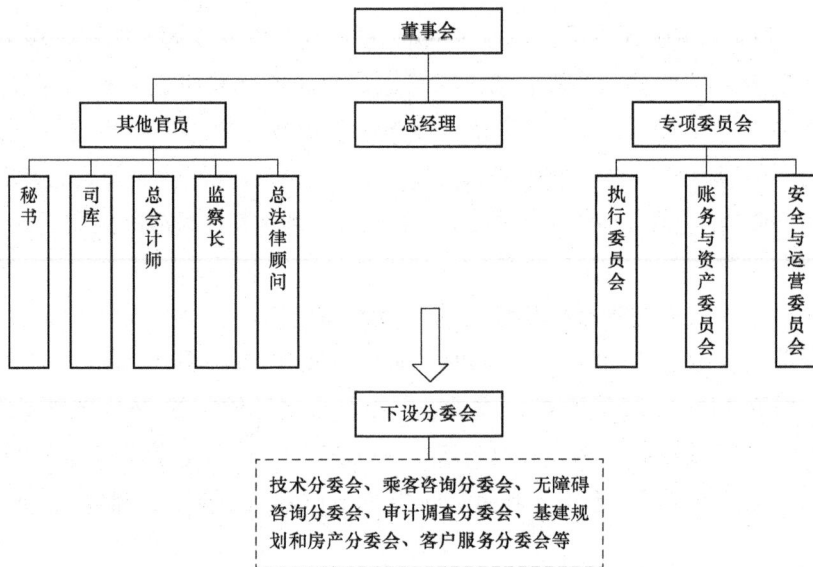

图 8-2　美国 WMATA 组织构成图

2）国家首都地区运输计划委员会（TPB）

国家首都地区运输计划委员会（TPB）是联邦政府指定的华盛顿都会区组织，隶属华盛顿大都会政府委员会，属于政府公共咨询和法律技术服务机构。其主要职能是协调地方、州、地区和联邦合作，提供区域交通政策框架协调机制并为交通决策提供一定法律、数据和技术支持，更多地履行联络和顾问职能。

通过对美日首都圈交通一体化发展实践的简单梳理，可以从中找到一些共同点并得到可借鉴的经验。第一，顶层法规提供依据和保障。美国华盛顿都市区交通一体化机构是通过国会法案批准设立的，这些机构履行对应职责、分工合作等有明确的依据，其日常运行都在一些协议法案的规则下展开；日本都市圈以成熟的土地与交通一体化开发著称，这也离不开大量相关法律法规的支持，在一体化开发管理的机制上同样也给予了制度上的充分保障。第二，管理机构职能稳定、层次分明。常设化的区域发展管理协调机构，职能稳定，决策机构、各类事务管理机构层次分明，有利于突破地区间行政壁垒，有计划地真正从区域一体化角度考虑问题，其中各机构的决策层一般是委员会或者董事会，但是都会常设一般的工作机构、工作人员来进行日常的运行管理。第三，注重多方协调合作。虽然各国、各区域管理体制形式多样，但都存在综合多方主体的协调合作机构和机制，参与者包括区域内各地政府、交通运输部门、企业、学术研究者、社会团体及民众等，以综合各主体意见、兼顾多方利益，实现共赢，尤其是各地政府派出代表来行使议事和决策权。

（三）体制机制视角下京津冀一体化发展模式的构建

综合我国现状及国际区域交通一体化经验，从体制机制视角下对京津冀交通一体化发展模式进行探索。

第一，制定顶层法规依据和保障。目前京津冀交通一体化发展依据的多为指导性政策文件，而缺乏专门的法规作为顶层制度和保障。京津冀协同发展需要从国家法治层面制定更有效力的法律法规。除了国家层面，地区层面也需要在国家相关法律法规的框架下搭建区域性协同发展法规制度，使一体化发展有更明确的依据，并为相关协同发展主体进行分层次的赋权。

完善有效的顶层法律法规将在跨行政区域合作和社会多方合作中起到指导、约束、协调等正面作用，将解决目前遇到的大量难题，为京津冀交通一体化顺利发展打下坚实基础。

第二，设置以首都为核心的创新性管理机构。相关管理协调机构体制需要进一步完善，突出以首都为核心，学习日本东京和美国华盛顿管理经验，确定首都的核心地位，并以"一核双翼"起到跨区域、多方主体参与和协调的作用，将交通一体化的决策和执行落到实处。

京津冀地区可以成立类似华盛顿都市区交通管理局（WMATA）的区域

级交通规划、建设、运营管理的公私合营机构。该机构可以隶属交通运输部，并由自然资源部协管，内部成员包括一定比例的官员、学者、民众和企业家，通过决策机构投票及社会听证会等形式进行决策，下设各类专项委员会和分委会，负责各方面具体的决策和实行，达到协同一致。同时该机构具有市场法人主体地位，可以进行充分的市场参与工作，可通过给第三方颁发公益事业从业证书或者特许经营等方式实现市场主体的参与行为。

第三，建立多方协同合作机制。城市群交通一体化是需要多方协同合作、共同出力的过程，在一体化过程中也不可避免地涉及多方利益协调。除了相关组织机构可以吸纳各方代表作为成员，还需要有合适的激励、监督、评估等机制增加各方参与的主动性。

二、创新组建北京主导的市（域）郊、城际铁路运营公司

可联合铁路部门并发挥京津冀交通一体化协同组织机构作用，围绕以下方案按照分阶段推进的办法，进行运营公司的组织框架搭建及功能设计。

（一）运营公司性质及股本构成建议

鉴于目前北京作为全国枢纽地位的特殊情况及路市合作基础，即将成立的"北京市域轨道交通投资公司"作为合作投资平台公司应以投资规划建设职能为主，建议另行组建多主体合资的地方控股的铁路运营公司。原因在于：一是另行组建运营公司有利于激发主体活力、独立自主经营，可简化决策过程及评价机制，并能够市场化应对分类运营管理模式，更为重要的是未来能够灵活应对津、冀及其他主体参与的股改工作；二是多主体合资可以尽量保证投资平台公司的合作延续，激发关联正效应，保障投资、建设、运营一体化实施，多主体互惠互利，共同担责、合作共赢；三是未来能拓展管辖范围外的铁路轨道交通运营市场，能够轻装上阵地"走出去"，为其他地方的铁路运输进行市场化经营。在初期应当主要是铁路北京局集团公司与北京市的路地合资为主，并可加入一定比例民间资本、外资等，未来涉及跨域城际线路再进行融资股改为京津冀铁路运营公司。关键是北京市和京津冀要具有控股能力，北京市应至少占股 51%，整个公司总注册资本可以控制在 2 亿～5 亿元，北京出资部分可由京投公司完成。

（二）自主运营职能及运营资质

公司组建后应陆续开展管理组织工作，可参考广东城际运营公司自主招聘司乘人员、培育运营组织体系，当前也可以整建制从国铁系统外包运营班组和管理人员等，运营公司职能还应当包括以下相关职能：如铁路运输通信服务、铁路调度、铁路运输管理服务、轨道交通设备维修养护服务、铁路旅客运输经营、铁路旅客运输站经营、铁路货物运输经营、城市配送运输服务等职能。在运营资质方面逐步申请铁路运营相关资质，例如浙江轨道运营公司已申请并获得普通铁路运营资质，广东城际运营公司已获得城际铁路运营资质，运营公司应首先申请普速铁路的运营组织管理资质，以对既有几条市郊铁路运营管理实现覆盖，同时，强化公司职能建设，申报城际铁路和高速铁路运营资格。

（三）运营线路及分类运营规划

采用不同线路的分类运营管理模式。一是具有富余能力且线网独立性较强的非干线铁路运营，应当尽早实现自主运营，如包括旅游功能在内的门大、京门线路实施运营工作。另外，良陈线与黄良线也可以作为该类线路的储备项目。二是针对以城市通勤功能为主的线路，包括 S2 线南段和东北环线，在实施通勤化改造后，仍需保留部分国铁运输任务，尤其东北环线涉及市郊和国铁动车共用东星联络线及十字疏解区的情况，应当与国铁商议开行方案，运营公司可支付给 S2 线和东北环线项目公司一定的资源使用费。另外针对跨城市郊列车，需要与津、冀及铁路部门协调列车运营班次和补贴方案，做到因线施策，合理自主运营。三是其他目前不具备自主运营决策能力的线路，主要包括干线铁路，可在保证大长干线功能基础上与铁路协商自主运营都市圈和京津冀范围内的区间列车，如京张高铁至张家口、京张高铁至延庆，京沪京九高铁至廊坊，京广高铁至涿州，京津城际至武清，京沈城际至怀柔、顺义、密云、兴隆西，以及京雄城际、京唐城际等区间线路。甚至未来国铁集团可委托运营公司提供部分线路的运营管理服务职能。四是自主运营城际联络线等其他市域快线铁路等。

三、推进国铁部门积极主动为城市发展提供市郊铁路服务

利用国铁既有资源为我国城市交通提供市郊运输服务，是深化铁路供给侧结构性改革、形成国民经济新发展格局的重要途径。通过发挥国铁系统主动性构建通勤化、大运量、快速度的轨道交通系统是我国新型城镇化高质量发展的迫切要求，也是完成国家综合立体交通网、实现交通强国发展目标的必要举措和途径。然而目前国铁系统为城市市郊运输功能服务存在被动应对的现状，不能有效满足城市发展需要。

（一）我国城镇化当前发展阶段需要市郊铁路的支撑

进入 21 世纪，我国城市空间半径逐步拓展，单一的地铁模式已不能满足半径 30 km 以上的城市发展需求。另外由于地方债等资金压力问题，耗资巨大的新建城市轨道项目会带来更多的财政风险。随着高速铁路的快速发展，我国部分城市铁路网出现一定程度的运输富余能力，铁路系统完全可利用部分闲置资源盘活国有资产，为城市和国家做出一定的经济和社会贡献，对于铁路与城市双方来说，是一种双赢的结果。21 世纪以来，我国利用国铁资源运营市郊铁路为城市服务并不多见。其中北京 S2 线和上海金山线较为典型。2008 年为北京奥运会服务的市郊 S2 线，客流在 2015 年达到最高的 309.9 万人，被誉为是"开往春天的列车"（具体内容见表 8-1）。上海金山线利用既有铁路通过部分路段增建复线等措施，日均开行列车 36 对，2017 年日均客流 3 万人。2020 年，上海又与国铁集团达成了关于市域铁路与既有铁路线路场站功能提升为城市交通服务的合作意向。

表 8-1　2015—2019 年北京市郊铁路运营状况

指标	计量单位	2015 年	2016 年	2017 年	2018 年	2019 年
旅客发送量	万人次	309.9	280.5	185.9	165.4	246.9
其中：S2 延庆线	万人次	309.9	280.5	185.8	146.8	198.6
S5 怀密线	万人次	—	—	0.03	1.9	8.5
S1 副中心线	万人次	—	—	0.07	16.7	39.8

指标	计量单位	2015 年	2016 年	2017 年	2018 年	2019 年
日均发送量	万人次	0.8	0.8	0.6	0.5	0.6
其中：S2 延庆线	万人次	0.8	0.8	0.5	0.4	0.5
S5 怀密线	万人次	—	—	0.03	0.005	0.02
S1 副中心线	万人次	—	—	0.07	0.04	0.1

（二）国外利用国铁资源服务城市交通应用广泛

东京、巴黎、伦敦、纽约四大国际城市的市郊铁路客运量占整个城市轨道交通的运量分别达到 80%、44%、35%、11%。东京在 20 世纪 70 年代完成"通勤五方面作战计划"后，东京都市圈市郊铁路运营里程约 2 400 km，目前日均客流达到 3 000 万人左右，五个方向的主要铁路公司内部盈利率在 20 世纪末已经平均达到 8%以上，其中最著名的国铁山手线，联络了东京都心和若干副都心，成为最赚钱的东京轨道之一。巴黎包括市域快线 RER 及普通市郊铁路在内总里程为 1 800 km 左右，共计 503 个车站，其中在巴黎都市区内平均站间距 3.3 km，形成星状+树枝状的布局形态。伦敦市郊铁路里程更是达到 3 000 km，2015 年伦敦仅市郊铁路的客运量达 9.35 亿人次，占全国铁路客运量的 55%。纽约市郊铁路总长 1 632 km，其中市中心 167 km，郊区 1 465 km，主要服务于近郊区 80 km 以内的都市圈。

（三）建立顶层体制机制推动铁路部门与城市协同发展

加强铁路与城市的协同发展顶层设计，变铁路部门配合参与为主动探索。一是建议在交通运输部内成立运输政策审议会，该第三方机构能够履行市郊铁路服务城市交通的规划、评审职能；二是建议国铁部门主动制定地方城市的铁路既有线改造利用计划，并与城市部门协商为城市交通服务，由双方逐级上报省、国家交通管理部门审议；三是国家层面应尽快修订《铁路法》，制定并颁布类似日本的《土地区划整备法》《宅铁法》《铁路便利法》等相关法律法规，为利用国铁服务城市减少阻力、提供便利；四是建议学习西班牙经验，由国铁集团发改部在地方派驻专门人员来负责协调国铁与城市运输合作的市郊铁路发展事宜，参与制定地方市郊铁路发展规划并实施。

（四）强化市郊铁路城市服务功能，促进"四网"融合

部分城市铁路可进行简单的利旧改造，但是对于北京、上海等超大城市，需要攻坚克难，进行大规模的市郊铁路通勤化升级改造。一是增建复线、多复线。复线运能是单线运能的 4 倍左右，城市高密度功能区可考虑采用高架复线方案。二是增加支线、配线、越行线。提升市郊铁路覆盖面积并完善主线功能，实现真正的大站快停和快慢车运营组织方式。三是增建及改造车站、缩短站场咽喉区，实施列控信号改造，提升发车频次和车底利用效率，压缩列车追踪时间，提高通勤服务能力。四是积极优化市郊铁路与城市轨道，铁路干线、城际铁路的"四网融合"布局发展，实现"一张网、一张票、一串城"的"四网融合"目标，并为未来市郊铁路与城市轨道交通的跨线运营、直通运营等互联互通模式进行设计改造预留。

（五）鼓励市郊铁路实施多元化合作建设、经营模式

一是城市可通过购买国铁服务、作价入股及资产买断等网运分离方式积极推动与铁路部门进行多模式合作。铁路部门可与城市合股成立区域范围的市郊铁路运营管理公司，由多方共同合作来建设经营市郊铁路。二是做好与城市功能的融合。铁路部门主动接洽城市部门，优化市郊铁路沿线产业布局和站点环境改善，完善站点区域内的城市规划与配套功能实施方案，做好与城市交通在时间和空间上的接驳。三是调动各主体创新投融资模式。鼓励包括外资在内的各省市、区县、企业等资本参与市郊铁路的合作开发建设及运营管理工作，形成国铁、地方、民营资本共同参与的投融资合作机制，并研究设立专项基金制度。

总之，发挥国铁主动性，首先需要从中共中央、国务院代表国家层面出台法律法规政策等约束规范；也需要从省、市、区的地方层面建立与国铁的合作共赢体制机制；还需要从社会层面形成多方共识，引导多主体共同参与国铁为城市市郊运输服务的全新格局。通过以上措施，变国铁被动应对为主动出击，全面高效地推动国铁部门投入我国都市圈和城市群发展的大时代当中。

四、利用国铁资源构建多主体协同的市域（郊）铁路发展新格局

都市圈的高质量发展离不开高水平的市域（郊）铁路基础设施和服务水平的有力支撑。目前我国都市圈市域（郊）铁路发展建设取得了一定的成绩，但总体网络布局和运营服务水平还无法满足我国都市圈高质量发展的需求，存在与城市发展协同融合度不够所导致的客流规模不足、缺乏有效合理的多主体合作体制机制等问题。通过分析我国都市圈市域（郊）铁路发展的现状及主要矛盾，在借鉴日本、美国以及欧洲等国市域（郊）铁路发展体制机制经验的基础上，从法律法规、顶层体制设计、利用既有铁路发展市域（郊）铁路等方面，提出建立符合我国都市圈铁路技术经济特点的以中央、地方和铁路部门有效协同合作为特征的都市圈市域（郊）铁路发展体制机制，为发展以满足通勤运输为主的我国都市圈市域（郊）铁路提供参考。

（一）我国都市圈市域（郊）铁路发展现状及问题分析

1. 客流规模不足原因分析

虽然各国市域（郊）铁路发展历史和背景不同，但从客流规模角度，作为发挥中心城区与郊区以及都市圈范围内轨道交通运输功能作用方面，我国还存在不足。造成我国都市圈市域（郊）铁路客运量低以及其他发展短板问题的主要原因包括：一是长期以来铁路主要负责长大干线运输，为城市交通运输服务功能较弱；二是铁路与城市发展协同融合度不够，各自为政的发展局面形成了独立且交叉较少的协同管理制度；三是我国虽已进入都市圈快速发展新时代，但仍然缺乏有效合理的多主体合作体制机制来协调解决困难，主要表现为在市域（郊）铁路项目的路市合作中遇到了协同发展制度性的障碍。历史上，伦敦、巴黎、东京等国际大都市圈的市域（郊）铁路网建设过程中也遇到过同样的困境，经过多年探索，这些国家逐步形成了一套以中央政府、地方政府和国铁多主体有效合作为特征的都市圈市域（郊）铁路发展体制机制，并以相应的法律法规体系稳固下来。

2. 市域（郊）铁路的发展离不开国家层面的支持

近年来，我国中央政府对都市圈市域（郊）铁路的发展比较重视，发布了系列文件，其中最有代表性的是国务院印发的《关于推动都市圈市域（郊）铁路加快发展意见的通知》（国办函〔2020〕116 号）。该文件将投资和建设

市域（郊）铁路的权责一并由中央下放给地方，并明确了地方政府的主体责任，这种体制安排体现了改革精神，但在执行过程中却存在路地发展市域（郊）铁路重大项目利益不一致时所产生的协调成本较高的问题。

在以往的路地合作过程中，市域（郊）铁路项目建设运营所需的投资和补贴数额较少，对国铁的运营和安全影响也较小，因此可以通过"一事一议"的协商办法解决，但当遇到类似北京东北环线复线化改造等投资超过百亿，涉及大规模的国铁既有线入股、土地利用、运营补贴项目时，中央政府在利用既有铁路发展市（域）郊铁路事权方面的模糊或缺位所带来的问题开始逐步显现。其中，涉及的较为重要的几个问题如下：一是新的都市圈市（域）郊铁路项目本身投资大、运营补贴额度高，且存在因涉及领域多、技术难度高等所导致的信息不对称问题，超过了地方政府的技术能力和协调能力；二是既有法规对路地的责任界定模糊，《铁路法》等法律法规对国铁服务城市的责任没有明确规定，国铁对参与投资规模大、公益性强的市域（郊）铁路项目缺少动力；三是市域（郊）铁路的技术经济特点决定了在项目立项、技术标准、规划、建设、投融资、征地拆迁、既有资产入股、运营服务标准、运价和线路使用费等诸多方面存在不确定性，很难靠路地双方依据简单的市场化协商来有效解决，致使路地间的博弈不断，交易成本高企。

（二）国外构筑多主体协同体制机制发展市域（郊）铁路的经验

1. 日本市域（郊）铁路管理体制及东京市郊铁路体制机制变迁

从 20 世纪 60 年代至 21 世纪初，日本政府制定并修改了铁路和城市发展相关的 20 多部法规，比较重要的包括《日本国铁改革法》《城市铁路便捷化促进法》《大都市中宅地开发与铁道更新一体化推进的特别措施法》（以下简称《宅铁法》）《日本铁道建设公团（JRTT）事业法》《首都圈整备法》等。这些法律以促使中央、地方和铁路三方有效合作为目标，形成了保证都市圈铁路可持续发展的体制机制，取得了东京市域（郊）铁路里程超过 2 200 km，承担运量超过轨道交通总运量 75% 的辉煌成绩。

日本的前述法规明确规定了中央政府是市域（郊）铁路的责任主体之一，国土交通省作为中央政府的代表，于 2001 年创立，负责统管全国交通运输、国土整治开发利用等事宜，同时对土地开发、铁道建设等进行协同规划、共同参与。另外一个重要的体制设计是运输政策审议会制度，其前身是于 1955 年设立的日本运输省都市交通审议会，经过多年的发展变迁，20 世纪 70 年代之后相关职能由运输政策审议会执行，负责决策都市圈和城市群的交通发展思路方向与规划，并且运输政策审议会在国家层面和都市圈层面都有机构设置。日本市域（郊）铁路的更新改造计划实施基本程序如下：首先，由国土交通省提出更新改造总体规划并由国家层面的运输政策审议会讨论通过；其次，由中央、地方运输政策审议会经过协商确定具体实施规划；最后，由铁路项目建设和运营公司经《铁路事业法》许可后，开展更新改造工作。从程序规则和实体规则角度可以看到，中央政府承担在资金、政策、协调、监管等方面的相应责任；地方政府和铁路相关企业承担具体的执行和大部分出资、建设任务。

以东京铁路网为例。从 20 世纪初开始在投融资、建设、运营体制机制方面历经 3 个阶段的变迁，最终确立了多主体协同的市域（郊）铁路发展模式。

（1）东京都铁路网初期发展阶段（1910—1955 年）。确立了以营利为目的的商业经营模式，由铁路企业负责铁路建设和运营及承担沿线住宅开发、大型商业商务等集客设施的综合开发，确保铁路企业盈利性。

（2）东京都铁路网高速发展阶段（1956—1999 年）。面对地方政府和民众不断提出的解决通勤、通学要求，日本国铁开展了以东京"五方面作战"计划为代表的大规模双（多）复线化和高架化提升改造工程。日本中央政府和东京都政府分别在资金、征地拆迁、铁路道口立交化等方面给予大力支持。由于通勤需求巨大，加之有国家财政补贴和公共投融资的政策，这些项目大多取得了较好的财务效益和社会效益。期间，最为重要的立法是制定《日本铁道建设公团事业法》（1964 年），赋予日本铁道建设公团代替中央政府行使对铁路公益性项目的投资、规划、建设和运营补贴的责权。随后，建立了市域（郊）铁路线补助（1972 年）和铁路改造更新特别基金积累制度（1986 年）等。该时期基本形成了以中央政府为倡导和支持主体、东京都政府为推动配合主体、日本国铁为投资运营主体的国铁线路通勤化改造多主体协同的制度安排。

（3）中央政府加大支持力度不断完善都市圈铁路网阶段（2000—2020 年）。进入 21 世纪后，随着日本人口下降和城市发展的成熟，新建城市铁路项目的盈利能力丧失，此时中央政府主导制定了《城市铁路便捷化促进法》

和《宅铁法》等用于规范铁路扩能、速度提升、拥挤消除和换乘便利性提高等项目的法规，从规划、征地拆迁、资金来源、企业组织形式和商业模式等方面制定了更为精细的体制机制。其主要内容包括：从法律层面继续强化 JR 集团（原国铁）应当且必须为城市交通服务；确立了国家通过铁路建设公团等机构为城市公益性铁路项目进行财政"兜底"的制度；制定了主要由中央政府负责线路投资，地方政府、社会资本以 PPP 等方式负责车站的建设、投资和 TOD 综合开发，国铁或其他运营商仅负责项目运营的分类建设和分类经营制度；建立了"以保证运营企业收益为基准的'网运分离'清算模式"，减轻 JR 集团企业的财务负担等。这些制度安排，调动了多主体参与城市铁路投资和运营的积极性，解除了 JR 集团运营亏损的压力，加速推进对既有线和车站的更新改造，进一步完善了多主体协同的都市圈铁路可持续发展模式。

2. 美国中央和大都市区层面市域（郊）铁路管理体制

在国家层面，美国运输部全权负责市域（郊）铁路运输发展，协调各部门利益，在市域（郊）铁路发展中起到了顶层设计的作用。美国运输部下设联邦铁路局和联邦公共交通管理局等机构，其中联邦公共交通管理局既负责市域（郊）运输，同时又负责城市内的运输，减少了政府、铁路多部门运营市域（郊）铁路合作机制方面的冲突。在区域管理层面，各个区域基本会设置跨市域的交通协同机构，如纽约区域规划协会（Regional Plan Association，RPA）作为一个非政府的公益性机构，一直在制定跨越行政界线的都市圈综合规划，历史上进行过 3 次大区域规划，市域（郊）铁路的发展与跨区域的规划息息相关。美国市域（郊）铁路合作机制示意图如图 8-3 所示。

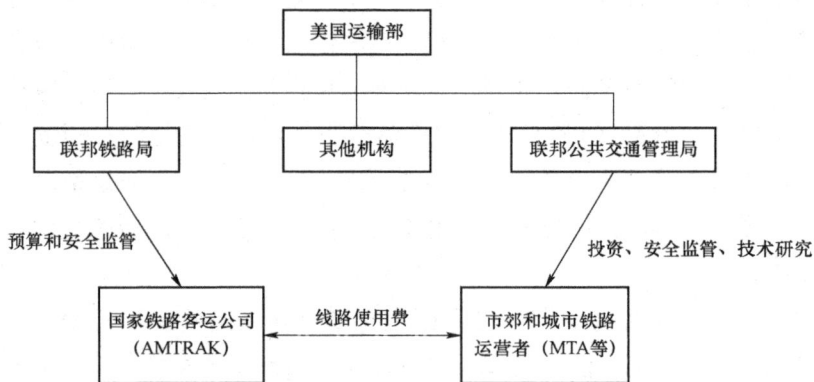

图 8-3　美国市域（郊）铁路合作机制示意图

在大都市区层面，以纽约为例。早在 20 世纪初，纽约曼哈顿岛就建成了当时世界上最大的宾夕法尼亚车站并开通市域（郊）线路。纽约大都市圈市域（郊）铁路主要由大都会北方铁路公司、长岛铁路公司和新泽西公共交通公司运营，服务近郊 80 km 以内的都市圈，以通勤客流为主，线路总里程为 1 632 km，占纽约都市圈全部轨道交通里程的 81.6%，其中中心城区线路里程 167 km，郊区 1 465 km。纽约都市圈市域（郊）铁路由各层级政府和纽约大都会运输署（MTA）旗下各铁路公司共同出资，市域（郊）铁路基本由 MTA 运营，部分线路 MTA 委托新泽西公共交通公司运营。州政府管理机构如 MTA、新泽西州运输局，既出资补贴通勤线路，又负责运营维护。目前来看，MTA 在政府补贴后实现了盈利，MTA 员工的工资性收入水平也在当地平均收入水平以上。

美国经验的可借鉴之处在于，其在联邦政府的顶层设计之下，主体由 MTA 发起和运营，同时与 RPA 自上而下共同发挥作用，以保证政府和铁路部门的有效合作。

3. 英国伦敦市域（郊）铁路多主体协同治理的体制机制

伦敦共有 16 条市域（郊）铁路，将大伦敦 1 区至 9 区的中心城区和近郊、远郊区连接起来，线路总里程约 3 000 km。2015 年，伦敦市域（郊）铁路客运量达 9.35 亿人次，占全国铁路客运量的 55%。

在运营管理层面，历史上的伦敦市域（郊）铁路主要由英国国铁（BR）拥有和运营，1994 年英国铁路施行"网运分离"和民营化改革后，伦敦市域（郊）铁路网属于英国国家路网公司所有。目前英国市域（郊）铁路在"网运分离"模式下采取了特许经营的运作模式，即客运公司和货运公司在获得特许经营权后，通过租赁路网公司的线路来开展运输服务，伦敦市域（郊）铁路通过特许经营的合作模式分别交由几个客运公司运营；同时，这些客运公司也要向专门的机车车辆租赁公司租赁车辆。路网公司是政府控制的非营利性企业，国家及地方政府每年给予路网公司相应的财政补贴以保证路网公司的财务平衡。在投融资层面，对伦敦市域（郊）铁路投资补贴和运营补贴的资金来源主要是大伦敦地方政府及英国中央政府，同时也包括其他受益者的出资。英国政府的融资渠道主要包括伦敦金融城出资、税收，以及从机场等交通项目中获得的收入。大伦敦地方政府的融资渠道主要包括房地产开发、借款、进城费、收取的交通拥堵费、出售多余的土地以及开发商捐助等。

从 2002 年改革以来，英国运输部就与伦敦市政府加强在合作与融合机制上的探索，实现枢纽站点互通、铁路与城市交通票价一体化。2016 年 1 月，运输部与伦敦市合作签发了《伦敦及其东南地区铁路客运服务的新方法》，旨在进一步加深双方就伦敦及其东南地区的市域（郊）铁路合作，实现大伦敦地区更高效的发展。文件中提到：①将原属于国铁路网公司的 2 条市域（郊）铁路线（LOD（伦敦地面铁路运营公司）和 C2C）移交给伦敦交通局（TfL）管理运营；②提出一个精确规定和管理线路运营合约的战略方针，尽可能多地吸引伦敦市内或者市外的当地企业作为合作伙伴，提供一个平台使其在由TfL 规定的服务方面有更多发言权，致力于通过提高准点率和服务质量来增加铁路市域（郊）运量。从长远看，伦敦市域（郊）铁路的绝大部分线路未来都存在直接交由伦敦交通局全权管理的可能性，因为这些市域（郊）铁路由市中心延伸至外围的通勤距离较短，且与地铁系统关联紧密，若由 TfL 统一管理，将更容易实现进一步便捷且高效的发展。伦敦市域（郊）铁路管理体系如图 8-4 所示。

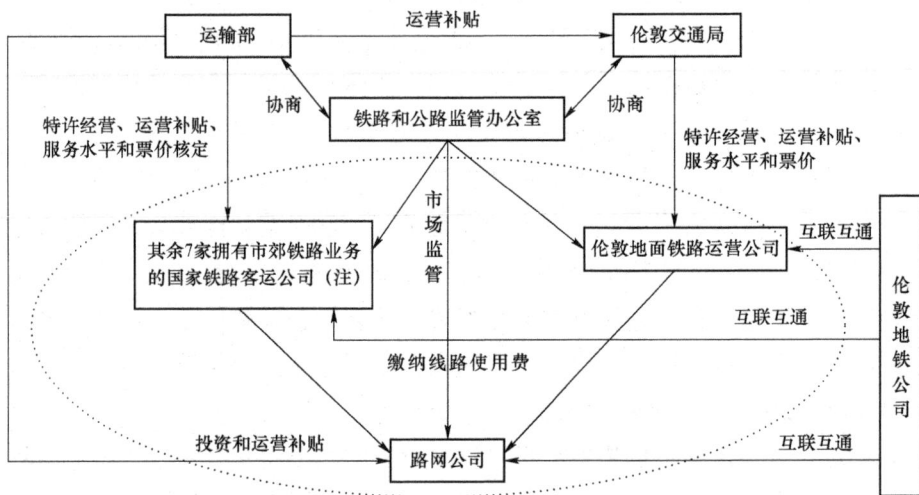

图 8-4　伦敦市域（郊）铁路管理体系

注：7 家拥有市郊铁路业务的国家铁路客运公司包括 C2C（Thameslink）公司、GRA（Greater Anglia）公司、CHI（Chiltern）公司、GRW（Great Western）公司、SWT（South West Trains）公司、SEN（Southern）公司和 SOU（South East）公司。

综上所述，英国经验是实施了在"网运分离"下的特许经营模式。投融资和盈利方面，英国政府只给路网公司投资和运营补贴，逐步取消对运营公司的补贴，甚至特许经营费的收入都可以抵消补贴。与取消对运营补贴的措施相对应，英国政府规定铁路的线路使用费必须降低，这样将促使伦敦利用更多的铁路资源来发挥市域（郊）运输服务，但也经历了一段时间的培育以及大伦敦通勤系统的票制票价改革才形成了目前的格局。

4. 法国市域（郊）铁路运营及治理体制机制

法国城市公共交通的组织建设与经营管理，实行以市镇为主、以省和大区为辅的地方化管理机制，国家政府在政策层面进行宏观调控。

法兰西岛运输联合审议会（STIF），也称巴黎大区交通委员会，是一个掌控巴黎公共运输网络和协调法兰西岛众多运输公司的管理机构。运输公司主要包括巴黎公交集团公司（RATP），法国国营铁路公司（SNCF）和法兰西岛私人运输协会（Optile）。巴黎大区市域（郊）铁路 RER 大部分由 SNCF 来运营，仅在部分线路上与 RATP 合资合作并由地方运营。STIF 创建于 1959年，自 2005 年起成为一个公共性机构，它负责协调 RATP、SNCF 和 Optile。STIF 是一个独立于法国政府的自治性组织，目前由 1 名主席和广泛代表各界利益的法兰西岛运输联合会审议会领导。法兰西岛运输联合会审议会的构成如图 8-5 所示。

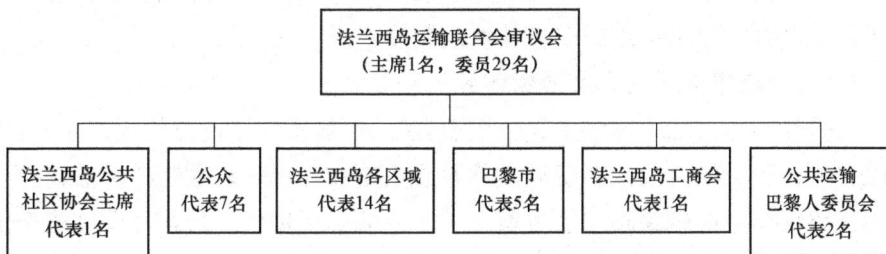

图 8-5　法兰西岛运输联合会审议会的构成
注：根据"法兰西岛运输联合会年报"整理绘制

另外，法国在区域层次设有专门的事业部负责市域（郊）铁路的具体运输和经营，即巴黎市郊运输 Transilien 事业部，并由 SNCF 进行管理。

法国经验的可借鉴之处在于采取地方和国铁合资经营的方式运营管理市域（郊）铁路，并且设立独立于政府的公共性机构 STIF，对运营市域（郊）铁路的公司进行补贴、监督。

综上，通过日本和欧美国家发展市域（郊）铁路的经验可以看出，在中央层面设置市域（郊）铁路的管理机构对促进市域（郊）铁路的发展是非常重要的，其在市域（郊）铁路的发展过程中起到了顶层设计的作用，能够有效地减少国铁、城市交通管理部门和其他相关部门之间的合作障碍，提高合作效率。国家政府在政策层面进行宏观调控的同时，各地根据自身需要建立地方化管理机制，结合本地的实际情况，对市域（郊）铁路的规划、建设和运营进行中观层面的协调与合作。在顶层机构和制度设计以及中层管理机构设置之后，落实到具体的管理执行层面，在总部或区域层次设有专门的部门负责市域（郊）铁路的具体运输和经营，最终形成了以中央、地方和铁路多主体有效协同的都市圈市域（郊）铁路发展体制机制。

（三）构建我国都市圈铁路网多主体协同体制机制的政策建议

2022年5月，我国在中共中央财经委员会第十一次会议关于"全面加强基础设施建设，构建现代化基础设施体系"工作任务中提出要加强交通等网络型基础设施建设，把联网、补网、强链作为建设重点，推进交通一体化，建设便捷高效的城际铁路网，发展市域（郊）铁路和城市轨道交通。结合国外经验和我国发展都市圈市（域）郊铁路面临的问题，需要进一步加强中央政府对都市圈市域（郊）铁路的支持、协调和监管力度，分类制定更加符合都市圈铁路技术经济特点的多主体协同制度。

1. 加强法律法规建设及顶层体制机制设计

可借鉴日本《日本铁道建设公团事业法》《城市铁路便捷化促进法》《宅铁法》等经验，结合我国新型城镇化发展战略和深化铁路体制改革的需要，在《铁路法》中明确铁路在服务城市交通中的必要责任，加强对国铁资产使用效率的绩效评价等内容，制定符合中国特色的都市圈铁路发展法规体系。进一步强化中央政府对包括首都在内的我国大都市圈铁路发展的支持力度，一是在中央层面设立专门的都市圈交通规划、建设和运营管理协调机构，建议在国家发展和改革委员会及交通运输部等设立专门的都市圈铁路管理部门，负责规划、协调和监管的职能；二是借鉴日本经验设立中国公益铁路投资建设集团，代表中央行使对包含市域（郊）铁路在内的公益性铁路规划、投融资、建设运营补贴职责。同时，借鉴法国和英国等欧洲国家的经验，在中央政府进行宏观调控的同时，各都市圈所在的地方政府、铁路局集团公司和社会出资者建立符合自身特点的跨行政区划范围的都市圈区域化和社会化管理协同机制，对市域（郊）铁路的规划、投资、建设、运营和补贴等进行中观层面的协调与合作。

2. 制定利用国铁既有资源发展市域（郊）铁路的分类政策

建议根据都市圈内国铁既有路网资源的特点，对不同更新改造项目分类设定投融资模式、运营模式和商业模式。目前都市圈内的国铁线路在国铁网络中的作用基本可以分为 3 种类型。第一类：城际运输需求量本身较大、运输能力紧张且盈利的国铁干线。第二类：运输能力富余、需求较小且亏损的国铁联络线。第三类：运输需求萎缩、亏损严重甚至闲置的国铁支线。

首先，对于能实现盈利的第一类或第二类项目，仍由国铁作为线路改造的投资和运营主体，地方政府承担征地拆迁以及车站综合开发等责任。运输组织上可以采取以"网运合一"为主，向市域（郊）铁路列车开放通路权的运营模式，由市域（郊）列车向国铁线路缴纳线路使用费，线路使用费按照"可避免成本+适当利润"的原则来确定，并由地方政府与国铁企业签订政府对市域（郊）铁路运输服务的采购合同。

其次，对于更新改造后无法实现盈利的第二类项目，建议尝试采取"网运分离"的组织体制和投融资体制。可由中央、地方政府、项目公司各承担相应比例的投资组成路网型项目公司，其中中央承担的资本金比例不应低于20%。项目完成后，由国铁企业负责运输服务。对于国铁联络线资产，可根据资产本身的盈亏情况采取资产作价入股或交由项目公司租赁使用的方式。国铁资产的租赁费可视其原先的盈亏状况来确定。

最后，对于第三类项目，可以借鉴日本和英国的经验，把国铁低效资产无偿或以象征性补偿方式转让给地方政府予以更新改造和自主运营。

（四）总结

建设市域（郊）铁路网对都市圈高质量发展意义重大。发展市域（郊）铁路的过程中，应结合我国市域（郊）铁路发展现状及存在问题，在借鉴国外市域（郊）铁路发展体制机制经验的基础上，建立有效合理的多主体合作体制机制，协调好中央、地方和铁路之间的关系。尤其是加强法律法规体系建设及顶层体制机制设计，进一步强化中央政府对市域（郊）铁路发展的支持力度；分类设定利用既有铁路的发展对策，对不同类型铁路设定不同的投融资模式、运营模式和商业模式；切实关注铁路部门的资产补偿及现实需求。建议 2022 年先以首都都市圈市域（郊）铁路发展作为试点，积累经验后向长三角、大湾区、成渝等其他都市圈和城市群推广。

五、市郊旅客运输补贴机制存在的问题及思考

随着我国城市化进程的发展，通勤时间增加、交通拥堵加剧、地铁造价攀升等"大城市病"验证了大规模单一、均质化的轨道交通模式无法解决都市圈的交通问题。

（一）市郊客运补贴机制存在的问题

目前对市郊铁路的运输需求已经提到了都市圈发展的议事日程当中。北京、上海等城市的市郊铁路的发展已经取得了一定的经验，但也有一定的不足。其中在对市郊铁路的服务性质和运营组织属性方面，仍然缺乏路地一致、中央统筹认定的结论，从而导致购买服务的价格与补贴机制存在很大争议。从国际经验来看，市郊铁路主要服务于城市发展，公益性较强，特别是远郊线路客流量少，且集中分布在上下班时段，运营经济性不好，故政府应采取出资补贴铁路运营商，双方协商制定列车开行方案的模式。在欧洲，政府补贴市郊运输是国家鼓励扶持铁道运输、促进城市交通良性发展的通行做法。2005 年，法国东北部洛林区共补贴 TER 运输 2.5 亿欧元。2006 年，德国各联邦向 DB 公司提供补贴 45.5 亿欧元，占全部客运收入的 39%，其中远郊运输补贴达 42 亿欧元。

市郊铁路主要以运输通勤客流为主，但在如何定位市郊铁路的功能和属性方面，铁路局和地方政府之间并没有形成清新的共识，尤其在公益性和经营性方面争执较大。铁路局认为市郊运输本身不属于国铁服务功能，如果赔钱，从运输企业的角度来看自然失去了合作的动机和价值。而从城市交通管理方面则认为，市郊铁路运输主要应该是公益性的，开展市郊铁路运输也应该是国有铁路企业的社会责任，不应以追求盈利为目的。这种对市郊铁路的定位不同，也导致了双方在成本和收益认定方面产生了矛盾。从铁路局角度来说，既然地方政府认为市郊路线是公益性运输，这种公益性主要体现在城市发展的方方面面，因开展市郊铁路运输所产生的亏损自然要由城市政府足额补贴，不能把城市公益运输的亏损让路局来承担。而地方政府认为既然是

公益性运输，那就应该风险共担，至少要尽量压缩成本，不应该有任何盈利的追求。

目前的市郊铁路主要是利用既有国铁线路通道和场站资源服务城市内及都市圈范围内的运输组织，从铁路系统本身来看，不属于法定事权任务，但是对于城市来说，又非常具有运输需求。因此大部分地方的市郊铁路的运输方式是采用地方政府购买并委托国铁运输服务的方式来实现市郊旅客运输，但是对于购买委托的价格标准以及补贴的模式始终存在疑问和争议。按照常规逻辑，应当是首先明确市郊运输服务的性质，然后进行委托定价，再确定补贴模式。另外，与市场中的投融资及与城市土地的一体化开发也有密切的关系。

（二）市郊旅客运输的性质划分

市郊铁路运输一般是地方政府通过综合考虑向铁路部门提出为城市服务的轨道交通运输方式。需求方是城市，供给方是铁路部门。运输服务性质基本属于城市及城市边缘的公共交通运输服务，因此从主要性质方面，具有公益属性。对于这部分公益性质的运输服务，尤其是通勤类运输服务，应当予以部分补贴。

但是部分市郊线路的服务对象除了一些城市通勤旅客之外，还包括一定的旅游客流，如北京的市郊铁路 S2 线，最初为 2008 北京奥运会开通准备的一条备用应急铁路，不仅服务了河北怀来（沙城）、延庆、昌平等地的通勤乘客，还有大量乘客是前往八达岭长城旅游的市内外客流，此类服务基本属于非刚性需求的消费类型、重复率较低的市郊出行，属性上可以界定为经营行服务，可以降低补贴甚至不予补贴。因此，单一的市郊旅客公益性运输界定也不能将市郊旅客运输性质全部包含，要根据具体线路和客流成分来确定。

就 S2 线而言，在其功能定位上，之前的项目启动和投资等并未完全按照市场经济的要求进行较为周密的规划和测算，而更多的属于政治任务的要求进行的大胆"决策拍板"。延庆区交通管理部门的专家认为，从几年的实践情况来看，S2 线的功能日常更多的是作为旅游专线来进行运输的，通勤的功能相对较弱。从 2008 年 8 月开通 S2 线的票价定位就能看出，据 S2 公司（北京城铁投）的运量统计，主体客流是旅游，通勤客流只占少部分。若不算沙城，7 个站中，3 个大站承担主要客流，其中，北京北发送 44%，八达岭 30%

多，延庆 11%～12%，北京北站和八达岭基本都是旅游，只有延庆以通勤为主，延庆上下站 80% 是通勤，但是延庆站本身的运量非常有限。2011 年改革为城市补贴票价票制之后，S2 线客流迅猛增长，票价适合通勤化，但是旅游客流经常挤爆该线路。

（三）委托运输服务的价格标准及清算机制

地方政府在提出委托运输需求的基础上，铁路部门根据线路客运能力分析判断决定是否能够提供一定的运输服务，包括线路能力、车辆能力以及其他辅助配套能力。一般情况，在具有一定富余能力或者能通过一定措施为市郊客运服务腾转出一定能力的情况下，铁路应当满足地方政府的基本需求。因为不论从区域发展特点还是铁路行业发展趋势来看，大城市周边的城际、高铁等快速发展使得既有铁路线和车站等资源出现一定情况的富余，既有铁路资源如果不加充分利用，尤其不为城市服务也会失去存在的价值和意义，因此，发挥沉没成本的边际效应应当是得到支持和鼓励的。当然利用既有铁路资源为城市运输服务会为铁路系统带来额外成本的增加，在没有得到上级指示的一般情况下，铁路开行市郊旅客运输列车，不应自担其责，应当进行清算并需要地方政府给予一定的补贴。

在确定了市郊旅客运输不同线路的能力及客流基础上，可与地方政府商谈具体线路开行市郊列车的购买服务合同，购买服务合同涉及的主要服务成本包括因开行市郊列车所增加的线路通过使用费（该部分主要）、委托运输组织费用、线路及车辆养护维修费用等。成本核算及清算过程应当由地方政府参与，各项成本费用依据约定运输服务标准列出明细。以北京 S2 线开展委托运输服务为例。

2011 年 7 月，北京市政府根据每年度开行的市郊 S2 线列车对数来支付服务费，S2 公司（现为北京城铁投公司）测算年运营收入 6 600 万元，运营成本 1.9 亿元，核定亏损额 1.3 亿元。如果未开行足够对数，按照开行实际对数支付服务费。北京铁路局认为发生的成本远远高于营业收入和政府补贴的总和，导致 S2 线公司持续亏损负债，S2 线公司 2012 年亏损 5 300 万元，2013 年亏损 3 147 万元。但是针对这个亏损数额，北京市政府认为路局没有合理清晰的成本分摊核算方式，导致公司亏损，尤其在以下方面产生疑问：

对 S2 线的投资改造，北京市政府给予出资，但是 S2 线的列车仅使用了京包线的部分能力，不仅有市郊列车，还有京包线的客货车在线路上行驶，铁路局不但没有对使用线路优惠，反而按照高标准（一级线路）向 S2 线公司收取线路费用。铁路局几乎把该路段（S2 线路段）人工服务和其他服务成本都摊入了 S2 线，没有清晰分开相关的其他成本，在核算时人工成本占比过大。关于 S2 线使用成本和折旧成本方面等铁路局自身没有明晰的账目。因此，北京市政府认为既然委托路局运营，那么路局的成本分摊模式和信息公开是从根本上解决问题的办法，市郊铁路的运营应该亏在明处，补在明处。

可见，在具体补贴数额方面与北京市政府存在争议。源于对成本的发生以及委托运输条款的执行量化评价机制上出现了问题。

（四）补贴的原则、种类与标准

显而易见，让铁路对城市交通服务的市郊列车进行补贴从法理上目前并没有充分的依据，地方政府也清楚铁路开行任何一对列车所带来的成本不可能完全让铁路系统来承担，而且由于市郊列车是在国铁既有线上开行，多少会占用一定的线路资源使用能力，因此，鉴于目前的功能划分与市场认识，按照可避免成本（avoidable cost）的概念来定义市郊线路的开行运营成本，即把因开行市郊列车所产生的增量运输支出作为市郊线路公司的运营成本。认为如何确定市郊铁路开行运营成本的内涵与外延对正确核定公益性项目的财政补贴额十分重要，需要政府在更高的层面予以解决。但是在额外的可变成本发生方面，若不确定相关成本类型及项目，以及如何确定补贴的方式，必定会产生较大争议，此时需要国家层面有具体部门机构来统筹协调对价标准及补贴方式，否则将会使路地合作陷入市郊铁路利用的僵化境地。补贴的相关内容如下。

① 补贴主体可以是地方（都市圈）、其他社会主体、中央、铁路部门；

② 补贴客体可以是铁路运营公司、乘客；

③ 补贴项目可以包括线路使用的机会成本费、运营组织费、车辆租赁费、各项维修费、养护费等（根据情况核算折旧费）；

④ 补贴标准依据不同的服务频次、不同的运输距离、不同的客流特征以及是否跨区域开行市郊列车等方面设定补贴额度划分标准。

针对补贴内容，作以下具体解释。

（1）补贴主体。一般地方提出市郊铁路服务需求，可以按照地方政府提供的 OD 客流调研数据及未来客流增长趋势来分析铁路供给市郊列车发车对数的服务能力，同时根据补贴项目类型来计算一定打包价格。地方补贴可参考城际铁路开行始发列车的补贴模式。市郊列车开行起讫点由地方政府及地方之间商议，补贴可以由地方政府直接合作，地方政府的合作方式铁路可不予参与，只设定补贴打包价，即服务购买价格。个别线路如中西部地区确实需要开行市郊铁路的地区，若地方政府无足够财力补贴的，可以由国家统筹予以铁路公司一定的补贴，或者指派铁路运营公司来补贴。铁路公司应单独设账进行详细分类支出记录。另外，部分线路，中央和地方及铁路部门可以鼓励相关企业和社会主体对市郊列车进行开行补贴，尤其是旅游线路涉及的主体企业及土地商业开发企业。

（2）补贴客体。可以对铁路运营公司即路局集团补贴，也可以对乘客的客票进行补贴。对铁路运营公司的补贴一般是按照年度阶段性的清算后进行补贴。一般情况下，客票收入归地方政府，经过协议，客票收入可由铁路进行代收或者对冲补贴费用，其他主体根据客票收入情况来增加委托运营的其他费用。

（3）补贴项目。大部分补贴项目根据因开行市郊列车增加的其他成本来核算，但是不应当包括折旧费用，因为一般情况下，折旧费针对基础设施的投资和折损来计算，开行市郊铁路一般进行适应性改造的费用已经由地方政府或者其他主体进行承担和支出，所以若该投资改造费用一旦由地方政府承担，那么补贴就不应该包括折旧费。但现实很多情况下是铁路系统出资进行适应性改造，因此部分折旧费可以由非铁路系统承担。另外除了线路使用费、委托运输费，还可以包括上水费以及少量的公司管理费、财务费用、资金占用费。

（4）补贴标准。在利用国铁开行市郊列车可以按照线路等级以及其他费用标准进行补贴计算，但是围绕服务不同种类的运输场景也是补贴方式不应一刀切。在个人出行频次较多并且起讫站具有一致性的情况下，通勤和通学客流较多，可以采用通勤通学月票、次票等方式补贴，例如日本的通勤月票几乎能够是一般票的 5 折左右；对于旅游客流来说，可以推荐多日票和纪念票等。也可以依据出行距离来涉及票价和补贴标准，出行距离越长，其实为减碳降排以及疏解大城市拥堵和资源消耗做出了更多的贡献，因此可以距离越长，补贴比例越高。对于跨区域的市郊铁路可以由两地政府进行核算补贴，或者由其中一方愿意吸引客流和居民的地方政府及社会其他主体进行补贴，例如日本都市圈周边城镇可以为轨道交通通勤的定居居民补贴轨道交通月票成本等。

（五）涉及路地合作运营的补贴机制

购买运输服务合同中应明确规定双方的权利义务，包括但不局限于市郊铁路补贴机制、票价机制、亏损核算和监管机制，绩效评价方法、财务清算模型、成本认定、TOD 具体实现方式、减免税收制度、征收市郊铁路专项税可行性等问题。这些问题对于市郊铁路发展体系的构建都是不可或缺的重要组成部分。比如多样化开发合作后的补贴机制。

一种情况是铁路部门参与了地方市郊铁路的股份制合作。这种情况一般是地方政府与铁路组建合资平台公司，将既有线路的部分产权纳入平台企业下的项目公司，补贴是从地方等其他主体直接给项目公司或者平台企业进行补贴，铁路的既有线路资产可以按照股份形式直接进行转化，通过补贴项目公司等方式来弥补运营成本。该合作平台公司可以被允许参与城市 TOD 和微中心的土地开发及可持续经营，铁路部门也可以通过获得站场线路周边的土地经营权来抵消地方政府补贴，需要具体项目具体商议。例如北京的副中心线西延段和东北环线与 S2 线的开发运营规划可以参考以上模式。

另一种情况是铁路直接通过把相对单独的不经常使用的路权经营权转让给地方，地方再委托该路局或者其他企业运营进行市郊运营。例如北京的门大线、西北环线、良陈线和黄良线等。

（六）补贴考核监督

该类问题非常重要，经常出现有购买服务合同，但是双方都不按照合同进行约束执行的问题。改革该类问题，首先，要做到各类相关信息公开透明。线路改造和运营管理信息不能一直是对外保密，尤其在改造成本和运营成本方面，地方政府很难掌握其中的明细。这种合作机制在之前的购买服务协议中没有做出明确规定，导致这些信息无法公开透明，既无法进行社会监督，也无法取得地方政府的信任。在服务购买协议中，应当明确双方合作的信息披露环节，条约规定应当明确细致。其次，市郊铁路的准公共属性决定政府应当成为投资人，但是在建设运营信息披露制度不健全的情况，投资人的权益无法得到保障，应当在合作协议中规范相应条款，最好要共同制定第三方对发生的成本费用进行审计，以求取得一致。最后，以上问题若无法解决，应当推动国家法律和政策规定的国家层面统筹机构出面进行协同统筹，并产生法律效力。

六、高质量打造环京地区多网融合的首都通勤圈

100万环京通勤者约占北京市从业人口的8%，创造的劳动力产值贡献率占北京市从业人口的20%左右，其社会关注度和影响面逐步提升。尽快解决目前环京人口流动和通勤障碍瓶颈问题，是提升百万环京通勤者生活幸福感、推动首都圈可持续发展、做好"六稳""六保"及国内大循环工作的重要保障。

（一）目前环京通勤现状及问题

"环京地区通勤人员"是指在北京市或环京地区居住，因工作、生活、学习等事由，经常在两地往返通勤的人员。本研究团队于2021年12月展开一次跨市域环京通勤出行调研，回收有效问卷511份。

1. 环京人口规模迅速增长，通勤压力逐步增加

一是去中心化明显、环京人口增幅加快。官方数据整理显示，近十年来北京市中心城区人口减少了近200万，而郊区及环京接壤城市人口增加了360万，尤其受到北京产业外迁扩散及就业虹吸效应双重影响，北三县、廊坊市区、武清、固安等地的居住人口增速明显，北三县五年内常住人口从114.3万增加到159万，增幅达到38.6%。

二是跨市域人员流动频繁，极限通勤规模庞大。北京市公安系统2021年底统计环京地区含日通勤和周通勤在内的数量为92万人，随着新申请入库人员的增长，环京通勤者近百万，数量之多，规模之巨，堪称少有，这些基本属于超长距离、超长时间的极限通勤者。据中规院联合百度大数据研究显示，2019年环京日通勤规模达到39万人的历史峰值，相当于一个中小城市在朝夕移动。

三是"环京通勤"已成为社会广泛关注的热点问题。调查显示，70%以上的环京通勤人口平均工资收入水平是北京市内从业人员平均工资收入的两倍以上，简单按照人口和收入占比分析，其劳动产值贡献率占北京市从业人

口的 20% 左右。随着人口红利日趋减少，众多的环京地区通勤人口的重要性将会凸显，就 2022 年而言，经过媒体、网络的传播与放大，环京通勤交通管理问题已然成为一大社会景观，关注度越来越高。

2. 广域都市圈内的多种交通方式协同联动服务水平不足，严重影响环京通勤者的出行效率和满意度

在出行一体化综合服务方面不够协同周密，各地区和各交通部门仅就解决自己管辖范围内的通勤出行服务为基本工作职能，并没有考虑到通勤群体出行的跨市域、全天候、全环节特点。

一是多交通方式运能组织协同度不够。主要是不同交通方式接续运输能力匹配失衡以及多交通方式时刻表协同共享不足的问题。例如，工作日从廊坊乘坐京沪高铁和从天津乘坐城际列车早高峰抵达北京南站后，南站枢纽内的地铁 4 号线经常需要排队等候 2～3 趟列车才能上车，而离北京南站仅有 3 站间距的马家堡地铁车辆段可以增开更多的高峰区间列车来服务于城际高铁列车的运能接驳。例如，武清火车站晚 8 点之后没有公交车接驳，很多通勤者在北京下班之后赶上京津城际抵达武清站后只能靠个人交通方式或者打车回家。

二是多样化票制及联程票制票价缺失。目前各类交通票制相对单一，例如天津市补贴的京津城际同城卡、银通卡，折扣力度最多一等座到 8.5 折，而欧美和日本的此类交通优惠票可以达到 4～5 折。另外铁路系统推出的各类城际高铁月票次票优惠力度更低，设计不合理，还缺少往返票、自由席、无座票等适应通勤出行的票种。联程票制运输方面，一卡通、二维码等"一票通行"问题没有彻底解决，对换乘接驳的公共交通、微循环、共享单车等接续交通优惠力度较少，并没有充分鼓励绿色公共交通连续出行。

三是多方式通勤一体化服务标准不足。据本科研团队调查统计，在换乘次数方面，采用公共交通出行的京津冀跨市域通勤者的出行换乘 2 次以上的占比为 85.4%，该比例远远高于北京市内轨道交通出行平均 1.8 次的换乘次数；另外，换乘等候及末端交通用时占总体出行时间比例过高，几乎达到了 50%，日本主要都市圈该数据占比仅为 27% 左右；而且接驳廊道通行舒适度方面也较差，在智慧信用安检互认、付费区换乘等方面的效率也较低。铁路系统为通勤预留车票缺乏动态信息显示，比如同城卡和银通卡的通勤车票需要进站后在指定机器排队领取，时常人满为患，甚至出现个别车站的通勤者早起排队领票后再回家吃饭，然后再次出门上班的不方便情况。

3. 常规性、突发性事件的通勤一体化服务融合管理不足

因为通勤长距离、长时间及换乘次数多的特点，所以跨市通勤出行极容易被内外部因素干扰，一是常规性事件，如每年的"两会"以及交通管制问题带来环京通勤的进京多次安检及车辆停驶等问题；二是突发性事件，主要是因气候、自然灾害和运输线路问题引起的。

本次新冠疫情的波动也导致环京通勤客流极具下降，主要原因之一是防疫政策的不稳定性所引起的通勤服务水平下降。进京检查站机动车排队时间较长，很多通勤者为节省时间步行 2 km 通过检查站。另外跨域公交班车与城际高铁车次不稳定，临时取消班车及城际车次事件频繁发生。地铁北京南站进站量从 2019 年工作日早高峰排名全市第 12 位的 1.51 万人，下滑至 2020 年第 18 位的 0.85 万人进站，减少近一半早高峰地铁客流。京津城际 2022 年上半年车次的波动幅度依然很大，出京第一站武清站，停靠车次时而一天 40 余对，时而只有个位对数，极大地消磨了环京通勤者的跨市出行意愿，背后带来的是失业与千万个家庭的稳定问题，更是企业和首都经济的可持续发展问题。

（二）环京通勤多网融合发展的理念与对策

1. 树立以通勤出行服务为导向的多种交通融合发展理念

出行即服务。针对环京通勤出行的特点，应当深刻认识到为环京地区通勤人员运输保障服务的积极意义。高质量建设现代化首都都市圈，需要合理疏解非首都功能，优化人口和产业布局。国际大都市的发展历程都经历了都市圈扩张，人口布局外移，多交通方式融合发展的历程。2019 年日本国土交通省统计的以轨道交通为主要方式进入东京都区部（东京中心城区）的通勤数量极为庞大，达到日均 308 万人，且总体数字逐年增加，东京都以轨道交通为主要通勤方式的单次平均通勤里程达到 23 km，平均耗时为 68 min；而北京 2019 年交研院发布的同比数据为 18 km、75 min。经过全链条通勤出行数据对比分析，作者发现北京与东京的轨道交通工具速度差并不太大，真正的差距是在换乘接驳其他交通工具的服务效率以及等待时间上。因此，应当树立为通勤出行服务的目标一般是：快速（门到门全过程）、便捷（换乘接驳）、高效（成本低，速度快）。

2. 多网融合中的轨道交通"四网融合"是环京1小时通勤圈的关键抓手

目前首都通勤圈的交通保障重点应以构建大运量跨域通勤轨道组织方式为主，同时融合各种交通方式一体化发展。

一是制定多交通方式通勤出行连续的融合指导标准。2022年底，首都都市圈九大放射性的城际高铁网络结构形成，与都市圈内部市郊铁路和城市轨道交通在综合枢纽车站的接驳换乘模式要尽量统一标准，应以1小时轨道交通乘坐时间为原则标准，以1.5小时全程通勤时间为环京极限出行的约束标准。

二是加快交通基础设施布局及融合建设。尽可能做到交通基础设施标准兼容、互联互通，大力发展各种轨道交通跨线、快慢线结合的基础设施条件。从国家层面和铁路部门推动利用既有国铁资源服务都市圈发展，建设双复线、多复线、高架化的立体发展模式。增加城市外围交通停靠站数量及接驳换乘基础设施，优化多交通方式线路、场站选址的分工与合作问题，更多打造环京地区P+R覆盖面。

三是优化联程通勤运营服务一体化工作方案。包括联程运输中的运能运力协同、时刻表协同、优惠通勤票价、票制多样化、"一票到底"、安检互认、虚拟换乘、自由席、站票等服务措施。可冠名常设通勤化城际高铁列车及公交班车，该类列车班车应极大程度地保证通勤车次服务稳定性和早晚高峰发车间隔的密集性。另外在轨道接驳微循环公交方面优化线路设计和运营服务质量，在轨道接驳慢行交通方面建造更多风雨连廊，优化"最后一公里"出行环境。

四是成立部门联动、区域协同、社会参与的首都圈交通运输服务协同管理机构。既有的京津冀交通一体化统筹协调小组并非常设性的专门协同工作机构。可参考美国MTA（纽约大都会交通管理局）、WMATA（华盛顿都市圈交通管理局）和日本运输政策审议会等机构设置多制式、跨市域的交通协同管理机构。同时，应以北京为中心，设立首都圈多网交通协同发展信息监测指挥中心，对涉及首都圈内主要交通场站及换乘枢纽，实现实时数据及图像视频监控，发挥调度协同合作职能。

3. 建立通勤常客备案制度及突发情况通勤服务协同管理机制

一是利用出行大数据建立日通勤、周通勤常客数据库，在进行一定安全审查基础上，建立通勤常客备案制度，具体通勤职住地点尽可能精确到区、街道，便于以后的针对性服务。各类车票紧缺情况下可优先保证通勤备案常客。二是尽可能简化跨市域通勤常客的安检、验证、刷票环节，协同地铁安检创新方法，实施无感通过与支付，与其他交通换乘区更要简化换乘接驳客票、安检手续。三是深入协同疫情防控一体化与通勤出行一体化政策。借助疫情防控管理措施，稳定通勤码。公路、铁路、地铁、公交、出租车体系应统一防疫通勤标准。四是针对通勤常客，在轨道交通车站及公路安检站设置专用快速通勤通道，允许通勤常客及驾驶车辆、通勤快巴优先通过。

第九章 "双碳目标"背景下的交通融合思路与对策

一、交通领域"超前"碳减排的经济风险及安全影响

2022年3月5日下午，习近平总书记在参加内蒙古代表团审议时强调："实现'双碳'目标，必须立足国情，坚持稳中求进、逐步实现，不能脱离实际、急于求成，搞运动式'降碳'、踩'急刹车'。不能把手里吃饭的家伙先扔了，结果新的吃饭家伙还没拿到手，这不行"。目前我国交通运输碳排放仍存在增速快、减排"绿色溢价"高、技术创新发展较慢等问题，实施"双碳"战略具有可持续发展的积极意义，但"超前"碳减排则会带来高昂的机会成本以及潜在的能源战略风险，可能会对国家经济的可持续发展带来冲击。建议制定稳健的交通运输领域碳减排目标及政策；逐步有序推进对化石能源的替代路径；积极稳妥分步骤促进节能增效的能源结构转型；对交通运输全产业链发展精准施策；通过税收转移激励地方政府与新能源交通运输企业联动，从而科学合理地实施交通运输领域"双碳"战略。

（一）交通运输绿色转型经济成本高、难度大

1. 我国目前发展阶段交通运输碳排放增速快

绿色交通，不仅需要更清洁的能源，而且需要更高效的能耗。清洁能源是治本之法，节能减排是辅助之道，但交通运输业的转型脱碳成本高，难度也较大。根据国际能源署（IEA）数据，目前中国交通碳排放占中国整体碳排放的9.7%，仍明显低于世界的交通碳排放占比24.6%，但中国交通碳排放1990—2018年复合增速达到8.3%，明显高于全世界交通碳排放2.1%的增速及中国整体碳排放5.6%的增速。随着我国经济稳步发展，交通运输的需求仍会持续增长，运输周转量持续增加，交通运输系统的碳排放上行压力较大，

为"双碳"目标带来挑战。

2. 交通运输领域碳减排"绿色溢价"比例更高

英国科学院的首席经济学家 Nicholas Stern 在 2007 年估计，将二氧化碳稳定在 500 至 550 ppm 的水平将花费国内生产总值的 12%。而在交通运输领域，该"绿色溢价"比例更高，据中金公司研究部测算，2021 年我国交通运输"绿色溢价"为 68%，并以可获得的交通运输类上市公司利润作为参照系，2019 年我国汽车制造和交通运输行业上市公司总净利润约为 1 000 亿元，而行业领域的减碳成本是这些上市公司净利润的 27 倍，显而易见在行业内部消耗这项成本几乎不可能。鉴于目前的"双碳"目标国家战略，需要超出常规的绿色转型成本投入才能在预期内完成任务，该投入是在考虑超过一般发展规律的更多超额投入。由此，相关的"绿色溢价"比例会较高增长，并有不确定性代价。

3. 运输碳减排需要技术创新和政策驱动大量投入

从碳减排技术创新层面看，包含多种新能源技术的利用，技术创新从中长期看，会降低碳减排成本，但是短期的交通运输碳减排需要大量的资金投入。以氢能源交通为例，我国氢能源成本较高，前端制氢技术主要依靠天然气重整制氢和新能源发电制氢两大主流，电解水制氢的成本高达到 40 元/kg，中端氢能源运输成本也较高，储氢设备较国外落后，而终端的加氢站成本高昂，一座 35 MPa 的加氢站投资在 200 万～250 万美元之间，设备依赖进口，折旧费和运维成本也较高，所以只有通过不断投入，进行技术创新，才能将氢能源从前端制氢、中端运输到终端加氢成本都控制到与柴油成本齐平。这些类似的技术创新与政策投入需要充足的资金支撑。

（二）交通运输绿色转型的潜在风险

1. 超前减排可能导致产业链条断裂，甚至有经济安全和发展倒退风险

美国的碳减排政策把保护国内经济发展放在首位，考虑到过多的环境保护对经济可能会产生不利的影响，对能源密集型企业征收碳排放税，会通过价格向下游传递，影响能源的供应价格，影响经济的发展。因此美国分别在 2001 年和 2017 年宣布退出《京都议定书》和《巴黎协定》，其退出的根本原因是把碳减排问题置于促进经济发展和解决能源危机之后。尤其 1990—2019 年，作为经济最发达国家，美国交通运输部门碳排放量不降反升，由 1990

年的 15.26 亿吨上涨至 2019 年的 18.75 亿吨,2017 年起美国交通运输部门取代电力生产部门成为第一大碳排放部门,2019 年,交通运输部门在美国碳排放结构中占比达 28.60%,高于世界平均值。

罗马俱乐部在《增长的极限》中提到:经济增长将受到自然资源制约而不能长期持续,为达到保护环境资源的目的,必须人为降低经济增长速度。为了降低碳排放,实施"双碳"战略无疑具有科学发展的积极意义和价值,但是超前减排或者高投入的减排容易导致产能利用率降低以及高昂的不可预见的机会成本,甚至因为激进的碳减排措施和新能源方案带来产业链条出现断裂、断层、断代隐患。我国若采用相对激进的碳减排新能源策略,而国际上其他国家采取科学正确的交通碳减排发展方案,可能会导致在某一项重大技术上被其他国家"卡脖子",从而发生经济发展不可持续、工业环节缺失的问题。

2. 交通减排行动方案带来潜在的能源战略风险

2021 年初春,美国得克萨斯州遭遇极端寒流气候,大面积停电,电价高涨,除了输电设施被破坏的问题之外是非化石能源利用的不稳定性问题。在气候治理全球协作的背景下,得克萨斯州风力发电近几年飞速发展,在州内的供电结构中占比约为 23%,但在极端天气下,风力发电的相关基础设施难以正常运行。

全球新冠疫情及其他不确定的国际大事件都对能源的供应链带来极大的冲击。世界发达国家对天然气等新能源的依赖性导致这些能源的价格上涨比例远远高于化石能源的涨幅,欧洲天然气批发价格在 2021 年相比 2020 年平均上涨 4 倍,近日上涨幅度在 10 倍至 13 倍之间波动。其中德国的民用天然气价格在 2021 年就已上涨了 107%,2022 年 1 月德国汽油价格同比上涨了 40%。美国的民用天然气也至少上涨了 80%。

此类事件所暴露出的一个重要风向标是人类社会对可再生能源和清洁能源的供给稳定性高要求在短时间内难以改变。在交通运输领域亦如此,倘若大面积的高铁动车和新能源汽车使用非化石能源,电力的储备和连续输送问题可能比究竟用什么能源来发电更为重要。若大规模改造能源利用结构,甚至极端化揠苗助长式的减排策略会给我国实现碳达峰、碳中和目标埋下较大隐患,尤其在我国本土清洁能源储量不足的情况下会对其他国家的清洁能源产生极大的依赖风险。并且,传统的发电方式如果实现快速的替代也将会对相关产业实现传导，比如对煤炭生产与运输等领域带来致命的打击，很多厂矿及运输企业将面临倒闭、工人失业的风险，社会负担将会急速加重。

（三）防范"超前"减排的主要思路与建议

第一，在制定碳减排和碳中和目标时不能过于盲目激进。要密切关注国际交通领域碳减排的经验、制度和发展进度，结合我国自身现状适当保持减碳目标的一定灵活可控。保持与各国在技术以及政策方面的交流，不可过于追求速度而与经济现状脱离，应建立在保证交通运输服务国民经济稳定的基础上适当加大减碳投入或制定管理方案，绝不可操之过急，避免以长期的代价获取短期的成效。

第二，从碳减排技术创新层面，需要逐步有序推进对化石能源的替代速率。一是新能源加快短途交通电动化进程，进一步提升新能源电池的能量密度和充电速度，推广光伏充电桩一体化的新型建筑配电系统。二是在航空、船舶、铁路等长途交通可以尝试使用氢能、生物质燃料、液态氨等燃料逐步替代传统化石燃料。三是在特殊环境、特殊运输情景下系统诊断，稳妥地分阶段实施推进新能源技术在交通运输中的研究和改造计划。

第三，更好地思考交通领域减排问题带来的能源结构转型问题。规划引导的过程，也是对我国现实能源结构的深入理解和剖析过程。什么样的能源结构能够支撑交通运输减排，并且不仅是减排问题，还要增效，若只是减排而没有增效，那就是一种低端的减排，会对能源结构产生不良冲击。同时，能源结构的规划引导变化也会影响交通减排的战略发展，建议鼓励更多的水电，提升更多的煤电效率来与交通减排协同规划发展。

第四，围绕交通运输领域全产业链不同环节制定针对性政策。一是上游新能源投入产出环节，需要产业政策来推广非化石能源的应用，例如通过制定相关电动车的制度标准，加强交通工具的电池生命周期管理。二是中游制造业环节，需要政策引导技术路线，鼓励制造商生产更优质的新能源交通工具和基础设施设备。例如加快车电分离模式能够有效降低车辆初始购置成本，并且降低使用者对电池使用寿命的担忧，但需要政策辅助对车电产权归属进行定义。三是下游应用消费环节，制定财政补贴可以从购买环节逐步转移至使用环节。例如在家用小汽车方面，可以通过发放能源补贴、优先购车等方式来鼓励广大民众购买新能源汽车,特别是对充电桩、换电站等基础设施建设给予补贴,提升消费者在使用环节的便利性。

第五,在新能源交通运输及关联产业领域的设施和商品相关税收也需适度从中央向地方转移。鼓励地方政府与新能源交通运输企业形成联动,不仅在购买环节引导新能源交通设施和工具的消费,更要在使用环节鼓励新能源交通工具的应用。

第六,以上措施需要制定一些战略性的成本估算,严格理清其中的成本分布。千方百计节约绿色转型成本,不能粗放式地实现交通运输绿色转型,更不应该不计成本地无序投入,应当稳扎稳打地将交通绿色转型经济收益、潜在收益与投入成本进行关联性的研究。对于超额太大的转型投入,需要慎重决策。

二、基于"MaaS"多交通方式智慧交互消费模式构建

MaaS(Mobility-as-a-Service,出行即服务)旨在通过整合公共交通、共享交通等出行方式提升出行体验、减少私家车依赖。国外已有多家企业将MaaS 理念付诸实践,如芬兰 MaaS Global 公司的"Whim"平台,瑞典的"UbiGo"平台等,均已实现多种交通出行方式集成,允许用户根据个人出行频率自主选择出行套餐,月末一体化结算,或者提前进行充值购买不同涵盖层面和档次的日票、周票、月票。2019 年 11 月,北京市交通委和高德地图宣布合作打造北京 MaaS 平台,但是由于在我国,交通系统复杂、涉及利益层面较多、运营体量庞大、公共交通费用较低等因素,MaaS 的拓展相对缓慢,且与其他消费性服务带的联动发展几乎没有开展。本书认为交通出行与餐饮、购物、旅游等其他消费服务的实时交互已经具备时机和条件,两者的深度交融与联动方面有巨大的市场潜力有待开发。本书立足于 MaaS 一体化出行的公共交通,意在构建一个出行服务附加消费服务的智慧交互联动模式,实现交通与消费的相互赋能。

(一)研究意义

1. "MaaS+"概念与建设总体目标

"MaaS+"以 MaaS 系统为基础,通过收集、耦合、加工与出行相关的消费性服务信息,并用价格联动方式将这些信息与 MaaS 出行服务联结,为用

户提供个性化的出行消费方案，旨在满足用户交通出行中的其他延伸性消费服务需求，鼓励绿色低碳出行。此处的消费性服务包含有形与无形类，即以餐饮、实体零售为代表的"商品+服务"类与以文娱旅游为代表的"服务+环境"类。用户可通过手机、计算机等电子设备的终端交互界面，出行前利用MaaS规划行程，可提前预定"MaaS+"服务或者途中实时接收"MaaS+"信息推送，享受出行与其他消费绑定的服务信息个性化选择以及出行与消费一体化带来的价格优惠。

"MaaS+"希望能够解决交通出行过程中出行链信息与消费性服务信息不对称的问题，通过匹配出行链信息与消费性服务信息，通过绑定公共交通出行服务与消费性服务来降低交易成本，达到多种行动目的在时间和空间上的双重交互，提升消费者出行、生活效率，提高城市运转效率，为公交事业和生活消费型事业带来更多的收入增长。同时，以公交出行所带来的延伸性消费服务折扣优惠等方式来鼓励绿色公交出行，将更多地使用私人交通工具出行转移到公共交通出行领域，从而降低社会碳排放，尽早达到碳排放峰值，提前实现城市交通的碳中和目标。

2. 与 MaaS 的不同

MaaS 意为"出行即服务"，侧重通过建立服务信息一体化、出行方式共享化、出行体验人本化、交通发展低碳化的平台，通过信息平台整合交通出行的服务链条，达到提升交通运输效率的目的。作为 MaaS 的延伸，"MaaS+"需要依托 MaaS 来实现，但远不限于 MaaS 提供的一体化交通服务，它更侧重出行中的附加消费及其带来的附加价值，希望通过合理绑定交通出行与附加消费性服务，形成用户、出行与消费的三方联动。

3. 与现有地图系统的不同

目前我国手机地图市场份额排名在前两位的是高德地图与百度地图，表 9–1 总结了地图软件提供的交通信息及其他附加消费的主要功能。

表 9–1　现有地图系统主要功能盘点

功　　能			说　明
地图	基本功能	直观呈现地点、道路与其他事物信息	百度地图可呈现多种图层
		标记地点、测距等	

功　　能			说明
出行	导航	支持不同出行方式：支持步行、骑行、摩托车、私家车、地铁和公交车导航	智能出行基本实现
		提供丰富路线选择：推荐不同路线，显示路线预览并预测出行时间，可选择出行偏好	智能出行基本实现
		语音交互：提示拥堵路段、限速路段等信息，公交地铁会进行下车提醒	
		支持目的地信息查询	
	载具情况	显示公交车、地铁还有几站到达，预测到达时间	出行链信息可视
		显示公交车、地铁的满载率	
		提示私家车限行	
	碳足迹	积累碳能量兑换奖励（北京于 2020 年实施）	
	多人交互	与朋友或家人共享实时位置	
	其他交通工具	支持火车订票、客车预订与货车运输相关功能	百度地图2022 年推出无人驾驶车
		可直接通过聚合平台实现可选择打车，对比价格	
附加服务	消费性服务（查周边、旅游）	支持浏览周边休闲娱乐场所与餐厅酒店（但有些需跳转其他平台查看详情或进行预订）	
		显示娱乐商圈客流量	
		支持预订景区、场馆门票或预订酒店（需要其他平台支持）	
		旅游路线推荐	
	出行相关	加油优惠、洗车预约	
	运动	跑步、骑行计时计速	

　　不难观察到除一站式支付还未能实现外，现有地图系统 MaaS 形态已初步具备。然而，现有的附加服务大多只是与交通出行静态黏合，没有形成深层次的联结交互，主要体现在：① 价格上无互动，各个消费性服务界面与地

图系统仅仅是同台呈现；② 乘客出行链信息与消费信息无即时交互，忽视乘客的出行目的与出行过程中的消费需求；③ 两类平台相互赋能乏力。"MaaS+"则恰好可以解决以上问题。

4. 可行性分析

近年来交通与消费融合的趋势也越来越明显，我国大力支持智慧交通与新型消费的发展，注重交通与消费的相互带动。2020年6月，交通运输部发文提出推动交通运输促进消费扩容提质、推进交通运输跨业融合；同年9月，国务院办公厅发文鼓励新业态新模式消费的发展与智能化技术集成创新应用于消费领域。通过面向北京市等一、二线城市通勤族和在校大学生发放并获得400份有效线上问卷（具体内容见表9-2），本研究团队分析数据后得出以下结论。

（1）受访者对"MaaS+"应用于生活的感兴趣程度较高。

① 交通消费，相互赋能：对于"在乘公共交通工具的途中订购优惠餐食送至目的地站点"的感兴趣程度。

② 弹性套餐，价格联动：对于"公共交通出行与其他消费形成优惠价格套餐，可以自由选择线路和不同种类的餐饮娱乐，行程结束时统一支付"的感兴趣程度。

③ 智慧出行，数据交互：对于"在出行过程中可以实时收到沿途的个性化餐饮娱乐等信息推荐"的感兴趣程度。

表9-2 受访者对三种应用的感兴趣程度

兴趣度	交通消费/相互赋能		弹性套餐/价格联动		智慧出行/数据交互	
	频数	比例/%	频数	比例/%	频数	比例/%
很感兴趣	250	62.5	205	51.25	242	60.5
观望态度	113	28.25	139	34.75	111	27.75
不感兴趣	37	9.25	56	14	47	11.75

（2）对于优惠的展现形式而言，相比"减免公共交通费"或"交通与其他消费的打包套餐优惠"，"餐饮娱乐消费打折"对受访者更有吸引力。

题目让受访者对三种优惠形式进行排序。数据分析时的计算方法为：选项平均综合得分 = $\sum$（频数×权值）/本题填写人次。排在第一个位置的权值为

3，第二个位置权值为 2，第三个位置权值为 1。最终计算得分分别为："餐饮娱乐消费打折" 2.29 分，"减免公共交通费" 0.99 分，"交通与其他消费的打包优惠" 0.98 分。

这与一些 MaaS 已投入运营的欧美国家情况不同，究其原因，是欧美国家公共交通费用较高，故交通的套餐折扣吸引力大。而国内政府对公共交通的补贴较多，居民的公共交通出行费用较低，"减免交通费"或套餐打折不足以吸引用户。

（3）"MaaS+"的优惠机制一旦实施，将会在一定程度上促使以除自行车外的私人交通出行者转化为公共交通出行者，有很大潜力成为绿色出行新引擎。

在"若上题中的优惠机制，仅限公共交通等绿色出行者享有，您是否会更多选择乘坐公共交通出行？"的调查中，除原本就是低碳出行者以外的 198 个受访者中，有 180 个受访者表示会改变或考虑改变一些出行习惯，更多地选择公共交通出行，绿色出行转变率高达 90.9%。

综上所述，"MaaS+"智慧交互消费模式的构建从市场需求和目标实现的角度来说具有一定的可行性。

（二）捆绑销售理论分析

本书以 MaaS 系统在北京已投入运营为前提假设，聚焦北京市公共交通出行与餐饮、娱乐、旅游等消费服务联动，构建"MaaS+附加消费服务"的模式。

1. 捆绑销售的概念与实质

一般而言，捆绑销售的概念是两件或更多件独立产品的打包出售，是一种与单独销售相对应的形式。此处的独立产品是指消费者可以单独购买的产品。也有学者强调捆绑销售必须以某垄断产品为基本品，再辅以一个捆绑品一起定价出售。捆绑销售按捆绑方式分类可分为纯捆绑与混合捆绑两个基本类型，按商品关系分类可分为同质、互补和非相关商品的捆绑销售，见图 9-1。

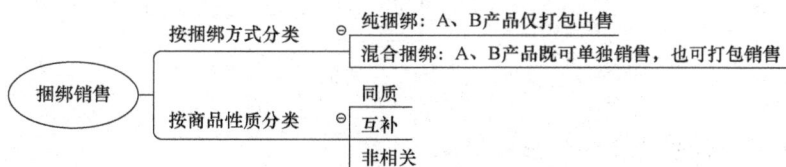

图 9-1 捆绑销售的分类

捆绑销售的实质是价格歧视，普遍认为其定义是："当两个单位的同种商品对同一消费者和不同消费者售价不同，就可以说生产者实行了价格歧视。"实施捆绑销售需要满足两个条件：捆绑销售基本产品的垄断性与捆绑销售产品之间的关联性。

2."MaaS+"中的捆绑销售

"MaaS+"中的捆绑销售是公共交通服务与出行消费性服务的捆绑，前者是基本品，未来将被 MaaS 平台垄断，后者是捆绑品，包括餐饮、购物、展览、娱乐等内容。两者从关系上来讲，是互补或不相关的。

北京市交通发展研究院发布的年报显示，2019 年居民的出行目的分为通勤与生活两类，分别占比 47.1% 与 52.9%，其中休闲娱乐购物为主的消费性服务需求在生活类出行中占比较高。考虑到日常生活中几乎没有人会为了出行而出行，是存在出行目的的，遂按出行目的不同分为不以消费为目的的出行和以消费为目的的出行两种情形讨论，捆绑形式采用混合捆绑，见图 9-2。

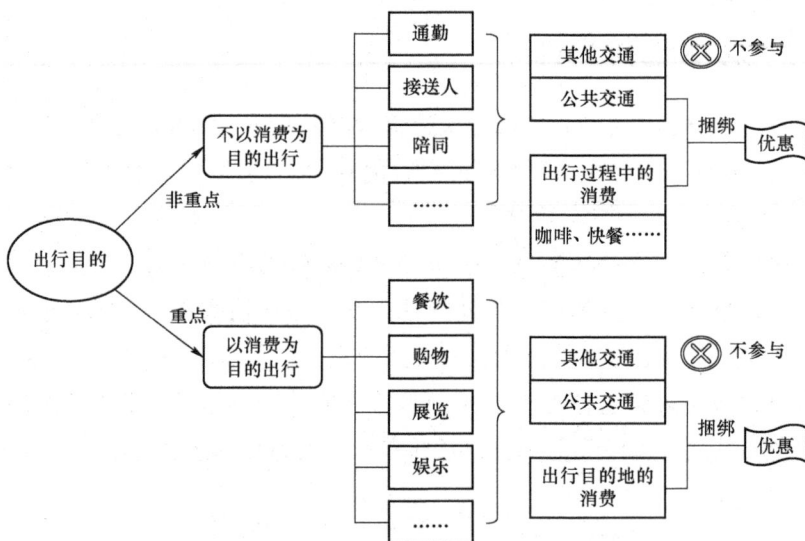

图 9-2 "MaaS+"按出行目的不同分类讨论

1）不以消费为目的的出行情况

此时"MaaS+"主要体现在公共交通出行途中的消费方面。将公共交通出行与在途中通过"MaaS+"进行的消费实行捆绑销售，以通勤一族为主要服务对象，解决上下班和上下学为主的快速消费模式，例如与快餐配送、领取的捆绑消费。

2）以消费为目的的出行情况

该情况是"MaaS+"的应用侧重点，附加服务主要体现在出行目的地的消费上，此时人们是为了消费才发生交通出行活动，因而视消费性服务需求为内生需求、交通出行为外生需求。"MaaS+"将公共交通出行与在目的地发生的消费绑定融合成一个"最终消费品"一起结算，并给予适当优惠。值得注意的是，只有用户选择乘坐公共交通工具前往目的地消费的时候，才能享受捆绑产品的优惠。

一般而言，捆绑销售会有限制消费者选择自由的弊端，但"MaaS+"公共交通与消费性服务的捆绑较为自由有弹性，用户可以自主选择餐饮娱乐等品牌与公交车或地铁进行捆绑，当然，用户也可以仅使用 MaaS 的出行功能而不进行消费，或不理睬公共交通的优惠而去乘坐其他交通工具，这种捆绑只是一种松散的混合型捆绑，不具有反垄断意义上的捆绑特征。对不乘坐公共交通的人进行价格歧视，可以达到鼓励绿色低碳出行的效果，实现消费对交通的赋能。而交通是达成出行消费目的的手段，对消费领域带动了更多的客流量和消费额，即是交通对消费的赋能。

此外，在第一种情况下，用户的实时位置与消费意愿信息可以即时和周边的消费性服务信息匹配，"MaaS+"减少了出行途中的信息不对称，根据实时位置与个性化偏好的推送则节约了消费者的选择时间，降低了交易成本，同时消费领域的商家等主体能够获得更为有效的信息推送和宣传效果。

（三）"MaaS+"智慧模式构建

1. 应用场景总览

如表 9-3 所示，为了让读者更直观地了解"MaaS+"模式与其在生活中的应用场景，下面将以虚拟人物上班族"甲"为例，展现他用"MaaS+"的一周生活。

表 9-3　应用场景总览

应用场景	通勤途中的消费性需求	城市内休闲娱乐购物	前往某城市出游
分类	不以消费为目的的出行	以消费为目的的出行	
出行前	可提前预订第二天的快餐和其他快递类服务	系统根据用户的习惯推送休闲娱乐场所，也支持用户自行查询	个性化路线规划
出行途中（实时）	实时推送下一站附近的美食，支持线上即时订餐，到距离目的地最近的站点后直接在车站取餐，不耽误出行；支持线上预约餐厅座位	可以在途中实时推送沿途的有趣地点，让"MaaS+"平台在出行中带来惊喜	指示详细路线，推荐景观美丽的路线；支持随性游，实时推荐地点，走走停停，体验陌生城市的生活气息和惊喜角落
出行后	公共交通出行与消费性服务统一结算		

周一早上　甲乘地铁去上班，想喝一杯咖啡或者没来得及吃早餐，甲当即在途中下单，到达公司附近地铁站后直接在地铁站出口从交通站点附近的商家手中取走。

周二傍晚　下班途中甲约好与女朋友见面，收到"MaaS+"的推送，是回家沿途某地铁站附近一家女友爱吃的火锅店折扣信息，他欣然预订了情侣餐厅座位，去享受一天辛苦工作后的优惠美食。因为甲是绿色公交出行，并通过手机 App 通过 MaaS 预订，商家给予了交通费减免份额的价格优惠以及另外餐饮 8 折的优惠。

周四傍晚　下班后，甲通过 MaaS 手机交互界面发现地铁客流量较大，为避免拥挤，他通过"MaaS+"查找到附近的电影院，预订了电影票，看完电影再回家，为了奖励他错峰出行，电影院赠送了他一瓶饮料。

周六　甲和朋友用"MaaS+"探店，途中轻松预约，还能实时查询门店客流，中途发现有趣的休闲场所马上修改行程，玩得很尽兴，还感到自己为公交出行减少碳排放做贡献，晚上回到家看到出行消费套餐统一支付的价格中还有联合捆绑优惠，比非捆绑的交通+休闲价格便宜更多。

2. "MaaS+"运转机制探索

1）智慧推送

智慧推送是"MaaS+"机制运转的基础，它负责将适合用户的消费性服务信息在合适的时间地点推送给用户，具体内容见图 9-3。智慧推送的前提是 MaaS 系统已投入运营，因为这意味着每个用户完整出行链信息的获取。出行链信息是人们出行过程中各个环节的时间、空间、方式和活动类型信息，而"MaaS+"的智慧推送目的在于匹配出行链信息与沿途的消费服务信息，解决信息不对称的问题。

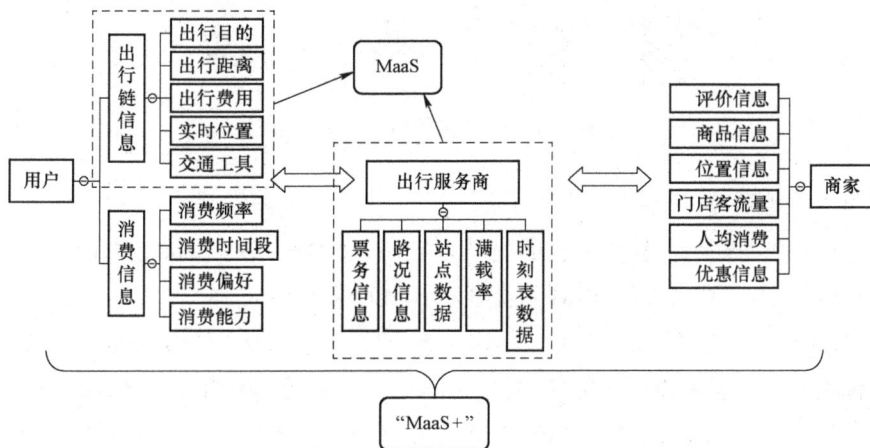

图 9-3 智慧推送的信息来源

智慧推送具有以下三个特点。

（1）内容个性化。这是为了筛选出适合用户的消费性服务信息。智慧推送机制可以根据 MaaS 收集用户出行链数据后形成的用户出行报告，精准推荐适合用户个人情况的店铺商家。

（2）实时动态化。这是为了能将内容在合适的时间地点推送给用户。由于出行链信息是实时动态的，推送也会随着用户时空的转移而推荐符合用户实时出行情景的内容。

（3）方式简约化。有了前两点的支撑，"MaaS+"推送的一条或少量几条推送将更符合用户的个人偏好和出行情景，被用户选择的概率更大，因此将不再需要现今 App 不分时间、场合的推荐。简而言之，因为精准，所以简约。

2）弹性套餐

弹性套餐机制是捆绑销售理论在"MaaS+"中的直观应用。它是公共交通出行方式与其他消费性服务的打包套餐，路费与其他消费支出在行程结束后统一结算。

"MaaS+"的弹性套餐支持自主选择套餐内容（如图9-4所示）。用户可以任选公共交通工具与餐饮娱乐休闲项目组成套餐。它在体验上与平时出游并无太大区别，不会增加烦琐程度，反而会因一站式支付而更加便捷，因绿色出行而提升个人满足感。

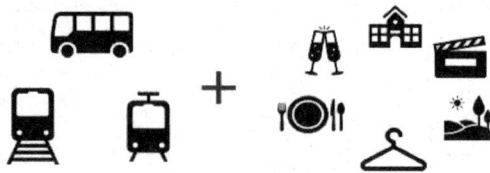

图9-4 弹性套餐机制示意图

3）价格联动

价格联动是弹性套餐机制的内核，它通过价格歧视，同时影响用户的交通出行决策与消费决策，以达到交通与消费交互联动的作用。

优惠形式可以有以下三种：① 减免来回交通费；② 附加消费性服务打折；③ 弹性套餐整体优惠。根据问卷调查结果，人们更青睐第二种优惠形式。

优惠应该由商家承担。"MaaS+"由于消除了出行链信息与沿途的消费性服务信息的不对称，能够为商铺引流，只要边际收益大于或等于边际成本，商家就有利可图。

以上三个机制环环相扣，下面展示三机制的运转图（见图9-5）。

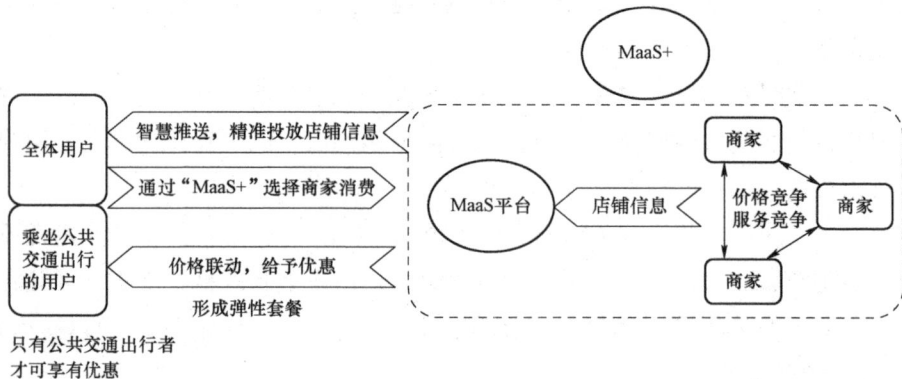

图9-5 三机制运转图

（四）结语

本书提出了"MaaS+"模式的概念与建立目的，区分了其与 MaaS 和现有地图系统平台的不同，并基于捆绑销售理论探讨了交通与消费绑定的方式、内在逻辑和意义，展现了"MaaS+"的应用场景和三个具体的运作机制。"MaaS+"可以降低交易成本，并通过价格机制引导大众绿色出行，实现交通与消费的相互赋能。其后续研究作者即将围绕：交通治堵与门店分流的交互、新型出行消费习惯与观念的引导、用户交通与消费大数据的应用，以及交通节点附近商业微中心的业态分布规律等。

因为我国还未形成真正意义上的 MaaS，且我国的公共交通主要由政府主导，所以政府应鼓励更多的社会主体参与到 MaaS 的建设以及 MaaS+的开发与拓展之中，加大对智慧交通的投入，采取政府与公共交通为主导、私有企业参与合作运营的形式，积极寻求各方的"最大公约数"，加快完善 MaaS，并以"MaaS+"巩固 MaaS 成果，构建更丰富、更有活力的 MaaS 生态系统，从而为绿色出行和低碳化城市发展提供更多的支持。

三、全交通方式的个人碳足迹出行信用体系构建

世界经济总体逐渐庞大的背景下，人类对碳排放一直缺乏有效的抑制手段，政府在碳排放带来的环境污染和经济发展下的人民福祉之间做着艰难的权衡，导致其对碳排放一直缺乏足够的效果。因此，本书以居民的交通出行作为切入点构建一种全民性的交通碳排放管理系统——基于碳足迹的居民出行信用体系。该体系围绕交通减排目标通过信用体系的方式对居民的出行行为进行规范，从而引导居民减少对于私家车一类高碳排放交通工具的使用，提高对慢性交通、绿色出行方式的偏好。该体系将根据居民出行碳排放量计算出行的信用分数，通过该分数对居民做出激励措施，从而引导居民的交通选择。

（一）交通信用体系提出的必要性

1. 国际背景

根据国际能源署（IEA）的报告，2018 年全球碳排放已达到 330 亿吨，随着对全球变暖的治理，对碳排放的控制越来越紧迫。2016 年 4 月 22 日在纽约签署的气候变化协定——《巴黎协定》，为 2020 年后全球应对气候变化

行动做出安排。同时，一系列国际环保公约如《控制危险废物越境公约》《生物多样性公约》《生物安全议定书》《联合国气候变化框架公约》等的相继出台，世界环保组织（IUCN）、世界自然基金会（WWF）、地球之友（Friends of Earth）等政府或非政府国际组织的成立，表明国际对于环境保护的重视度正在逐渐提高，对于减轻环境负担、治理环境污染的需求日益紧迫。

2. 国内背景

2020 年 9 月 22 日，在第 75 届联合国大会期间，我国提出将提高国家自主贡献力度，采取更加有力的政策和措施，二氧化碳排放力争于 2030 年前达到峰值，努力争取 2060 年前实现碳中和。在对北上广深四个城市的客运交通的碳排放分解分析研究中，可以解读出交通方面的碳排放增量占据这些城市总碳排放增量的百分之三十以上，因此减少交通碳排放这个关键便是节能减排重要的一环，在碳排放急速增长的情况下做到交通碳排放的有效控制就能起到牵一发而动全身的显著效果。

除了环境问题日益显著以外，交通拥堵问题尤为尖锐。从百度公布的《2019 年度中国城市交通报告》中可以看出：拥堵城市中 2019 年度通勤高峰实际速度仅在 30 km/h 左右，最拥堵城市——重庆，仅为 23.6 km/h；而城市交通拥堵指数同 2018 年相比大部分正在显著提升。解决交通拥堵问题迫在眉睫，但是绿色出行方式还存在重重阻碍。

3. 提出问题

就居民出行这个层面来说，大量的小汽车使用不仅带来了交通拥堵，而且导致更多的碳污染，越是污染严重，人民越需要有更多私密空间的小汽车出行，形成了恶性循环，极大地影响了居民的日常生活。基于上述情况，作者在此提出居民出行信用体系，即根据居民出行碳排放量计算出行的信用分数，通过该分数做出激励措施，从而引导居民出行对交通工具的使用与选择，该体系围绕减排目标通过信用体系的方式对居民的出行行为进行规范。

（二）交通信用体系提出的可行性

交通信用体系的实质就是在个人出行碳足迹可监测的前提下，将绿色出行的理念行动化，将绿色出行的行为用信用分数的形式体现出来，通过对各种交通工具平均碳排放的计算和居民日常出行距离的调查，给人均碳排设置一定的上限并且赋予一定的分数，以评价居民对减少碳排放做出的贡献大小。

通过比较分数，对贡献较大的居民给予一定的奖励。

1. 技术方面

现在是一个科技时代，本信用体系所需要的技术已经存在一定的基础。大数据、碳跟踪、碳交易都已经在市面上初步呈现出来。大数据作为基础性战略资源，能够作为非常重要的技术手段在碳跟踪和碳交易方面提供技术支持。一些专业的公司也开始利用大数据监测手段来计算碳足迹和碳交易。

2. 社会方面

由于国家大面积地进行公益宣传，以及一些绿色出行政策的提出，中国居民的环保意识已经大幅度提高，公民已经拥有了基本的保护环境和绿色出行意识，也基本理解了保护环境的意义。在社会环保意识提高的前提下，本信用体系就会变得更好实施。居民会能更好地理解作者制定此信用体系的意义与对整个社会的贡献。

3. 政策方面

首先是碳交易方面的政策。深圳市于2013年6月启动全国首个碳排放权交易市场，中国碳排放交易网站也已经存在，很多省市的碳交易市场都已经进入运营阶段。随着市场的不断发展扩大，越来越多的行业会被纳入其中，当然在未来也会实现个人碳交易市场的建立。

（三）信用体系的构建

1. 排放标准

基于现有的权威交通工具碳排放数据，以私家车 0.04 kg/（人·km），飞机 0.1 kg/（人·km），高铁 0.02 kg/（人·km），火车 0.06 kg/（人·km）的计算标准，结合日常出行距离调查结果和农民工返乡、大学生回家等社会活动交通里程数的估计和计算，对各种交通工具进行碳排放量月限额进行计算，计算过程如下。

1）汽车

根据调查，每人距离公交车站或地铁站距离分布在 5 km 的人占绝大多数，因此这里规定每人可使用汽车里程为 8 km，目的是希望能引导人们选择公共交通。车辆平均耗油量为 10 升每 100 km，每天限制 8 km 出行的话，就会得出每天耗油 0.8 升，根据碳足迹计算公式，每天每辆车的碳排放大致为 0.8×0.785=0.628（kg）。假设每辆车平均载人 2 到 3 人，那么每人每天在汽车上的碳足迹排放就需要 0.3 kg。

2）航空

航空作为一种特殊形式，在长途旅行中在速度方面是无法替代的，虽然人均航空旅程不到 2 000 km，但鉴于并非每人都依赖飞机，且国内旅程 2 000 km 起步（如北京到上海往返 5 000 km 左右），再考虑到国际航空的可能性，将航空分为国内航空以及国际航空两个部分单独计算碳排放。

为此，中国规定国内航空 5 000 km，碳排放为 5 000×0.139=695（kg）。

国际航空 20 000 km，碳排放为：20 000×0.139=2 780（kg）。

3）火车

高铁：高铁每人每千米的碳排放是飞机的 10%～20%，且在长途中是飞机的替代品，碳排放较少，所以鼓励高铁在长途出行的占比，将高铁碳排放定为每人每千米 0.02 kg。

普铁：普铁碳排放大概为飞机的 60%，定为每人每千米 0.06 kg。

当然，考虑到并不是所有人都能乘坐高铁，在制定分数的时候会适当地做出人性化调整，如表 9-4 所示。

表 9-4　交通工具种类对应碳足迹限额

交通工具种类	碳足迹限额/[kg/（人·a）]
汽车	110
航空	国内 500
	国外 2 000
高铁	160
普铁	48
摩托	120
公交、地铁、单车	0

2. 分数构成

每一类交通方式都有一个分数，满分分别为 100，总分满分为 600。

年度结算奖惩，每年在 12 月底结算每个人的奖励与惩罚，年初分数清零，全部变为满分，通过月总碳足迹量去决定信用分数的变化，每个月的分数可以查看。同时有月限额，通过月限额是否超标，超标多少来判断信用分数的变化，每个月信用分数变化一次。

每一种交通方式都有对应的碳足迹额度，但是超过对应比例的碳足迹所扣的分并不是相同的。要按照具体情况来分析，比如燃油类汽车的扣分程度大于其他交通方式。

可以通过微信公众号、小程序、网站等方式查看自己的各方面碳足迹使用情况，实时监测。但不局限于 App，期望与手机自身的设置进行绑定，比如 iPhone 手机有健康功能，也可以记录步数，并没有局限于微信这个 App。有特殊情况者，碳足迹限额不够他使用，可以通过官方平台，认证之后，进行个人碳足迹限额的交易活动。交易结束后，两者的碳足迹月限额改变。可以有长期碳足迹交易的功能。

3. 实施过程

由于目前整个体系的全面普及还有困难，需要政府、社会的全面支持，因此实施体系的过程将会由浅入深、从试点到全国地进行。最初将会选定城市并有公众自愿选择参与活动，如现今支付宝中的蚂蚁森林活动。努力在改进过程中做到可以满足用户的个性化需求，力求最终将体系融入人们的生活，使其成为一种生活刚需，见图 9-6。

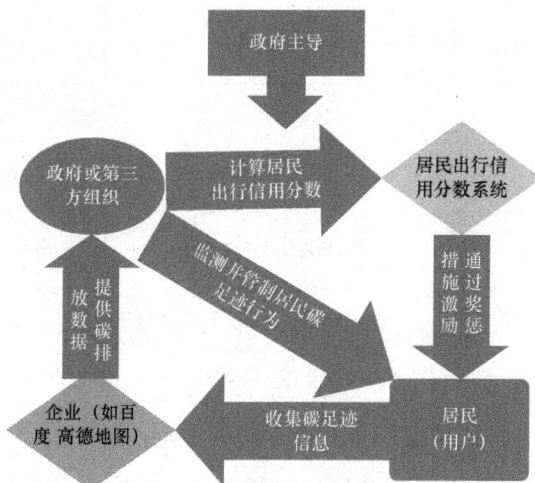

图 9-6　出行信用体系运作模式示意图

4. 政策的形成

构建该体系需要一定的交通政策铺垫、制度的保障和公众的广泛接受，社会全员的参与是体系实施的根本，不断改进、发展是体系实施的必要条件。需要在体系实施过程中不断发现问题，可通过设置问卷调查满意度等方式不断优化实施方案，以求最大限度地发挥体系的作用，并对碳足迹信用体系进行综合管理。

（四）信用分数的管理

1. 信用分数的结算机制

1）年度结算制度

信用分数采用"驾照式管理"方式，即以年度为时间单位，依据碳足迹在某一特定交通方式行为领域中的值，在该年度内对每个居民出行行为进行评估，通过结算分数扣除分数等方式，在居民碳足迹信用基础分数中进行分数扣除，每一交通分数满分为100且只能扣除不能增加，每年度居民出行信用分数在结算后将会重新清零并恢复满分，进行新一轮的年度结算。通过"驾照式管理"，基于六个不同的交通工具的分数，该信用分数将会统一在年末进行结算，分为六个不同板块，在结算时根据分数的完成度进行奖励或惩罚措施，具体内容如图9-7所示。

图9-7 政府管理信用体系流程示意图

2）分数查询平台

除年度一轮的交通信用分数结算之外，该信用分与驾驶证分数相同的采用透明化处理，且依托移动端和网络信用分将会通过各种途径公示，途径有：支付宝、微信小程序、公众号、短信、官方网站等。

居民不仅在触发某种特定碳足迹行为造成分数变动后通过短信、微信公众号、手机移动等收到提醒，还可以通过这些官方分数查询平台，随时查询自己的碳足迹行为以及碳足迹造成的影响，这样透明化的处理，不仅能做到居民出行信用分数体系的公正性，还能通过数据让居民直观地看到交通行为造成的影响，起到对居民的警醒作用，更好地达成该体系"减少碳足迹，促进环保出行方式"的主要目标。

3）月度清算制度

碳足迹限额被分配到每个月中，居民在每个月中的每个交通工具出行碳足迹限额将会被精确分配。碳足迹限额通过月度分配的方式进行居民出行碳足迹限额的"供给"，每月月初将领取碳足迹限额作为本月以及之后碳足迹限额的使用额度。直到年末，居民可使用的每个交通工具领域碳足迹限额会重新清零，到年初时进行新一轮碳足迹限额的分配，同样按照月度进行碳足迹分配，见图9-8。

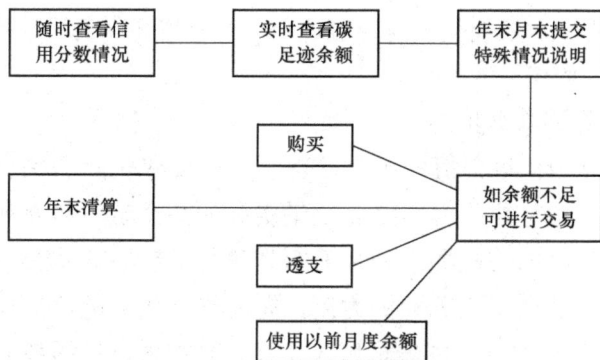

图9-8 居民使用信用体系流程示意图

2. 信用分数的交易方式

由于居民出行需求的灵活性，对碳足迹限额的需求也存在多变性，这需要信用分数评估加入一定的人文关怀以及灵活性，为此，设定信用分数的交易是有必要的。居民出行信用分数存在以下三种方式。

1）预支方式

当本月碳足迹限额不足时，可以通过碳足迹限额预支的方式获取一定量的碳足迹限额作为本月使用，即提前使用下月或本年度中之后月份的碳足迹限额。预支限额由政府管理，记录在居民信用分管理系统中，每月预支限额有数量上的限制，并且除了扣除被预支月中的碳足迹限额，还需要额外扣除一定量的碳足迹限额作为"利息"。该措施旨在防止居民过度预支碳足迹限额，并对居民交通出行行为做出警示作用。

2）提取方式

如上月或本年度前半年月份中居民在月度结算后某部分交通工具碳足迹限额存在剩余，可以全额提取到本月中使用。该措施可以作为一种对居民节省碳足迹行为的一种鼓励，减少居民生成碳足迹行为，促进居民环保意识的提高。

3）交通碳足迹市场交易

在政府监督下，允许开放碳足迹限额交易市场，在该交易市场中，居民可以作为交易个体，将自己的剩余碳足迹作为商品进行自由交易，政府可以从每笔交易中收取交易税作为环保税收。该措施可以将碳足迹限额作为流通货物，让出售碳足迹一方通过出售获取利润，购买方获取碳足迹限额达到自己的交通出行需求，还能使政府通过这一环节筹集环保费用。这有利于提高居民的绿色出行意识。

3. 信用分数的奖惩措施

在年度结算中，将会根据居民交通出行分数变化对居民个人进行奖励或者惩罚。奖励和惩罚的力度随着政策实施的每个阶段将有所变化，前期考虑到居民接受度的问题奖励偏多而惩罚偏轻，后期随着社会接受度和认可度的提高将会逐渐提高惩罚的力度，促进整个社会遵循交通碳足迹信用体系。奖励和惩罚的措施与交通和碳足迹息息相关，惩罚措施有：摇号机会错后、高速公路收费提高、购车税、取消油价优惠，奖励措施有：自行车月卡、购买新能源汽车优惠、乘坐高铁飞机优先选座权、碳足迹限额优先交易权以及优惠、新能源汽车充电卡、购物补贴、地铁票价 5 折优惠等。这些奖惩措施将会把居民交通出行行为与个人所得的利益联系起来，将自己的交通行为影响直观可视化，对提高全社会的环保意识有很大的帮助。

（五）总结

该信用体系的构建尚存在许多不足之处。一是需要居民在隐私中做出适度的让步将出行信息进行社会管理，并且政策落地需要一定的缓冲期，需要居民逐渐接受；二是奖惩问题上依然存在需要权衡的地方，尽管严厉的惩罚会带来秩序的安稳，但也会带来消极的方面，如何在奖励与惩罚两方面进行适当的权衡以及实施落地的方式是需要注意的；三是在分数衡量上也需要大量计算，且分数衡量与政策导向相关，具有灵活性，如何衡量分数以确保公平公正地引导居民绿色出行，也是需要仔细思考的地方。

参 考 文 献

[1] LI Z C, MA J C. Investing in inter-city and/or intra-city rail lines? a general equilibrium analysis for a two-city system[J]. Transport policy, 2021, 108(7): 59–82.

[2] ZHAI J, WU W, YUN Y, et al. Travel satisfaction and rail accessibility[J]. Transportation Research Part D: Transport and Environment, 2021, 100(11): 103052.

[3] ROMERO C, ZAMORANO C, MONZON A. Can rail infrastructure determine perceived quality of service of suburban trains? Insights from Cercanias Madrid[J]. Transportation Research Procedia, 2021, 58(11): 567–574.

[4] COHEN B G. On another track: differing views of experts and politicians on rail investments in peripheral localities[J]. Journal of Transport Geography, 2021, 95(7): 103157.

[5] NIELSEN O A, ELTVED M, ANDERSON M K, et al. Relevance of detailed transfer attributes in large-scale multimodal route choice models for metropolitan public transport passengers[J]. Transportation Research Part A: Policy and Practice, 2021, 147(5): 76–92.

[6] WANG L, ZHANG S, SUN W, et al. Exploring the physical and mental health of high-speed rail commuters: Suzhou-Shanghai inter-city commuting[J]. Journal of Transport & Health, 2020, 18(9): 100902.

[7] 荣朝和，罗江. 日本铁路"东京都市圈通勤五方面作战"转型服务启示研究[J]. 铁道运输与经济，2020，42（3）：1–6.

[8] 汪光焘. 现代城市规划理论探讨：供给侧结构性改革与新型城镇化[J]. 城市规划学刊，2017（3）：9–18.

[9] 赵小军. 多层次城市轨道交通网络时间：换乘可达性模型研究[D]. 北京：北京交通大学，2018.

[10] 徐成永，李刚. 北京市域轨道线与中心城轨网衔接模式研究[J]. 都市快轨交通，2019，32（5）：8–12.

[11] 陈青云，顾洋，李海博. 跨市域轨道交通：票制换乘应用探析[J]. 铁道运输与经济，2020，42（11）：12–16.

[12] 荣朝和，林晓言，李红昌，等. 运输经济学通论 [M]. 北京：经济科学出版社，2021.

[13] 石飞，朱彦东. 城市交通学研究方法[M]. 上海：东南大学出版社，2020.

[14] 矢岛隆，家田仁. 轨道创造的世界都市：东京[M]. 陆化普，译. 北京：中国建筑工业出版社，2016.

[15] 付瑞平. 新型城镇须以安全为底色[J]. 中国应急管理，2022（7）：16–19.

[16] 马红丽. 建设全国统一大市场数字化很重要[J]. 中国信息界，2022（3）：41–44.

[17] 周豫. 进一步加快基础设施领域不动产投资信托基金（REITs）试点的困境与思路[J]. 中国发展，2022，22（4）：29–33.

[18] 冯西培，张宇，王鸿洋，等. 基于"微中心"理念的轨道交通既有线站点改造提升研究[J]. 都市快轨交通，2021，34（3）：52–57.

[19] 韩林飞，方静莹. 首都功能与城市空间结构[J]. 北京规划建设，2022（2）：137–141.

[20] 田青，李锋，张亚琼. 北京市市郊铁路发展现状刍议[J]. 城市建筑，2021，18（15）：187–189.

[21] 王晓荣，荣朝和，盛来芳. 环状铁路在大都市交通中的重要作用：以东京山手线铁路为例[J]. 经济地理，2013，33（1）：54–60.

[22] 白光. 基于经济自组织的特大城市职住空间结构演化研究[D]. 北京：北京交通大学，2021.

[23] 郑义. 北京城市轨道交通运营问题及对策研究[J]. 牡丹江大学学报，2022，31（3）：49–55.

[24] 黄武军. 我国高速铁路客票定价管理与策略研究[D]. 北京：中国铁道科学研究院，2017.

[25] 于欣宇，王伟. 发达国家高铁票价调整的经验及其对我国的启示[J]. 青

岛行政学院学报，2017（2）：57–61.

[26] 王灿灿，贾俊芳. 基于价格歧视的高速铁路客票动态定价方案研究[J]. 铁道运输与经济，2016，38（11）：6–11.

[27] 卜伟，王若雅，芮光伟. 高铁差别定价研究[J]. 北京交通大学学报（社会科学版），2019，18（1）：67–74.

[28] 贾思琦. 出行幸福感对常规公交再使用意愿的影响研究[D]. 北京：北京交通大学，2020.

[29] 周立. 浅谈移动智能抓拍技术在城市公交中的应用[J]. 智能建筑与城市信息，2011（10）：98–100.

[30] 邹忠. 基于通行权的上海小客车交通管理政策改进研究[D]. 上海：上海交通大学，2016.

[31] 刘鹏. 借鉴日本经验 解决停车难题[J]. 中国高新技术企业，2012（5）：60–62.

[32] 解决停车难问题，不妨借鉴日本经验[J]. 汽车与安全，2017（11）：57–59.

[33] 国外如何解决"停车难"[J]. 汽车与安全，2019（5）：42–44.

[34] 曹力文，李宗平，鞠艳妮，等. 成都市中心城区路内停车收费费率研究[J]. 城市交通，2020，18（6）：50–57.

[35] 曹力文. 城市路内停车收费费率与管理机制研究[D]. 成都：西南交通大学，2021.

[36] 刘振宁. 摇号新政下的公平考量[J]. 方圆，2020（11）：77.

[37] 周晶晶. 共享单车要升级？是撤离还是迭代[J]. 现代商业银行，2019（20）：113–115.

[38] 蒋晓涵，尹少华. 哈啰出行财务风险分析[J]. 合作经济与科技，2020（11）：170–171.

[39] 徐锡芬. 数据驱动的共享单车调度建模与优化研究[D]. 南京：南京理工大学，2020.

[40] 张超，许茹，董建国. "贵过公交时代"来临，共享单车还能骑多久[J]. 决策探索（上），2020（2）：42–43.

[41] 周子冀. 基于博弈论视角的国有铁路参与大城市轨道交通的合作机制初探[D]. 北京：北京交通大学，2016.

[42] 刘静月. 伦敦市郊铁路运营管理概况[J]. 中国铁路，2017（9）：20–25.

[43] 付建烁. 伦敦市郊铁路管理体制对河北市郊铁路发展的启示[J]. 中小企业管理与科技（下旬刊），2015（3）：57–58.

[44] 颜颖，方奕，李得伟. 德法市郊铁路运营管理特点分析[J]. 都市快轨交通，2012，25（4）：123–126.

[45] 赵泽宽，李云，戴顺礼，等. 加快铁路网络建设 服务交通强国战略[J]. 社会主义论坛，2022（6）：40–41.

[46] 李凤玲，史俊玲. 巴黎大区轨道交通系统[J]. 都市快轨交通，2009，22（1）：101–104.

[47] 冷雪. 碳排放与我国经济发展关系研究[D]. 上海：复旦大学，2012.

[48] 王文，赵越. 欧美碳减排经验教训及对中国的借鉴意义[J]. 新经济导刊，2021（2）：28–35.

[49] 邓羽. 基于碳减排视角下的航空与高铁竞争分析[J]. 民航管理，2022（1）：32–36.

[50] 陆旸. 从开放宏观的视角看环境污染问题：一个综述[J]. 经济研究，2012，47（2）：146–158.

[51] 吴奇峰. 大数据助力碳达峰碳中和[J]. 软件和集成电路，2021（5）：42–43.

[52] 李丫丫，秦帅. 低碳技术创新与中国绿色经济增长：中介机制与异质性特征[J]. 科技与经济，2022，35（3）：31–35.

[53] 徐丽笑，王亚菲. 我国城市碳排放核算：国际统计标准测度与方法构建[J]. 统计研究，2022，39（7）：12–30.

[54] 翟石磊. 发展正义视角下的中美碳排放话语对比研究[J]. 中国石油大学学报（社会科学版），2022，38（2）：40–46.

[55] 李平，饶泽炜. 碳交易主要问题研究现状[J]. 电子科技大学学报（社科版），2021，23（5）：12–23.

[56] 邓荣荣，张翱祥，陈鸣. 低碳试点政策对生态效率的影响及溢出效应：基于空间双重差分的实证分析[J]. 调研世界，2022（1）：38–47.

[57] 吴毅彬. "双碳"目标约束下区域碳与污染物协同减排的研究：以厦门市为例[J]. 低碳世界，2021，11（12）：17–18.